게슈탈트치료의 이해와 적용

접촉과 자각을 통한 경험적 치료

노안영 저

학지사

머리말

생명을 가진 모든 유기체는 그것이 가진 잠재력을 나름대로 실현화한다. 인간도 역시 실현화 경향성을 가지고 태어나 자기실현을 이루기 위해 안간힘을 쓰며 삶을 영위한다. 우리 모두는 삶을 영위하도록 이 세상에 던져졌다. 던져진 실존적 존재로서 우리는 삶이라는 게슈탈트를 슬기롭게 완성할 책임을 가진다.

내가 상담심리학을 만나 게슈탈트치료를 접한 지도 벌써 30여 년이 지났다. 정말 소중한 많은 시간이 수많은 경험의 흔적을 나에게 남기고 사라져 버렸다. 이제 그러한 경험들이 주마등처럼 내 기억 속에 나타났다가 사라져 감을 자각한다. 그리고 지금 이 순간에 새삼 시간의 소중함을 느낀다. 왜냐하면 나의 실존은 이제 살아온 시간보다 살아갈 시간이 훨씬 적은 상태에 있기 때문이다. 더불어 나에게 주어진 시간을 더욱 알차고 의미 있게 보내는 데 최선을 다해 노력하겠다는 다짐을 해 본다.

게슈탈트치료는 지금-여기에서 접촉과 자각을 통해 미해결된 게슈탈트를 완성하도록 하는 경험적 치료다. 나의 바람은 독자가 이 책 『게슈탈트치료의 이해와 적용』을 통해 지금보다 성숙된 삶을 사는 것이다. 좀 더 구체적으로 말하면, 인간의 道理(도리)를 다하면서, 자신에게 주어진 모든 일에 책임감을 느끼면서 지혜로운 삶을 영위하기를 바란다. 당신이 '생각하는 갈대'로서가 아니라 '경험하는 갈대'로서 당신의 신체적 · 심리적 신진대사를 원활하게 경험하면서 살아갔으면 한다. 당신이 유기체의 지혜를 신뢰하면서 자기조절에 따른 자기실현을 이루었으면 한다.

이 책은 총 2부 10개의 장으로 구성되어 있다. 제1부 '게슈탈트치료의 이해'에서는 게슈탈트치료란 무엇인가, 펄스의 자서전을 통한 게슈탈트치료 이해, 게슈탈트치료의 이론적 기반, 게슈탈트치료의 원리, 신경증 층과 접촉경계 장애 그리고 禪(선)과 게슈탈트치료 등을 6개의 장으로 나누어 다루었다. 제2부 '게슈탈트치료의 적용'에서는 게슈탈트치료의 과정과 목표, 자각하기와 통합하기를 위한 상담 기법, 게슈탈트치료 집단상담 프로그램 개발 그리고 게슈탈트치료와 禪에 근거한 집단상담 프로그램 등을 4개의 장으로 나누어 다루었다.

각 장의 모두(冒頭) 글을 일목요연하게 읽어 보고 명상을 하여 실천하도록 다음에 제시하였다. 이러한 열 가지 내용이 독자에게 게슈탈트치료를 이해하고 자기실현을 달성하는 데 도움이 되었으면 한다.

- 게슈탈트치료는 개인의 성장을 위해 지금-여기에서 실존의 경험을 통한 자각치료다. 당신의 성숙을 위해 유기체의 지혜인 자기조절 기능을 신뢰하고 실천하는 것이 필요하다.

- 당신이 현재보다 성숙된 삶을 위해, 먼저 있는 그대로 당신을 수용하는 것이 필요하다. 더 나아가 온갖 번뇌에서 벗어나 심리적 안녕을 갖기 위해 인간으로서 당신이 마땅히 해야 할 道理(도리)를 다하는 것이 필요하다.

- 나는 나의 일을 하고 당신은 당신의 일을 한다. 나는 당신의 기대에 부응해서 살기 위해 이 세상에 존재하지 않고, 당신도 나의 기대에 부응해서 살기 위해 이 세상에 존재하지 않는다. 당신은 당신이고, 나는 나다. 만약 우연이라도 우리가 서로를 발견한다면, 그것은 아름다운 일이다. 만약 우리가 서로를 발견하지 못한다면, 서로에게 도움이 될 수 없다.

- 당신이 정말 자기 자신이 되려고 할 때만 당신은 변화할 수 있다. 진정한 변화는 당신이 있는 그대로 당신이 되는 것이다. 진정한 성숙은 당신이 소망하는 당신이 아닌 누군가가 되려고 노력하는 것이 아니라 진정한 당신되기를 통해 자기 실현을 이루는 것이다.

- 소리의 관계는 건전한 관계다. 건강한 사람은 울고 싶을 때 소리 내어 울고, 웃고 싶을 때 소리 내어 웃을 수 있다. 당신이 마음속 깊이 느끼는 희로애락을 반영하는 노래를 소리 내어 불러라. 당신의 건전한 인간관계를 위해 '나-그것'이 아닌 '나-당신'의 참만남 접촉을 하라.

- 禪의 뜻은 지금-여기에서 단지 하나만 보는 것이다. 바람의 색깔이 무엇인가? 바람의 색깔은 당신이 느끼는 것이다. 당신의 조작된 신념을 버리고 감각으로 돌아오라. 당신이 지금-여기에서 경험하는 것을 자각하라.

- 신이여, 저에게 내가 할 수 없는 일들을 수용할 침착함을, 내가 할 수 있는 일들을 변화할 용기를, 그리고 이 둘의 차이를 알 지혜를 갖게 하옵소서.

- 나의 모든 사고는 나에게 책임이 있다. 나의 모든 감정은 나에게 책임이 있다. 나의 모든 행동은 나에게 책임이 있다.

- 나는 수천 번의 실패한 모든 시도를 사랑한다. 거기에는 단지 한 개의 과녁의 한복판과 수천 개의 좋은 의지가 있다. 친구여, 완전주의자가 되지 마라. 완전주의는 저주 그리고 긴장이다. 당신은 과녁의 한복판을 맞추지 못할까 봐 두려워서 떤다. 만약 당신이 있는 그대로 놔둔다면 당신은 완전하다. 친구여, 실수하는 것을 두려워하지 마라. 실수는 죄악이 아니다. 실수는 다른 어떤 것, 아마도 창조적으로 어떤 것을 하는 방법이다. 친구여, 당신의 실수에 대해 부끄럽게 생각하지 마라. 그것에 대해 자랑스러워하라. 당신은 자신의 중요한 어떤 것을 줄 용기를 가졌다.

- 尋牛(심우): 소를 찾는다. 見跡(견적): 소의 발자취를 보다. 見牛(견우): 소를 본다. 得牛(득우): 소를 붙잡는다. 牧牛(목우): 소를 먹인다. 騎牛歸家(기우귀가): 소를 타고 집으로 돌아온다. 忘牛存人(망우존인): 소는 없고 사람만 있다. 人牛俱忘(인우구망): 사람도 소도 없다. 返本還源(반본환원): 본래로 돌아간다. 入廛垂手(입전수수): 거리로 나와 중생을 교화하다.

모든 사람이 자신의 도리를 다하면서 자신이 원하는 게슈탈트를 완성하길 간절히 기원해 본다. 언젠가 나와 접촉을 통해 경험을 나누었던 모든 사람들에게 고마움을 전하면서 더불어 그들의 신체적 · 심리적 안녕을 기원한다. 먼저 상담심리학에 접촉하여 나의 발전과 성장을 이루도록 이끌어 주고 가르쳐 주신 홍경자 선생님, 이장호 선생님께 깊은 감사를 드린다. 또한 직간접적 접촉을 통해 가까운 곳에서 동료로서 격려해 준 전남대학교 심리학과 교수님들께 고마운 마음을 전한다. 그리고 호남대학교 정은의 교수, 전남대학교 강영신 교수, 광주대학교 정민 교수, 임수진 박사, 정의석, 장안나, 허찬 신부, 서혜석, 정욱, 임정란 등을 비롯한 상담교실 대학원생들에게도 고마움을 전한다. 역시 오랫동안 동학도로서 격려와 지지를 해 온 목포대학교 강만철 교수, 광주교육대학교 오익수 교수, 광주보건대학교 김광운 교수, 전남대학교 송현종 교수, 동신대학교 최태산 교수와 오명자 교수, 조선대학교 김택호 교수, 남부대학교 오세덕 교수, 김미례 박사에게도 감사의 마음을 전한다. 남편으로서 충분한 접촉과 도리를 못해도 항상 격려와 사랑으로 지지해 준 아내 고진명, 그리고 아버지로서 도리를 알도록 일깨워 주고 삶의 원동력이 되어 준 딸 다예와 아들 병우에게도 고마움을 느낀다. 그리고 잦은 접촉을 통해 격려와 책을 쓰도록 동기부여를 제공해 준 학지사 정승철 부장, 이 책의 편집을 맡아 수고한 이하나 대리에게 감사드린다. 마지막으로 정말 열심히 살면서 마음을 전달하는 좋은 책을 만들기 위해 최선의 노력을 다하는 학지사 김진환 사장님과 직원들의 노고에 감사드린다.

無等山이 보이는 연구실에서

저자 노안영

차례

제1부

게슈탈트치료의 이해

제1장 게슈탈트치료란 무엇인가

제2장 펄스의 자서전을 통한 게슈탈트치료의 이해

제3장 게슈탈트치료의 이론적 기반

제4장 게슈탈트치료의 원리

제5장 신경증 층과 접촉경계 장애

제6장 禪과 게슈탈트치료

게슈탈트치료란 무엇인가

게슈탈트치료는 개인의 성장을 위해 지금 - 여기에서
실존의 경험을 통한 자각치료다.
당신의 성숙을 위해 유기체의 지혜인 자기조절 기능을 신뢰하고
실천하는 것이 필요하다.

차례

제1장

게슈탈트치료란 무엇인가

인간은 불완전한 존재로 이 세상에 던져졌다. 우리는 불완전한 부모로부터 불완전한 존재로 태어나서 불완전할 용기를 갖고 살아간다. 우리는 불완전한 유기체로서 삶의 유한성을 알고 "삶이 무엇인가?"란 질문을 끊임없이 자문자답하면서 살아가는 존재다. 소크라테스(Socrates)는 "삶이 무엇인지 조사되지 않고 사는 삶은 가치 있는 삶이 아니다."라고 지적하였다. 우리는 삶의 기회를 갖게 되었으므로 삶에 충실해야 한다. 에릭슨(Erik H. Erikson)이 지적한 것처럼, 인생의 마지막 단계에서 후회와 실망보다는 자아 통합을 이룰 수 있도록 노력하는 것이 필요하다. 우리는 각자 의미 있고 알찬 삶을 영위할 책임을 가진다. 정말 우리는 "삶의 의미가 무엇인가?"를 물으면서 한층 의미 있는 삶을 살아가는 것이 필요하다. 인생, 삶을 영위하는 사람은 누구나 크고 작은 문제를 가지고 있다. 대부분의 사람들은 자신의 크고 작은 문제를 나름대로 해결하면서 삶을 영위한다. 더불어 우리는 사회적 존재로서 서로에게 도움을 주고받으면서 삶을 영위한다.

우리는 부모라는 사회의 산물이기 때문에 사회를 떠나 존재할 수 없다. 우리가 배 속에서 태아로 있을 때에는 전적으로 어머니에게 의존적인 공생적 존재였다. 우리의 탯줄이 끊기면서 생물학적 독립이 시작되었다. 그러나 신생아로 탄생하면서 생물학적으로 독립된 개체로서 삶이 시작되었지만 여전히 의존적 존재다. 신생아는 배가 고프거나, 아프거나, 고통스럽거나, 불만스럽거나 대부분 자신의 욕구를 울음소리로 표현한다. 부모가 아이의 욕구를 잘 파악해서 충족시켜 주지 못하면 아이의 욕구는 좌절된 채로 남게 된다. 신생아는 생물학적 독립과 더불어 개체로서 심리적 자기를 탄생시켜 발달시킨다. 아이는 말을 배우면서 자신의 욕구를 보다 정확하게 표현하기 시작한다. 아이는 직립해서 두 발로 아장아장 걷기 시작하면서 점점 독립된 주체로서 면모를 갖춰 가게 된다. 부모를 떠나 또래와 어울리고 유치원에 들어가 친구들과 어울리고 교육을 받으면서 독립된 개체로서 점점 심리적 자기를 발달시킨다. 모든 부모는 자녀가 독립된 주체로서 자신의 삶을 책임지기를 원한다. 역시 모든 교육자는 학생이 학교교육을 통해 성숙된 인간으로서 자신의 삶을 책임지는 생산적 인간이 되기를 원한다. 부모나 교육자는 자녀나 학생이 인간으로서 책임감을 갖고 자신의 도리를 다하기를 원한다.

하지만 어떤 사람은 개체로서 심리적 독립을 이루지 못하고 의존적 삶을 영위한다. 또 어떤 사람은 심리적 독립은 이루었지만 여전히 부모와의 갈등을 겪으면서 삶을 영위한다. 어떤 사람은 심리적 독립은 이루었지만 타인과 마찰을 겪으면서 비생산적인 삶을 영위한다. 어떤 사람은 심리적 독립은 이루었지만 자신의 삶을 책임지기에 어려움을 겪고 있다. 삶의 과정에서 누구나 크고 작은 잘못을 저지를 수 있고, 또한 그것을 슬기롭게 해결할 수 있다. 슬기로운 해결을 위해 우리는 스스로에게 "나는 독립된 주체로서 나의 삶을 책임지며 살아가고 있는가?"라고 묻는 게 필요하다. 이렇게 심리적 독립을 이루지 못했거나 혹은 이룬 사람들이 두 발로 서서 자신을 책임질 수 없는 경우에 그들이 자신의 삶을 책임지고 살아가도록 조력이 필요하다.

모든 상담 및 심리 치료 접근 방식의 주요한 목적은 기본적으로 개인이 현재보다 더 원활하게 기능하도록 성숙된 인간이 되도록 돕는 것이다. 좀 더 구체적으로 말하면, 보다 성숙된 인간이 되어 개인이 지금보다 더 효과적으로 자신의 일과 사랑을 수행하도록 돕는 것이다. 이러한 목적을 달성하기 위해 다양한 상담 및 심리 치료 방식이 개발되어 왔다. 대부분의 상담자들은 현대 상담 및 심리 치료에 주요한 영향을 미친 세 가지 포괄적 상담이론으로 프로이트(Sigmund Freud)의 정신분석, 아들러(Alfred Adler)의 개인심리학, 융(C. G. Jung)의 분석심리학이라고 말한다. 정신분석의 궁극적 목적은 억압되어 무의식에 있는 미해결된 과제를 전이의 해결을 통해 완성함으로써 개인이 보다 효과적으로 일과 사랑을 하게 하는 것이다. 개인심리학의 목적은 열등감을 극복하고 우월성인 자기완성을 이루도록 함으로써 사회적 존재로서 개인이 사회 속에서 자신의 인생 과업인 일과 사랑을 달성하도록 하는 것이다. 분석심리학의 목적으로 여겨지는 개성화 혹은 자기실현도 개인이 인류 역사의 마지막 산물로서 집단무의식이 추구하는 이 시대가 요구하는 영웅과 여걸에 걸맞는 일과 사랑을 하도록 하는 것이라고 본다.

게슈탈트치료의 목표는 지금-여기에서 경험을 통해 자각을 증진시키는 것이다. 즉, 게슈탈트치료의 목적은 내담자의 경험을 통한 자각을 증진시켜, 다른 상담 및 심리 치료에서 추구하는 것처럼, 그가 현재보다 더 성숙한 인간이 되어 원활하게 기능하도록 하는 것이다. 게슈탈트치료는 20세기 중반에 시작해서 발달한 심리학의 제3세력인 인본주의에 이론적 기반을 두고 있다. 따라서 그 당시에 상담 및 심리 치료를 주도했던 정신분석과 행동치료를 비판하면서 발달하였다. 이 장에서는 게슈탈트치료의 창시자로 여겨지는 펄스의 생애, 게슈탈트의 의미 그리고 게슈탈트치료의 전조에 대해 알아보고자 한다.

1. 펄스의 생애

게슈탈트치료 역사는 창시자인 펄스(Frederick S. Perls, 1893~1970)의 전문적 발전과 그가 살았던 시대정신에서 비롯되었다. 펄스는 게슈탈트치료를 창시하고 개발했으며 보급시켰다. 그는 독일 베를린에서 중류층 유대인 부모의 세 자녀 중 막내로 태어났다. 그의 가족은 히틀러의 나치즘으로 나락에 떨어졌고, 그의 큰누나는 포로수용소에서 사망하였다. 펄스의 부모와 작은누나는 그를 가정과 학교에서 문제아인 것으로 기술하였다. 특히 그는 7학년에서 두 번이나 낙제를 해서 학교를 떠나야만 했다. 학교에서 퇴출되어 잠시 동안 상점에서 일을 하다가 14세 때 다시 학교로 돌아갔다.

펄스는 1920년에 정신의학 전공으로 의학박사 학위를 취득하였으며, 1926년에 프랑크푸르트에 있는 '뇌손상 군인을 위한 골드스타인 연구소'에서 게슈탈트심리학 관점을 가진 골드스타인(Kurt Goldstein)의 조수로 일하면서 그의 영향을 받았다. 연구소에서 일하는 동안 그의 게슈탈트치료 개발에 영향을 미친 여러 사람을 만났으며, 특히 그의 부인이 된 12세 연하의 로라(Laura)를 만났다. 펄스는 비엔나와 베를린의 정신분석 연구소에서 정신분석자로서 훈련을 받았으며, 그의 훈련 분석자들인 라이히(Wilhelm Reich), 페니클(Otto Fenichel), 호나이(Karen Horney) 등의 영향을 받았다. 특히 분석자 중 라이히는 펄스가 게슈탈트치료에 대한 아이디어를 개발하는 데 영향을 주었다. 이 기간 중 펄스는 아들러, 융 그리고 프로이트를 만났다.

펄스는 1934년에 나치즘이 들어서자 독일을 떠나 남아프리카로 가서 1935년에 '남아프리카 정신분석연구소'를 설립하였다. 남아프리카에서 그는 자신의 게슈탈트치료 개발에 영향을 주었던 스머츠(Jan Smuts)를 만났다. 남아프리카에서 12년 동안을 머무른 후 1946년에 뉴욕으로 왔으며, 1952년에 굿맨(Paul Goodman), 로라(Laura Perls)와 함께 '뉴욕 게슈탈트치료 연구소'를 설립하였다. 미국 내에서 여러 지역으로 이동한 후 마침내 그는 캘리포니아 빅서에 '에살렌 연구소'를 설립하여 1964년부터 1969년까지 머물면서 워크숍과 세미나를 통해 많은 사람들에게 게슈탈트치료를 보급하였다. 그리고 77세의 나이인 1970년에 파란만

장한 생을 마감하였다.

그의 주요한 저서로는 『자아, 기아 그리고 공격성(*Ego, Hunger, and Aggression*)』(1947), 헤퍼린(Ralph F. Hefferline) 및 굿맨과 함께 저술한 『게슈탈트치료: 인간성격에 있어 흥분과 성장(*Gestalt Therapy: Excitement and Growth in the Human Personality*)』(1951), 『게슈탈트치료 축어록(*Gestalt Therapy Verbatim*)』(1969), 그리고 그의 자서전인 『쓰레기통의 안과 밖(*In and Out of the Garbage Pail*)』(1969) 등이 있다.

2. 게슈탈트의 의미

게슈탈트치료가 무엇인가를 이해하기 위해서는 먼저 '게슈탈트'의 의미를 아는 것이 필요하다. 게슈탈트(Gestalt)는 전체(whole) 혹은 형태(configuration)를 의미하는 독일어다. 하지만 게슈탈트는 형태 그 자체에 관련될 뿐만 아니라, 특히 형태를 구성하는 개별적 부분들이 조직화되는 방식에도 관련된다. 게슈탈트심리학은 인간성이 형태와 전체로 조직화되고 개인이 그것을 경험하는 방식이라는 전제에서 출발되었다. 그러므로 인간성은 단지 그것이 구성된 형태 혹은 전체에 따라 이해될 수 있다. 따라서 게슈탈트는 어떤 필요성 혹은 욕구의 출현에서 그것의 만족으로 흘러가는 행동, 감정 및 사고를 포함하는 전체적 과정이다(Sinay, 1998, p. 166). 지적한 것처럼, 게슈탈트가 형태라는 의미도 가지기 때문에 초기에는 국내의 여러 심리학자가 게슈탈트심리학(Gestalt Psychology)을 형태심리학으로, 게슈탈트치료(Gestalt Therapy)를 형태치료로 번역해서 사용하였다. 하지만 게슈탈트를 형태로 번역하면 그 의미가 제한되기 때문에 요즘에는 대부분의 학자들이 게슈탈트라는 말을 그대로 사용하고 있다.

펄스는 "세계, 그리고 특히 모든 유기체는 그 자체를 유지한다. 그리고 불변하는 유일한 법칙은 게슈탈트들의 형성, 즉 전체, 완성이다. 게슈탈트는 유기체적 기능이다. 게슈탈트는 궁극적인 경험적 단위다. 당신이 게슈탈트를 분리하자마자, 그것은 더 이상 게슈탈트가 아니다. 그러므로 게슈탈트는 경험된 현상이다." (Perls, 1969b, p. 15)라고 하였다.

여전히 독자에게 게슈탈트라는 말이 이해하기 어려울 수 있다. 예를 들어 게슈탈트가 무엇인가를 살펴보자.

> 우리의 시각을 통해 지각하는 어떤 드러난 형태가 게슈탈트다.
>
> 우리의 청각을 통해 갑자기 "불이야!" 하는 소리를 듣고 대처하는 반응이 게슈탈트다.
>
> 우리의 후각을 통해 도저히 참을 수 없는 강렬한 악취를 우선적으로 해결하려는 행동이 게슈탈트다.
>
> 우리의 미각을 통해 도저히 참을 수 없는 매운맛에 물을 마시고 싶은 본능적 욕구를 해소하는 행동이 게슈탈트다.
>
> 우리의 감각을 통해 더위에 비지땀을 흘리면서 갈증 해소 및 시원한 곳을 찾는 행동이 게슈탈트다.
>
> 당신이 강의를 열심히 듣고 있는 중에 갑자기 뱃속에서 요란한 소리와 통증을 느끼면서 금방이라도 설사할 것 같은 느낌을 가지

는 것은 빨리 해결해야 할 긴급한 게슈탈트다.

속세를 떠난 스님이 고행과 명상을 통해 달성하고자 하는 해탈은 그에게 장기적인 시간을 요하는 게슈탈트다.

당신이 몹시 배가 고파서 허기진 상태에 있을 때 무엇인가 먹어야 살겠다는 본능적 식욕의 출현을 해소하려는 행동이 게슈탈트다.

지금 게슈탈트치료 책을 쓰고 있는 필자에게 책을 쓰는 것이 나의 게슈탈트다.

모든 유기체는 출생에서 죽음까지의 과정이 게슈탈트다. 따라서 우리에게 인생이라는 전체적 과정이 게슈탈트다.

3. 게슈탈트치료의 전조

게슈탈트치료란 무엇인가? 게슈탈트치료의 발견자 혹은 창시자가 펄스라고 말하는 데는 이견이 없다. 따라서 창시자인 펄스의 주장에 따라 게슈탈트치료가 무엇인지를 이해하는 것이 필요하다. 펄스가 1947년에 쓴 첫 저서 『자아, 기아 그리고 공격성』(Perls, 1969a)에서 그가 지적한 것처럼, 이 책은 게슈탈트치료의 시작으로 여겨진다. 이 책을 쓴 의도에서 펄스는 "정신분석은 무의식과 성적 본능, 과거와 원인, 연합, 전이와 억압의 중요성을 강조한다. 하지만 정신분석은 자아, 기아본능, 현재와 목적, 집중력, 자발적 반응과 반전의 기능을 과소평가하거나 무시한다."(Perls, 1969a, pp. 7-8)라고 지적하였다.

펄스는 『자아, 기아 그리고 공격성』에서 정신분석의 한계를 지적하면서 새로운 치료의 방식으로서 게슈탈트치료의 필요성을 피력하였다. 그의 첫 저서의 주요 내용은 총 3부로 구성되어 있으며, 제1부는 전체론(holism)과 정신분석, 제2부는 정신적 신진대사 그리고 제3부는 집중력 치료라는 제목하에 새로운 접근인 게슈탈트치료의 탄생과 주요한 이론적 틀이 무엇인지를 보여 주고 있다. 여기서는 게슈탈트치료의 창시자인 펄스의 첫 저서에 나타난 견해에 근거해서 게슈탈트치료가 무엇인지를 개략적으로 알아보고자 한다.

∷ 전체론

게슈탈트치료는 전체론에 근거한다. 모든 살아 있는 생명체는 전체로서 작동한다. 즉, 유기체는 환경 속에서 전체로서 환경과 상호작용하며 최적의 생명을 유지하려고 노력한다. 처음으로 전체론을 주장한 사람은 스머츠(Jan Christiaan Smuts, 1870~1950)다. 전체론은 서구 철학의 근간을 이루어 온 정신과 신체의 이원론에 반대한다. 전체론은 전체로서 유기체가 작동함을 강조한다. 이런 점에서 펄스는 기본적으로 전체로서 유기체의 지혜를 강조하였다. 신체의 일부분은 고립되어 있지 않고 신체의 전체에 영향을 준다. 발바닥에 박힌 아주 작은 가시가 유기체 전체에 영향을 주어 괴롭힌다. 심리학자들은 편의적으로 인간 행동을 사고, 감정 그리고 행위로 구분해서 이해하고 연구한다. 하지만 우리는 이렇게 구분될 수 없다. 우리의 사고, 감정 및 행위는 밀접하게 관련되어 전체로서 작동한다. 우리의 생각은 전체인 인간이라는 유기체에 영향을 준다. 우리의 감정 역시 전체인 유기체에 영향을 준다. 마찬가지로 우리의 행위도 전체인 유기체에 영향을 준다.

:: 창조적 무관심

게슈탈트치료는 창조적 무관심(creative indifference)의 철학에 근거한다. 펄스는 프리들랜더(Salamon Friedlander)가 강조한 창조적 무관심의 철학을 수용하여 게슈탈트치료의 이론적 근거로 삼았다(Perls, 1969a, pp. 13-24). 창조적 무관심은 서로 상반되는 것들에서 구별이 발생하는 제로 점이다. 창조적 무관심은 정체해 있는 절대 영점이 아니다. 창조적 무관심은 양극성과 대립의 균형점으로서 시작과 중앙을 의미한다. 창조적 무관심은 유기체의 균형을 의미한다. 창조적 무관심은 다름의 양쪽 측면에로 확장되는 충만한 관심이다. 창조적 무관심은 동양의 음양이론에서 음양의 조화점이다. 음과 양은 서로 엄밀하게 구분되어 있지 않고 역동적으로 작동한다. 음은 대립되는 양의 힘에 따라 음으로 유지될 수도 있고 양으로 변화될 수도 있다. 창조적 무관심인 균형점을 발견하고 유지하기 위해서는 서로 상반되는 모든 것, 즉 전체를 아는 것이 필요하다. 한쪽만 많이 알고 다른 쪽을 충분히 알지 못하면 균형점을 찾을 수 없다.

게슈탈트치료자들은 빈 의자 기법을 통해 내담자가 갖는 많은 갈등과 반목을 해결하도록 돕는다. 그들이 빈 의자 기법을 사용하는 주요한 목적은 대화를 통한 이해와 통합이다. 즉, 빈 의자 기법을 사용해서 자기고문으로 고통받은 내담자에게 대화를 통해 강자(topdog)와 약자(underdog)를 통합하도록 한다. 앞에 있는 빈 의자에 자리를 바꿔 가며 易地思之(역지사지)적인 공감적 대화를 통해 전체를 이해해서 자기고문을 종식시키도록 한다.

∷ 정신적 신진대사

게슈탈트치료는 유기체로서 개인이 접촉을 통해 자신의 신체적 · 정신적 신진대사를 원활하게 작동하고 기능하도록 돕는다. 인간이 생물학적인 존재로서 신체적 신진대사를 통해 유기체로서 실존하게 된다. 더불어 인간은 유기체로서 접촉 혹은 유기체의 경험을 통해 정신적 신진대사를 하게 된다. 개인이 독특한 유기체로서 자신의 환경 속에서 경험을 통해 원활하게 기능하는 것이 필요하다. 이런 점에서 펄스는 정신과 신체를 분리해서 생각하는 이원론적 입장을 반대하고 전체론적인 입장에서 유기체의 지혜를 강조하였다. 유기체의 접촉경계 장애를 야기하는 내사(introjection), 투사(projection), 반전(retroflection), 융합(confluence), 편향(deflection), 둔감화(desensitization), 자기주의(egotism) 등이 유기체의 정신적 신진대사를 방해한다. 건강하지 않는 사람은 유기체의 접촉경계 장애 때문에 정신적 신진대사를 원활히 할 수 없다. 즉, 유기체의 접촉을 통한 강렬한 자각(awareness)을 달성할 수 없다. 반면에 건강한 사람은 유기체의 접촉을 통해 오관이 깨어 있는 상태에서 유기체의 강렬한 자각을 경험한다. 유기체의 원활한 정신적 신진대사가 이루어졌을 때 유기체는 충분한 자각 혹은 알아차림을 달성할 수 있다. 이런 점에서 펄스는 "당신의 정신적 조작을 버리고 유기체의 경험으로 돌아오라(Lose your mind, come to your sense.)."라고 강조하였다. 그는 정신, 감정 그리고 행동이 전체로서 작동하는 유기체의 지혜를 신뢰하였다. 유기체의 경험은 단지 지금 이 순간에 이루어질 수 있다. 게슈탈트 치료가 현재의 중요성과 유기체의 자각을 강조한 점도 이런 점에서 이해될 수 있다.

⁂ 게슈탈트심리학

게슈탈트치료는 게슈탈트심리학에서 이론적 영향을 받았다. 지적한 것처럼, 게슈탈트란 말은 어떤 순간에 전체로서 완성, 즉 전경과 배경에 의한 게슈탈트 형성을 의미한다. 게슈탈트심리학은 특히 심리학의 영역 중에서 지각심리학에 막대한 영향을 끼쳤다. 루빈의 컵(Rubin's cup)은 전경과 배경이 어떻게 지각되느냐에 따라 컵 혹은 두 사람의 얼굴이 마주 보고 있는 것으로 인식된다. 게슈탈트심리학은 전체론 입장에서 완성을 강조한다. 수많은 작은 점을 일직선으로 늘어놓았을 때 우리는 그것을 점선으로 지각한다. 게슈탈트심리학은 맥락 속에서 혹은 전체적 장(field) 속에서 사건을 이해해야 함을 강조한다. 유기체는 장 속에서 장과 더불어 존재한다. 게슈탈트심리학은 "전체는 부분의 합 이상이다."라는 명제에 따라 작동한다. 모든 것은 유동적이다. 따라서 전체가 나누어지면 더 이상 전체는 존재하지 않으며, 역시 부분들의 합도 원래의 그 전체가 될 수 없다. 1시간 전의 내가 지금의 나일 수 없다. 왜냐하면 1시간 동안 나라는 유기체는 환경 속에서 수많은 변화를 이루었기 때문이다. 게슈탈트는 완성을 추구한다. 미해결 과제가 해결되었을 때 게슈탈트가 완성된다. 따라서 삶은 끊임없이 진행되고 있는 수없는 게슈탈트 완성이라 할 수 있다.

:: 집중력 치료

게슈탈트치료는 집중력 치료다. 펄스가 그 당시에 자신의 작업 방법을 집중력 치료라고 부른 이유는 환자가 지금-여기에서 자신에게, 자신의 감정에, 그리고 무엇보다도 자신의 신체적 감각에 집중해야 했기 때문이다. 그리고 이러한 접근 방식은 정신분석의 생각에 대한 자유연상에 상반되었다(Sinay, 1998, p. 49). 이처럼 펄스가 강조한 집중력 치료는 지금-여기에서 전체로서 자기 그리고 자신의 감정과 신체적 감각에 대한 집중을 의미한다. 흔히 우리는 집중력을 사고 혹은 생각에 집중하는 것으로 여긴다. 하지만 게슈탈트치료에서 가정하는 집중력 치료는 현재에서 유기체의 접촉에 의한 경험, 즉 감정과 신체적 감각에 집중해서 자각하게 하는 것에 초점이 맞춰져 있다. 즉, 집중력 치료는 우리가 지금-여기에서 유기체의 욕구에 따른 게슈탈트에 집중함을 의미한다.

우리의 삶은 수없는 게슈탈트 완성의 과정이다. 왜냐하면 삶을 유지하기 위해 유기체가 요구하는 욕구를 계속해서 충족해야 하기 때문이다. 당신의 미해결된 과제들은 현재의 집중력을 방해한다. 다시 말하면, 당신의 미해결된 게슈탈트들은 현재의 게슈탈트에 집중하게 하는 것을 방해한다. 과거의 어떤 시점에서 일어난 사건이 미해결된 채로 있는 경우에 현재 당신이 하는 일에 영향을 준다. 당신의 미해결된 일이 중요하면 할수록 방해하는 정도가 강하기 때문에, 당신이 현재의 일을 집중해서 하는 것을 더욱 어렵게 만든다. 우리는 수없이 많은 중요성의 정도가 다른 미해결된 게슈탈트를 가지고 있다. 모든 잡념을 떨쳐 버리고 오직 한 가지에 몰두해서 어떤 일을 처리하는 것이 쉽지 않다. 우리가 현재에서 가장 필요한 하나의 게슈탈트에 집중하기 위해서는 많은 노력이 필요하다. 禪(선)이라는 말은 "단지 하나만을 본다"는 뜻이다. 선사들은 많은 수련을 통해 모든 잡념을 떨쳐 버리고 집중해서 단지 한 가지만을 보려고 노력한다. 현재에서 유기체의 욕구에서 비롯된 게슈탈트를 완성하는 데 어떤 방해를 받지 않기 위해 집중하는 능력이 필요하다.

우리는 과거에 일어났던 많은 미해결된 일들과 미래에 발생할 것이라고 여기는 일들 때문에 현재에 집중할 수 있는 에너지를 빼앗기고 있다. 과거는 지나가 버렸고, 미래는 아직 도래하지 않았다. 삶은 영원한 현재다. 따라서 과거와 미래에 대한 모든 생각을 떨쳐 버리고 현재의 일에 집중하는 것이 필요하다. 건강한 사람은 높은 집중력을 가지고 현재의 일에 전념할 수 있다. 건강하지 않은 사람은 과거에 일어난 미해결된 과제와 미래에 대한 걱정으로 현재하는 일에 온전히 집중할 수 없다. 당신이 현재 집중해서 일을 할 수 없다면 무엇이 당신의 집중력을 방해하는지 찾아서 해결하는 것이 필요하다.

펄스의 자서전을 통한 게슈탈트치료의 이해

당신이 현재보다 성숙된 삶을 위해,
먼저 있는 그대로 당신을 수용하는 것이 필요하다.
더 나아가 온갖 번뇌에서 벗어나 심리적 안녕을 갖기 위해
인간으로서 당신이 마땅히 해야 할 道理(도리)를
다하는 것이 필요하다.

차례

제2장

펄스의 자서전을 통한 게슈탈트치료의 이해

게슈탈트치료의 창시자인 펄스가 사망하기 1년 전인 1969년에 저술한 『쓰레기통의 안과 밖(*In and Out of the Garbage Pail*)』은 게슈탈트치료가 무엇인가를 가장 잘 이해할 수 있는 저서다. 이 책은 펄스가 정말 게슈탈트치료의 철학에 입각해서 게슈탈트적으로 작업해서 완성한 작품이다. 즉, 그에게 책을 쓰고 싶다는 욕구 출현으로 책 쓰기라는 게슈탈트가 나타났을 때마다 작업해서 3개월 만에 완성한 그의 자서전으로, 처음부터 끝까지 장의 구분없이 구성된 책이다. 『쓰레기통의 안과 밖』은 내가 미국에서 상담심리학 박사과정 중에 펄스의 기쁨, 슬픔, 혼란, 지혜를 듬뿍 느끼면서 너무나 감명 깊게 읽었기 때문에 그 당시에 언젠가 한국에 가면 꼭 번역해서 소개해야겠다고 다짐했던 책이다. 그런 이유 때문에 1993년 6월 초에 박사학위를 마치고 귀국해서 첫 역서로 『펄스의 게슈탈트적 자기치료』(학지사, 1996)라는 이름으로 이 책을 출판하였다. 현재는 더 이상 출판되고 있지는 않지만 이 책을 번역하면서 느꼈던 어려움과 기쁨을 지금도 생생하게 기억하고 있다.

이 책과 나의 만남, 그리고 번역해서 우리나라 상담자들에게 소개하기까지 숨겨진 이야기를 간략하게 들여주고 싶다. 나는 1993년 6월 초에 귀국해서 같은 해 8월 23일 전남대학교 심리학과 전임강사로 임용되었다. 신임교수로서 바쁜 와중에도 이 책을 번역해서 국내에 소개하면 좋겠다고 생각했던 나의 게슈탈트는 미해결 상태로 강하게 나에게 잠재해 있었음에 틀림없었다. 왜냐하면 그 당시 학교 안팎에서 강의와 연구 및 상담 활동으로 정말 바쁘게 생활하면서도 그러한 나의 게슈탈트를 완성하기 위해 1993년 9월부터 곧바로 『쓰레기통의 안과 밖』의 번역에 착수하였기 때문이다.

저자인 펄스가 정말 게슈탈트치료가 무엇인가를 시적으로 표현한 많은 내용들과 거의 10개월 동안 씨름하며 책의 한 쪽 한 쪽을 우리말로 옮기는 과정에서 많은 사색을 하면서 기쁨을 느꼈다. 그리고 마침내 1994년 6월에 번역을 마쳤을 때는 정말 많은 희열을 느꼈다. 번역을 하면서 나와 상담심리학과의 만남의 단추를 제공해서 상담을 공부하도록 이끌어 주었던 홍경자 교수의 많은 도움을 받았다. 나와 게슈탈트치료와의 실제적 만남 역시 전남대학교 학생생활연구소에서 카운슬러로 근무하면서 홍경자 교수의 게슈탈트치료 워크숍의 참석을 통해서였다. 홍경자 교수는 그 당시 전남대학교 사범대학 교육학과 교수로 재직 중이면서 광주카운슬링센터를 개소하여 일반인에게 상담서비스를 제공하고 있었다. 물론 나도 광주카운슬링센터의 일원으로 홍경자 교수를 도우면서 상담 교육 및 활동을 하고 있었다. 번역을 완성한 후에 홍경자 교수의 조언과 자문을 받아 수정을 거친 후에 출판을 위해 1994년 7월 초에 인쇄소에 원고를 맡겼다. 이렇게 해서 『쓰레기통의 안과 밖: 펄스의 게슈탈트적 자기치료』라는 제목의 책이 1994년 8월 10일에 광주카운슬링센터 출판부에서 원저와 동일하게 장의 구분 없이 출판되었다.

하지만 책이 출판된 후 얼마 안 있어 『쓰레기통의 안과 밖』은 폐기처분되어 쓰레기통에 버려졌다. 쓰레기통에 버려졌던 큰 이유는 처음부터 끝까지 장 구분 없이 기술된 책 구성이 일반 독자는 물론 상담 공부를 하는 사람들도 읽고 감을 잡기 힘들 뿐만 아니라 내용이 너무 어렵다는 것이었다. 물론 책의 인쇄 상태도 깔끔하지 않았고, 판로에 한계가 있다는 등 부차적인 이유도 있었지만, 그러한 것은 그동안 고생해서 창조한 작품을 쓰레기통에 버릴 만큼 중요한 이유가 되지 못했다. 그 이유야 어찌됐든 거의 1년 동안 고생해서 완성한 작품을 쓰레기통에 버린 나의 마음은 몹시 아팠다. 그런 일이 있는 후 언젠가 광주광역시에 있는 대학 시절부터 자주 들렀던 헌책방에 들러서 보니 폐기처분해서 버렸던 책인 『쓰레기통의 안과 밖』이 수북이 쌓여 거기에 있었다. 그 책들을 물끄러미 바라보면서 나는 몹시 씁쓸한 기분을 느꼈다.

『쓰레기통의 안과 밖』을 폐기처분한 2년 후인 1996년 1학기가 끝날 무렵에 이 책의 내용에 대한 설명을 들은 학지사 김진환 사장은 기꺼이 출판해 줄 것을 약속하였다. 나는 좀 더 수정과 보완을 한 후 독자가 이해하기 쉽도록 장 구분이 없었던 책을 내용에 따라 임의로 14개의 장으로 구분하였다. 그리고 책 제목도 『펄스의 게슈탈트적 자기치료』로 하고 '쓰레기통의 안과 밖'이라는 말은 작은 글씨로 표지에 삽입하였다. 이러한 노력의 결과 마침내 1996년 12월 5일에 펄스가 게슈탈트치료에 입각해서 물 흘러가듯 자연스럽게 쓴 자서전인 『쓰레기통의 안과 밖』은 『펄스의 게슈탈트적 자기치료』로 새롭게 출판되었다. 우여곡절 끝에 좀 더 세련되고 말끔하게 출판된 책을 접했을 때 나는 몹시 기뻤다.

펄스가 자신의 권태를 해결하기 위해 시도한 자서전인 『쓰레기통의 안과 밖』에 나타난 내용은 게슈탈트치료의 기본적 입장을 잘 설명해 주고 있다. 내가 임의적으로 구분해서 차례를 정한 14개의 장 이름은 책에 있는 핵심적 문장을 그대로 옮겨 놓은 것이다. 여기서는 이러한 14개의 장의 내용을 네 가지 범주로 다음과 같이 구분해서 살펴보고자 한다.

- 있는 그대로 나 되기
  - 장미는 장미이고, 장미는 장미다.
  - 강을 재촉하지 마라, 강은 스스로 흐른다.
  - 나는 있는 그대로의 나다.

- 접촉을 통해 자각하기
  - 자각이 없으면 아무것도 없다.
  - 접촉에서 자각은 강렬하다.
  - 파국적 기대의 망연자실에서 깨어나라.
  - 소리의 관계는 건전한 관계다.
  - 접촉은 차이의 인식이다.

• 자신의 실존에 책임지기

– 나는 나의 실존에 모든 책임을 져야 한다.

– 학습은 발견이다.

– 현명한 사람은 자신이 하는 연기를 이해한다.

• 전체가 되도록 통합하기

– 전체가 나누어지면 전체는 사라진다.

– 게슈탈트치료는 통합적 접근 방식이다.

– 통합에는 결코 끝이 없다.

책이 출판된 지 이제 16년이 되어 가는 시점에 있다. 필자는 그 동안 많은 강의와 개인상담 및 집단상담을 통해 이와 같은 14개의 내용에 근거해서 게슈탈트치료를 설명하고 적용해 왔다. 여기서는 이러한 14개의 내용을 바탕으로 펄스가 책을 쓰면서 자신의 삶의 喜怒哀樂(희로애락)의 게슈탈트 완성을 이루었듯이 자연스럽게 게슈탈트치료가 무엇인지에 대한 이해를 시도하고자 한다.

1. 있는 그대로 나 되기

우리는 각자 자기실현을 이루기를 원한다. 우리가 자기실현을 이루기 위해서는 먼저 진정한 자기를 아는 것이 필요하다. 우리는 누구나 불행한 삶보다 행복한 삶을 원한다. 우리 각자가 주관적으로 추구하는 행복한 삶의 의미는 각양각색이다. 하지만 우리는 진정한 자기실현을 이룬 사람을 행복한 사람이라고 말할 수 있다. 우리는 불편하거나 부자연스러운 심리적 상태를 원하지 않는다. 우리는 편안하고 자연스러운 심리적 경험을 원한다. 우리는 인간의 자연성에 부응해서 정체성과 자발성을 유지하며 생활하는 것이 필요하다. 우리가 편하고 자연스러운 심리적 상태를 가질 수 있는 길은 있는 그대로 내가 되는 것이다. 따라서 진정한 변화는 있는 그대로 내가 되려고 할 때 일어난다.

⁘ 장미는 장미이고, 장미는 장미다

가장 건강한 사람은 있는 그대로 자기를 수용하고 실현하는 사람이다. 우리가 건전하게 자기실현을 이루기 위해서는 유기체로서 자신을 신뢰하고 유기체의 지혜를 믿는 것이 필요하다. 우리는 유기체로서 오관이 깨어 있는 상태에서 자신의 자각을 신뢰하는 것이 필요하다.

잘 알려진 안데르센(Andersen)의 〈벌거숭이 임금님〉에 대해 펄스는 어린아이가 어떤 망상도 가지지 않고 직시한 것처럼 임금님이 사실 그대로 벌거벗고 있었다는 것을 지적하였다. 그는 어른들의 진실 왜곡에 대해 다음과 같이 시적인 표현으로 묘사하였다(Perls, 1969c, pp. 24-25).

화가 난 어른들은 얼굴을 찡그렸다.
"너는 그렇게 무례할 수가 없구나.
임금님의 옷은 아름답다.

어리석은 너는 단지 그것을 볼 수가 없다."
어린아이는 어리벙벙해졌고, 세상이 무너진다.
"내가 어떻게 나의 감각들을 믿을 수 있는가?
내가 임금님이 벌거벗고 있다고 말하면
그들이 나를 미워하지 않겠는가!

나는 진실보다 더 그들의 사랑이 필요하다.
그것은 받아들이기가 힘들다. 그러나 나는 적응하는 데
나의 교훈을 택한다."

그것은 다르게 일어날 수 있었다.
(누가 이야기들의 법칙을 아는가?)
만약 내가 어린아이에게 "왕, 왕이 벌거벗었다!"라고
소리치도록 허락한다면,
그리고 어떤 얼굴 찡그림이나 비난도 어린애의 창피를
억누르지 않는다면,
그는 속임을 참고 있는 바보들의 가면을 벗길 수 있었다.
오, 나의 타락한 왕이여. 부끄럽게 여겨라.
자기기만, 기만된 자여!!!

이 어린아이가 목격한 것처럼, 진실로 벌거벗은 임금님은 벌거벗은 임금님이다. 우리는 자기기만적인 임금과 위선적인 어른들처럼 되지 않고 있는 그대로 우리 자신이 되는 것이 필요하다. 우리가 가진 단점과 장점이 우리다. 우리는 그것을 정확히 알아채서 단점은 극복하고 장점은 신장시키는 것이 필요하다. 펄스의 게슈탈트 기도문에 등장하는 "나는 나이고, 당신은 당신이다."라는 구절과 함께 성철스님이 법문으로 제시해 인구에 회자되어 온 "산은 산이고, 물은 물이다."라는 표현이 먼저 떠오른다. 펄스는 스타인(Gertrude Stein)이 언급한 "장미는 장미이고, 장미는 장미다." 라는 표현으로 자기실현의 본질을 이해하는 데 여러 해가 걸렸다고 고백했다(Perls, 1969c, p. 5). 로저스(Carl Rogers)도 "나는 나 자신을 수용적으로 경청하고 나 자신일 수 있을 때 보다 효율적임을 발견한다. 신기한 역설은 내가 있는 그대로의 나를 수용할 때 내가 변화한다는 것이다."라고 기술하였다.

진정한 변화는 있는 그대로 내가 내 자신 그리고 당신이 당신 자신이 되는 것이다. 우리는 대중매체가 난무하는 시대에서 타인을 모방하고 동조하는 행동에 익숙해져 있다. 프롬(Erich Fromm)이 지적했던 것처럼, 우리는 자동적 동조 현상에 편승해서 자신의 정체성을 쉽게 상실할 수 있는 환경 속에 살고 있다. 정말 진정한 자기를 찾아 자기실현을 하는 것이 쉽지 않는 현실 속에 던져져 있다. 자본주의의 시장문화가 압도하는 현실 속에서 그리고 개인의 독특한 개성도 포장되고 상품화되는 사회적 현상 속에서 나를 지키고 진정한 나를 찾는 것이 쉽지 않다. 호나이(Karen Horney)가 지적한 것처럼, 우리는 자신의 사랑과 안전을 지키기 위해 신경증적 성격을 쉽게 형성할 수 있다. 우리는 타인으로부터 사랑받고 자신의 안전을 지키기 위해 내가 아닌 내가 되도록 요구하는 사회적 압력 속에서 나를 지키는 데 많은 어려움을 경험하고 있다.

장미는 장미이고, 장미는 장미다. 무궁화는 무궁화이고, 벚꽃은

벚꽃이다. 우리 속담에 뱁새가 황새 걸음 하면 가랑이가 찢어진다는 말이 있다. 펄스가 지적한 것처럼, 누군가가 나는 에이브러햄 링컨이라고 하면 그는 정신분열증 환자다. 그리고 누군가가 나는 에이브러햄 링컨과 같은 사람이 되고 싶다고 하면 그는 신경증적 환자다. 사람들은 이렇게 나 아닌 누군가가 되려고 노력한다. 그래서 우리 주변에 신경증적 성격을 가진 사람들이 난무한다. 그래서 펄스는 가장 건강한 사람은 "나는 나이고, 당신은 당신이다."라고 분명히 말할 수 있는 사람이라고 지적하였다.

⁘ 강을 재촉하지 마라. 강은 스스로 흐른다

게슈탈트치료는 전체론 입장에서 인간 행동을 이해한다. 자연과 인간은 더불어 존재한다. 인간은 자연이다. 인간은 대자연의 일부다. 만물의 원리는 자연의 섭리에 따른다. 과학은 자연의 섭리를 연구하는 것이다. 인간성(human nature)은 인간의 본성이 자연임을 의미한다. 인간 행동은 환경과 인간의 상호작용의 결과다. 인간은 이 세상에 던져졌고 일정한 기간 '거기에 존재(Dasein, being-in-there)'하다가 다시 자연으로 돌아간다. 강을 재촉하지 마라, 강은 높은 곳에서 낮은 곳으로 스스로 흐른다. 건강하게 사는 것은 자연스러움을 유지하고 실현하는 것이다. 자연스러움은 조화와 균형에 따른 평화다. 반면에 건강하지 않는 삶은 부자연스러움으로 안달하며 억지 부리는 것이다. 부자연스러움은 갈등과 불균형에 따른 반목이다. 자연의 일부로서 억지 부리지 말고 대자연의 순리에 따르라.

미국 유학 시절에 나와 아내가 억지를 부렸다가 거의 죽음에 직면한 적이 있다. 다섯 살인 딸을 맡겨 두고 켄터키 주의 주 정부가 있는 렉싱턴에서 승용차로 운전해서 5시간 남짓 걸리는 시카고에 갔었다. 시카고에서 볼 일을 마치고 한국 식당에서 저녁 식사를 한 후에 우리를 기다리는 딸을 생각하며 서둘러 차를 몰아 시카고를 빠져나왔다. 오후 8시가 넘은 시간이라 이미 어두워진 시간이었다. 차를 몰고 시카고 시내를 빠져 나올 무렵에 갑자기 많은 눈이 내렸다. 아무튼 나는 집으로 돌아가려고 렉싱턴으로 이어지는 95번 고속도로에 진입해서 남쪽으로 몇 분을 주행해서 달리는 중에 고속버스 순찰대가 바리케이드를 쳐 놓은 곳에 멈췄다. 경찰은 눈이 너무 많이 와서 고속도로를 이용할 수 없다고 했다. 나는 고속도로에서 지방도로로 내려와 멈춰서 우리를 애타게 기다리는 딸을 생각하며 집에 꼭 돌아가야 한다는 일념에 지도를 살펴보았다. 경찰을 피해 우회해서 30~40분 정도 지방도로를 타고가면 고속도로를 만날 수 있다는 생각을 하고 차를 몰았다. 지방도로를 타고 온통 눈으로 뒤덮인 도로를 낮은 속도로 천천히 가는 중에 차가 길 옆 고랑으로 빠져 버렸다. 주위 허허벌판은 온통 하얀 눈으로 덮여 있고 지나가는 차는 한 대도 없었다. 그리고 바깥은 영하 25도의 강추위였다. 한참을 기다려도 차는 오지 않고 엄습해 오는 추위에 몸을 떨며 나와 아내는 서로 껴안고 이렇게 얼어 죽는구나 하고 생각했다. 이 경험은 유학 초기 미국 기후에 대한 나의 무지와 어설픈 잔머리를 굴려서 초래한 결과였다.

살아 있다는 것은 살아온 시간과 앞으로 살 시간의 중간점에 있다는 것이다. 그래서 현존(presence)은 과거와 미래를 통합한다. 현재는 과거와 미래를 통합하는 中道(중도)다. 우리에게 현재는 가장 소중한 창조적 무관심이다. 시간을 재촉하지 마라. 시간은 스스로 지나간다. 과거는 이미 지나가 버렸고, 미래는 아직 도래하지 않았다. 지나간 과거를 되돌릴 수 없고, 아직 오지 않은 미래를 억지로 가져올 수 없다. 자신이 지나온 과거를 지우려고 아무리 노력해도 지울 수 없다. 우리에게 현재 그 자체가 의미다. 과거는 기억 속의 현재로 의미의 원천이다. 역시 미래는 기대 속의 현재로 의미의 원천이다. 살아 있다는 것 그 자체가 가장 의미 있는 것이다. 전생과 후생이라는 망상에서 벗어나라. 현재를 수용하고 현재에 직면하라.

시간을 재촉하지 마라. 현재에 머물러라. 시간을 재촉해서 현재 당신이 직면한 문제를 회피하고 도피한다고 해서 그 문제가 해결되지 않는다. 당신이 느끼는 불안을 접촉해서 직면하라. 많은 사람들이 겪은 주요한 심리적 문제는 불안이다. 대인관계 심리 치료를 개발한 설리반(Stack Sullivan)은 불안을 모든 심리적 문제의 원천으로 보았다. 그는 불안이 대인관계에서 비롯된다고 주장하였다. 펄스의 게슈탈트치료 발견에 기여한 골드스타인(Goldstein)은 불안을 파국적 기대의 결과로 보았다(Perls, 1969c, p. 168). 펄스는 불안을 현재와 미래 사이의 긴장이라고 주장하였다(Perls, 1969c, p. 174). 불안의 가장 빈번한 형태가 무대공포다. 나는 모든 불안은 무대공포라고 말하는 경향이 있다. 나는 어떤 무대공포도 환자가 현재와 접촉을 갖고 그의 미래에 대해 가진 집념을 버리게 하자마자 사라지는 것을 보았다. 흐르는 강물을 재촉하지 마라. 그것은 스스로 흐른다(Perls, 1969c, pp. 174-176).

우리는 유기체로서 현재에서만 자각할 수 있다. 우리는 과거를 자각할 수 없고 과거의 기억을 자각할 수 있다. 역시 우리는 미래를 자각할 수 없고 단지 미래의 전망을 자각할 수 있다. 자각은 경험이다. 불안은 현재와 미래의 갭이다. 불안을 해결하기 위해 유기체의 접촉을 통한 경험이 필요하다. 당신이 현재에 머물러서 경험을 통해 충분한 자각을 하면 불안은 사라진다. 왜냐하면 불안은 현재에 집중하지 않고 미래에 대한 전망에서 비롯된 걱정 혹은 예기불안이기 때문이다.

:: 나는 있는 그대로의 나다

게슈탈트치료의 주요한 목표는 '있는 그대로 나 되기(I am becoming me as what I am.)'다. 나는 나다. 당신은 당신이다. 나는 누구인가? 전체로서 내가 누구인가를 정확히 알아야 '있는 그대로 나 되기'를 달성할 수 있다. 나의 생각은 나다. 나의 감정은 나다. 나의 행동은 나다.

게슈탈트치료의 또 다른 목표는 '자신에 대해 책임지기'다. 나는 인간으로서 나의 도리를 다하는 것이 '자신에 대해 책임지기'를 다하는 것이라고 본다. 그렇다면 먼저 나는 나와 관계하는 사람들에게 나의 道理(도리)를 다하는 것이 나의 책임지기라고 자각한다. 역시 당신은 당신과 관계하는 사람들에게 당신의 도리를 다하는 것이 당신이 책임지기를 이행하는 것이다. 그런데 나와 관계하는 사람들에게 나의 도리를 다하는 것이 정말 쉽지 않다는 것을 자각한다.

우리는 매순간 인간으로서 도리를 다하는 것이 필요하다. 도리의 사전적 의미는 '사람이 지켜야 할 바른 길'이다. 道理(도리)의 한자의 뜻은 道(도)의 이치 혹은 원리를 따르는 것을 말한다. 도의 원리는 자연의 섭리를 말한다. 역시 인간성(human nature)은 인간의 본성이 자연임을 의미한다. 따라서 우리가 인간으로서 도리를 다하는 것은 자연의 섭리에 따라 사는 것을 말한다. 우리는 스스로에게 인간으로서 자신의 도리를 다하고 있는가를 자문자답하며 삶을 영위하는 것이 필요하다. 인간은 누구나 태어나서 성장하면서 다양한 역할이 주어진다. 우리에게 주어진 역할에 최선을 다하는 것이 우리의 도리를 다하는 것이다. 우리가 도리에 어긋난 행동을 할 때 우리는 무엇인가 잘못됨을 지각한다. 흔히 우리의 잘못된 행동에 대해 죄의식을 느낀다. 당신은 현재 인간으로서 자신의 도리를 다하고 있는가?

우리는 인간이다.
우리는 인간으로서 도리를 다하는 것이 필요하다.
우리는 자식이다.
우리는 자식으로서 도리를 다하는 것이 필요하다.
우리는 부모다.
우리는 부모로서 도리를 다하는 것이 필요하다.
우리는 친구다.
우리는 친구로서 도리를 다하는 것이 필요하다.
우리는 부부다.
우리는 부부로서 도리를 다하는 것이 필요하다.

우리는 직장인이다.

우리는 직장인으로서 도리를 다하는 것이 필요하다.

우리는 사회인이다.

우리는 사회인으로서 도리를 다하는 것이 필요하다.

아리스토텔레스(Aristotle)가 주장했던 것처럼, 인간은 사회적 동물이다. 즉, 인간은 사회적 동물로서 사회적 관계와 유지를 위해 행해야 할 도리가 있다. 역시 동양에서도 사회적 관계에서 오랫동안 지켜야 할 도리로서 강조되어 온 三綱伍倫(삼강오륜)이 있다. 삼강은 君爲臣綱(군위신강), 父爲子綱(부위자강), 夫爲婦綱(부위부강)이다. 그리고 오륜은 父子有親(부자유친), 君臣有義(군신유의), 長幼有序(장유유서), 夫婦有別(부부유별), 朋友有信(붕우유신)이다. 이러한 내용을 구체적으로 살펴보면 다음과 같다.

君爲臣綱(군위신강)은 임금과 신하 사이에 마땅히 지켜야 할 도리가 있다는 것을 말한다. 현대적 개념으로 어떤 집단상담자와 집단구성원 사이에 서로가 지켜야 할 도리가 있다.

父爲子綱(부위자강)은 부모와 자식 사이에 마땅히 지켜야 할 도리가 있다는 것을 의미한다.

夫爲婦綱(부위부강)은 남편과 아내 사이에 마땅히 지켜야 할 도리가 있다는 것을 말한다.

父子有親(부자유친)은 아버지와 아들 사이의 도는 친애가 있다는 말로, 아버지는 아들을 사랑하며 아들은 아버지를 잘 섬김으로써 진정한 부자간의 도리가 있다는 뜻이다.

君臣有義(군신유의)는 임금과 신하 사이의 도리에는 의리가 있음을 뜻한다.

長幼有序(장유유서)는 어른과 어린이 또는 윗사람과 아랫사람 사이에는 지켜야 할 차례와 질서가 있음을 뜻한다.

夫婦有別(부부유별)은 남편과 아내 사이에는 엄격히 지켜야 할 인륜의 구별이 있다는 말이다.

朋友有信(붕우유신)은 친구 간의 도리는 믿음에 있다는 뜻이다.

우리는 사회적 맥락에서 매순간 주변 사람들과 관계하면서 삶을 영위한다. 우리와 관계하는 사람들과 친밀감과 상호 존중을 유지하기 위해서 최선을 다해 마땅히 지켜야 할 도리를 지키는 것이 필요하다. 당신은 당신의 도리를 다하고 있는가? 현재 나의 모습을 보면서 내가 나의 도리를 다하고 있는가에 대해 다음과 같이 명상해 본다.

나는 자식이다. 따라서 나의 도리는 나의 실존을 가능하게 한 나의 부모에게 최선을 다해 보답하는 것이다.

나는 많은 형제들이 있다. 따라서 나의 도리는 형제애를 지키기 위해 필요한 행동을 하는 것이다.

나는 여전히 학생이다. 따라서 나의 도리는 배우는 것을 소홀히 하지 않고 꾸준히 나의 지식과 경험의 확장을 위해 노력하는 것이다.

나는 대학에서 학생들을 가르치는 교수다. 따라서 나의 도리는 학생들에게 최선을 다해 가르쳐는 것이다.

나는 한 여자의 남편이다. 따라서 나의 도리는 나의 아내에게 남편으로서 역할을 다하는 것이다.
나는 두 자녀의 아빠다. 따라서 나의 도리는 나의 자녀가 바람직하게 성숙하도록 최선을 다해 노력하는 것이다.
나는 주변에 많은 친구들이 있다. 따라서 나의 도리는 그들에게 마음에 와 닿은 진정한 친구로 여겨지기 위해서 세심한 배려를 가지고 행동하는 것이다.
나는 상담심리학자다. 따라서 나의 도리는 상담모델에서 강조하는 과학자-실천가로서 역할을 다하기 위해 노력하는 것이다.
나는 상담을 전공하는 대학원생의 지도교수다. 따라서 나의 도리는 그들이 훌륭한 상담자로서 성숙할 수 있도록 지도와 교육을 실천하는 데 주력하는 것이다.

인간은 불완전하다. 나는 인간이다. 그러므로 인간으로서 '있는 그대로 내가 되는 것'은 불완전함을 수용하고 실천하는 것이다. 있는 그대로 내가 되는 것은 불완전할 용기를 발휘하고 사는 것이다. 나는 내가 아들러리안(Adlerian)이라고 믿고 실천한다. 아들러리안으로서 나는 요즈음 사람들에게 "나는 있는 그대로 나로서 충분히 좋다. 당신은 있는 그대로 당신으로서 충분히 좋다(I am good enough as I am. You are good enough as you are.)."라는 말을 전파하고 다닌다. 현재 우리는 스스로 민주 사회에서 살고 있다고 말한다. 민주 사회의 핵심 가정은 사회적 평등에 대한 믿음과 실천이다. 민주 사회에서 인간으로서 그리고 사회인으로서 도리를 다하기 위해 우리에게 무엇보다도 필요한 것은 나와 타인에 대한 존중과 수용이다. 자긍심을 가지고 자기실현을 달성하기 위해 있는 그대로 나와 타인을 수용하는 것이 요구된다.

2. 접촉을 통해 자각하기

게슈탈트치료는 실존의 경험을 강조하는 경험적 치료다. 우리는 유기체로서 접촉을 통해 경험한다. 우리의 접촉은 선택의 결과다. 따라서 개인이 생산적인 접촉을 이루기 위해 현명한 선택을 하는 것이 요구된다. 모든 유기체는 접촉을 통해 경험한다. 우리는 접촉을 통해 경험한 사실을 자각한다. 우리가 제대로 접촉하지 못하도록 해서 전체로의 통합을 방해하는 것이 접촉경계 장애기제다. 현재에서만 우리의 오관을 통한 자각하기는 일어날 수 있다. 이런 점에서 게슈탈트치료는 지금-여기에서 유기체가 경험하는 것의 자각하기를 강조한다.

∷ 자각이 없으면 아무것도 없다

게슈탈트치료의 철학적 기반을 실존주의와 자각 혹은 알아차림이라고 한다. 유기체는 실존이다. 우리는 유기체로서 경험하며 삶을 유지한다. 펄스는 "자각은 경험이다. 경험은 자각이다. 자각이 없으면 아무 것도 없다."(Perls, 1969c, p. 28)라고 지적하였다. 유기체가 제대로 기능하지 못해 자신을 해칠 수 있는 일을 자각하지 못하면 실존을 위험하게 할 수 있다. 우리가 건전하고 충만한 삶을 유지하기 위해 충분한 자각이 필요하다. 우리의 오관이 원활하게 기능할 때 충분한 자각을 이룰 수 있다. 우리가 충분히 깨어 있는 상태에서 유기체의 경험은 원활하다. 게슈탈트치료는 현재를 강조한다. 왜냐하면 우리는 유기체로서 현재, 지금 이 순간에서만 경험할 수 있기 때문이다. 나는 내가 유학자의 도움을 얻어 조어한 知驗無涯(지험무애), 즉 "지식과 경험은 끝이 없다."라는 말을 좋아한다. 로저스는 모든 경험에 개방적이 되라고 말했다. 그는 또한 "경험은 나에게 최고의 권위다."라고 하였다. 우리의 지식과 경험을 확장하여 '정신적 지평(mental horizon)'인 식견을 높이는 것이 필요하다.

우리는 유기체로서 자각을 통해 삶을 영위한다. 따라서 우리가 충분히 기능하는 삶을 유지하기 위해 오관을 통한 높은 수준의 자각이 필요하다. 우리가 충분히 자각하지 않으면 우리는 자신의 경험을 통해 자신의 관점을 형성하는 데 편협하게 된다. 요즈음 다문화 사회에서는 우리가 경험하지 못한 타인의 입장에 개방적이어야 함을 강조한다. 아리스토텔레스가 지적한 것처럼, 인간은 사회적 동물이다. 즉, 개인은 자신이 속한 사회의 영향을 받아 생활습관을 형성하는 문화적 동물이다. 당신의 관점은 각기 매우 다른 문화적 배경에서 다른 경험을 하며 성장한 다른 사람의 관점과 다를 수 있다. 문화적 동물로서 우리가 서로 다름을 알아차리고 수용하는 것이 요구된다. 나의 경험에서 비롯된 관점과 다르다고 해서 무시하거나 무조건 틀리다는 편협한 사고방식에서 벗어나는 것이 필요하다. 우리 각자의 경험에서 비롯된 나의 관점과 타인의 관점의 차이를 알아차릴 문화적 민감성이 필요하다. 우리 자신의 경험에 의해 형성된 자신의 관점을 냉정하게 바라보면서 자신의 편견을 이해하는 것이 필요하다. 우리는 매순간 모든 경험에 개방적이 되어 자신의 편견을 최소화해서 상대방을 이해하려는 노력을 경주해야 한다.

불교의 선사들이 일상적으로 하는 말이 "깨어 있어라." 혹은 "열려 있어라."다. 깨어서 자각하라. 모든 경험에 열려 있어 편견을 줄이고 진실을 보라. 우리가 깨치기 위해서는 모든 경험에 개방적이어 만물의 섭리를 자각하라는 뜻으로 여겨진다. 펄스는 건강한 삶을 위해 유기체의 지혜를 강조하였다. 유기체의 지혜를 믿는 개인은 자신의 생물학적 · 정신적 신진대사를 원활히 하면서 지금-여기에서 자신의 자각을 믿고 행동하는 사람이다. 현명한 사람은 자신의 지식과 경험을 끊임없이 확장하면서 자각과 숙고를 통해 깨달음에 도달한다. 석가모니는 자신의 고행 경험을 통해 그의 큰 자각, 즉 깨달음, 해탈에 도달했다. 그와 유사한 경험을 해 보지 못한 사람은 그러한 자각을 할 수 없다. 왜냐하면 지적한 것처럼 경험은 자각이기 때문이다. 반두라(Albert Bandura)가 지적한 것처럼, 성공과 행복을 위해 자기효능감을 높일 수 있는 가장 강력한 방법은 개인이 직접 실천해서 획득한 자신의 성취 경험이다. 개인은 남들이 할 수 없는 자신의 경험을 통해 독특한 주관적 경험을 통해 자각을 이룰 수 있다.

불교의 선사들은 十牛圖(십우도)를 통해 眞我(진아)를 찾는 장기간의 게슈탈트 과정을 통해 수많은 경험을 하면서 게슈탈트의 완성인 자신만의 깨달음 경험을 하게 된다. 마찬가지로 서구 철학의 대부로 여겨지는 소크라테스(Socrates)도 "너 자신을 알라."

라는 명제를 던졌다. 정말 "나는 누구인가?" "나의 진아는 무엇인가?" 분명 나는 나다. "그렇다면 나는 무엇인가?" 내가 자각하는 모든 것이 나다. 성철스님이 지적했듯이, 저 하늘에 떠 있는 별들도 나이고 스쳐 가는 바람도 나다. 왜냐하면 유기체로서 내가 그러한 사실을 자각하기 때문이다. 정말 자각이 없으면 아무것도 없다.

플라톤(Plato)은 캄캄한 동굴 속에서 사는 사람들의 모습을 바탕으로 동굴의 우상이라는 은유적 묘사를 통해 경험의 중요성을 강조하였다. 동굴 속의 사람들 중에 도전 정신이 강한 누군가가 모진 경험을 통해 동굴 밖으로 나왔다. 그 순간 자신이 눈부신 햇빛을 목격하고 나서 다시 동굴 속으로 돌아가서 자신이 경험한 놀라운 사실을 사람들에게 얘기한다. 그러한 놀랄 만한 경험을 해 보지 않는 사람들은 그의 얘기를 믿지 않았고, 이상한 경험을 한 그에게 "당신은 미쳤다."라고 말한다. 역시 니체(Nietzsche)는 『자라투스트라는 이렇게 말했다(*Thus Spake Zarathustra*)』에서 온갖 경험을 통해 깨달음에 도달한 자라투스트라를 통해 초인을 강조하였다. 역시 경험을 해 보지 못한 대부분의 평범한 사람들은 자라투스트라가 경험을 통해 획득한 내용을 듣고 그에게 "당신은 미쳤다."라고 말한다. 경험하지 못한 사람들은 경험자의 자각을 무시하고 비판한다. 이미 언급한 것처럼, 타고난 상담자 혹은 상담의 성인이라 불리는 로저스는 "경험은 나에게 최고의 권위다."라는 말을 그의 좌우명처럼 강조하고 실천하며 살았다. 그래서 그는 개인이 충분히 기능하는 사람이 되기 위해 모든 경험에 개방적이어야 함을 강조하였다.

∷ 접촉에서 자각은 강렬하다

접촉(contact)과 자각(awareness)은 게슈탈트치료에서 가장 중요한 개념이다. 왜냐하면 게슈탈트치료는 접촉, 즉 유기체의 경험을 강조하는 경험적 치료이며, 경험을 통한 자각을 강조하는 자각치료이기 때문이다. 유기체의 접촉은 유기체의 경험이다. 유기체는 접촉을 통해 직접적 경험을 한다. 게슈탈트치료에서 강조하는 개인에게 건강한 삶은 접촉을 통한 자각이다. 건강한 삶을 위해 접촉하라. 접촉을 통해 자각하라. 유기체의 강렬한 자각은 유기체의 직접적 접촉을 통한 경험에서 비롯된다. 우리의 알아차림은 접촉을 통한 경험에서 가장 강렬하다. 게슈탈트치료자들이 흔히 묻는 두 가지 질문은 "당신은 지금 무엇을 피하고 있습니까?"와 "당신은 지금 무엇을 두려워하고 있습니까?"다. 이러한 질문을 접촉의 개념을 사용해서 다시 적용해 보면, "당신은 지금 무엇을 접촉하기를 피하고 있습니까?"와 "당신이 지금 접촉하기를 두려워하는 것은 무엇입니까?"다.

게슈탈트치료에서는 접촉경계 장애를 문제로 본다. 게슈탈트치료의 접촉경계 장애는 정신분석의 방어기제와 유사한 개념이다. 방어기제의 주요한 두 가지 특징은 무의식적으로 일어나고 현실을 왜곡한다는 점이다. 접촉경계 장애는 유기체의 접촉을 방해함으로써 현실을 왜곡하게 하고 전체로서 통합되지 않는 힘들 간의 갈등에 의한 불안을 초래한다. 우리는 건강한 삶을 위해 망상과 정신적 조작을 버려야 한다. 우리의 유기체를 건강하게 유지하고 성장시키기 위해 오관을 통한 경험이 요구된다. 펄스가 "당신의 정신을 버리고, 감각으로 돌아오라."고 강조한 것도 유기체의 접촉을 통한 경험을 강조한 말이다. 우리는 오관을 통한 접촉을 통해 경험함으로써 자각 혹은 알아차림을 강하게 체험할 수 있다.

유기체의 접촉은 현재에서만 일어날 수 있다. 그래서 현재 접촉을 통한 경험에서 유기체의 자각은 강렬하다. 과거는 기억 속의 현재이며, 미래는 기대 속의 현재다. 그래서 과거와 미래는 접촉할 수 없기 때문에 자각이 강렬하지 않다. 기본적으로 상담을 통한 문제 해결은 과거의 미해결된 과제와 미래의 걱정을 현재로 가져와서 직접 경험해 보게 하는 것이다. 펄스가 "과거는 이미 지나가 버렸고 미래는 아직 도래하지 않았고 오직 현재만이 중요하다."라고 한 점도 이러한 이유 때문이다. 우리는 실존적 존재로서 단지 현재에서만 오관을 통해 강렬한 자각 경험을 할 수 있다.

펄스가 사용한 효과적 기법이 빈 의자 기법이다. 그는 빈 의자 기법을 통해 현재에서 내담자가 누군가와의 접촉을 통한 강렬한 경험을 하게 했다. 그래서 내담자가 앉아 있는 의자를 '뜨거운 자리(hot seat)'라고 한다. 이렇게 불린 이유는 펄스가 빈 의자 기법을 사용해서 많은 사람들 앞에서 내담자가 무대공포를 경험하면서 접촉을 통해 얼굴이 홍조가 되는 뜨거운 경험을 하게 했기 때문이다. 당신이 내담자라 가정하고 누가 알까 봐 노심초사하며 숨겨 놨던 자신만의 비밀스러운 이야기를 대중 앞에서 빈 의자에 대고 털어놔야 하는 상황을 상상해 보라. 당신이 앉아 있는 의자는 아마도 얼굴이 화끈거리는 뜨거운 자리가 될 것이다. 수많은 사람들이 당신이 하는 일거수일투족을 관찰하고 있다. 그러한 상황에서 과거에 당신에게 상처를 주었거나 당신을 실망시켰던 누군가가 당신 앞에 있는 빈 의자에 정말 앉아 있다고 가정하고, 그에게 하고 싶었던 이야기를 하고 있는 당신의 모습을 상상해 보라. 누구에게도 얘기하지 않고 지켜 왔던 당신의 치부를 보여 주는 모든 사실을 털어놨을 때 청중이 어떻게 반응할 것인가를 감지하도록 해 보는 환상기법의 하나인 '나는 이러한 비밀을 가지고 있어요' 기법도 부분적으로 효과가 있다. 왜냐하면 직접 접촉은 아니지만 간접 접촉을 통해 자신에게 일어날 일을 정신적 경험을 통해 자각하게 하기 때문이다.

모든 문제 해결은 유기체의 접촉을 통해 이루어진다. 우리나라가 OECD 국가들 중에서 자살률이 가장 높다고 한다. 이러한 현상은 지나친 경쟁과 비교를 강조하는 사회적 분위기에서 비롯된 결과라고 본다. 자살은 결코 문제 해결이 될 수 없다. 왜냐하면 자살은 유기체를 비유기체로, 실존을 비실존으로 만들어 유기체의 접촉을 아예 차단시켜 버리는 잘못된 문제 해결 방식이기 때문이다. 아무리 힘들고 고통스러워도 그리고 현재 삶의 의미를 아무것도 발견하지 못한다 해도 유기체를 비유기체로 만드는 자살은 문제를 그대로 방치해 두는 잘못된 문제 해결 방식이다. 결코 자살하지 말라. 자살을 한 번이라도 생각해 본 사람은 문제 해결을 위해 유기체 상태를 유지하면서 죽음이 무엇인지 시신을 접촉해서 경험해 보라.

당신이 가진 문제를 해결하기 위해 그러한 문제에 접촉하라.

당신이 어떤 불안으로 고통 받고 있다면 그러한 불안을 접촉하라.

당신이 무대공포로 대중 앞에서 발표하는 것이 어렵다면 그 문제를 해결하기 위해 무대공포를 접촉하라.

당신이 죽음의 공포로 두려움에 떤다면 그러한 문제를 해결하기 위해 감수성 훈련에서 사용하는 방법에 하나인 정말 죽는다고 생각하고 유언장을 쓰고 관 속에 들어가 보라.

당신이 죽음이 무엇인가를 알고 싶다면 싸늘한 시체를 접촉해 보라.

당신이 배고픔의 고통과 설움이 무엇인가를 알고 싶다면 석가모니처럼 단식을 하면서 접촉을 통해 그러한 경험을 해 보라.

유기체의 접촉은 경험이다. 접촉을 통해 경험의 지평을 확장하는 것이 지혜롭게 삶을 사는 방식이다. 왜냐하면 유기체의 지혜는 접촉을 통한 경험에서 비롯되기 때문이다. 삶을 풍요롭게 하기 위해 많은 여행을 통해 접촉해서 터득하는 산 경험이 필요하다. 여행은 접촉을 통한 경험이다. 우물 안 개구리 같은 존재가 되지 말라. 우물 안 개구리는 우물 안이 그가 경험하는 전체다. 현명한 사람은 되도록 적은 편견 속에 사는 사람이다. 타인에 대한 편견을 줄이기 위해 많은 사람들과의 접촉을 통한 경험이 요구된다. 접촉에서 깨달음은 강렬하고 편견은 줄어든다. 식물이 태양과의 접촉이 없음을 상상해 보라. 인간은 사회적 동물로서 인간이기 위해 타인과의 접촉이 필요하다.

유기체로서 우리의 접촉은 선택의 결과다. 생산적 접촉을 위해 현명한 선택이 필요하다. 우리는 매순간 어떤 선택을 해야 하는 상황에서 갈등을 경험한다. 영국의 서정시인 프로스트(Robert Frost)가 읊조렸듯이, 두 갈래 길에서 어떤 길을 선택하면 다른 길은 갈 수 없다. 무선으로 표집된 천 명의 청소년들에게 노는 것과 공부하는 것 중에 어떤 것을 선택할 것인가를 묻는다면 어떤 결과가 나올까 궁금하다. 물론 노는 것을 선택하는 청소년들이 훨씬 많겠지만 공부를 선택한 비율이 어느 정도일까 궁금하다. 청소년들에게 공부가 놀이가 되었으면 하는 바람이다. 그들이 "공부는 내 친구"라고 하면서 배움의 기쁨을 알았으면 한다. 나는 지금 이 책을 쓰면서 의자에 앉아 컴퓨터 모니터와 접촉하고 있다. 친구가 전화를 걸어 와 자기와 만나 저녁식사를 하고 소주 한 잔 하자고 제안한다. 친구의 솔깃한 제안에 따라 어떤 선택을 할 것인가 잠시 고민해 빠진다. 나는 책을 쓰면서 느끼는 고뇌, 사색, 창조의 희열을 중단하고 싶지 않아 친구의 제안을 거절한다. 우리는 매순간 선택의 기로에 있다. 그리고 우리의 선택에 따라 행동해서 유기체의 접촉을 이룬다. 따라서 현명한 선택을 해서 바람직한 접촉을 하는 것이 필요하다.

우리는 수많은 시도와 시행착오를 통해 새로운 사실들을 배우고 보다 숙달될 수 있다. 누구도 어떤 것을 배울 때 첫 시도 혹은 첫 접촉에서 잘할 수 없다. 우리는 실수하고 미숙함을 보인다. 우리는 수많은 시도와 실패라는 접촉을 통해 과녁의 한복판을 맞출 수 있게 된다. 게슈탈트치료에 대해 책을 쓰고 있는 나는 아들러의 개인심리학 입장을 취하는 아들러리안이다. 아들러는 비교와 경쟁보다 기여와 협동을 강조했다. 비교와 경쟁을 강조하는 사회적 분위기는 우리 모두를 남보다 뛰어난 승리자가 되도록 강요하고 있다. 실수를 용납하지 않은 분위기에서 사람들은 위축되어 감히 어떤 시도와 도전을 하지 못한다. 나는 사람들이 아들러가 강조한 시도할 용기, 불완전할 용기를 갖고 자기격려를 하며 낙담하지 않고 살았으면 한다. 펄스(Perls, 1969c, p. 103)가 다음에서 지적한 것처럼, 사람들이 자신의 실패한 시도와 실수를 통해 배우고 있는 그대로 자신을 수용할 용기를 가졌으면 한다.

나는 수천의 실패한 모든 시도를 사랑한다.
거기에는 단지 한 개의 과녁의 한복판과 수천의 좋은 의지가 있다.
친구여, 완전주의자가 되지 마라.
완전주의는 저주 그리고 긴장이다.
당신은 과녁의 한복판을 맞추지 못할까 봐 두려워서 떤다.
만약 당신이 있는 그대로 놔둔다면 당신은 완전하다.
친구여, 실수하는 것을 두려워하지 마라.
실수는 죄악이 아니다.
실수는 다른 어떤 것, 아마도 창조적으로 어떤 것을 하는 방법이다.
친구여, 당신의 실수에 대해 부끄럽게 생각하지 마라.
그것에 대해 자랑스러워하라.
당신은 자신의 중요한 어떤 것을 줄 용기를 가졌다.

유기체로서 우리의 접촉은 경험이다. 우리는 수많은 시행착오의 경험을 통해 배운다. 에디슨이 얘기했듯이, 실패는 성공의 어머니다. 당신의 성공을 위해 실패 경험을 두려워하지 말고 접촉을 통해 그러한 경험을 해 보라. 머릿속으로 하는 정신적 조작을 버리고 접촉을 위해 시도해 보라. 진정으로 접촉을 통한 알아차림은 강렬하다.

⁘ 파국적 기대의 망연자실에서 깨어나라

게슈탈트치료는 지금－여기에서 유기체의 접촉을 통한 자각치료다. 유기체로서 우리의 자각은 현재에서만 가능하다. 삶은 영원한 현재다. 과거에 미해결된 일이 현재 하는 일을 방해해서 집중하지 못하도록 한다. 미래에 대한 걱정이 현재 하는 일에 집중력을 떨어뜨린다. 펄스는 "불안은 현재와 미래의 갭이다."라고 지적하였다. 아직 도래하지 않은 미래에 대한 걱정인 예기불안이 현재의 집중력을 떨어뜨린다는 것이다. 자신이 만든 예기불안으로 지레 겁부터 내며 호들갑을 떨지 마라. 당신은 자신이 창조한 상념인 예기불안으로 떨고 있다. 당신은 현재 있는 그대로의 내가 아닌 상태에 사로잡혀 있다. 미래의 망상에 사로잡혀 전체로서 내가 파국적 기대가 되고 있다. 그러한 망상에서 벗어나기 위해 지금－여기에 집중해서 현실을 관찰하라. 파국적 기대의 망연자실에서 깨어나라(Perls, 1969c, p. 214).

게슈탈트치료는 유기체의 접촉과 자각에 근거한 경험적 치료다. 우리는 미래를 접촉할 수 없다. 우리는 미래를 자각할 수 없다. 우리는 미래를 경험할 수 없다. 단지 어떤 사람은 자신의 미래가 파국적일 것이라고 기대할 뿐이다. 도대체 파국적 기대는 무엇인가? 왜 우리는 파국적 기대를 갖게 되는가? 그리고 파국적 기대에 휩싸여 있는 사람은 어떻게 기능하는가?

파국적 기대로 망연자실에 빠져 있는 사람을 어떻게 도울 수 있는가? 파국적 기대는 우리가 제대로 기능하지 못할 것이라는 생각이다. 파국적 기대는 우리가 실수나 실패를 해서는 안 된다는 강박적 생각에서 비롯된다. 파국적 기대는 현재에 집중하지 못하게 한다. 파국적 기대는 우리가 직면하고 접촉하는 것을 방해한다. 파국적 기대에 사로잡혀 있는 사람은 두려움에 사로잡혀 도피하고 회피한다. 그는 스스로 만든 파국적 기대란 두려움의 덫에 걸려 현재 제대로 기능할 수 없다. 따라서 우리가 제대로 기능하기 위해서는 파국적 기대로 정신적 혼란에 빠져 휘청거리지 않는 것이 필요하다.

우리는 때로는 파국적 기대라는 미래에 치중하여 현재에 집중하지 못하곤 한다. 게슈탈트치료자들이 묻는 다음과 같은 핵심 질문을 통해 파국적 기대의 망연자실에서 깨어나는 것이 요구된다. "당신은 지금 무엇을 회피하고 있습니까?" "당신은 지금 무엇을 두려워하고 있습니까?" 좀 더 구체적으로 당신 스스로에게 이렇게 물어보라. "당신은 파국적 기대로 인해 지금 무엇을 회피하고 있습니까?" "당신은 파국적 기대로 인해 지금 무엇을 두려워하고 있습니까?" 파국적 기대는 우리를 회피와 두려움에 떨게 해서 현재 충분히 기능하는 것을 방해한다. 파국적 기대는 온전한 현재의 접촉과 자각을 못하도록 해서 우리의 성숙을 방해한다.

우리는 미래에 대해서 아무것도 모른다. 단지 현재 자신의 능력을 바탕으로 미래를 예견할 뿐이다. 분명한 것은 현재의 내가 나의 미래를 결정한다는 것이다. 따라서 파국적 기대의 망연자실에서 깨어나 현재에 열중하는 것이 필요하다. 개인구성 개념이론을 제안한 켈리(George Kelly)는 과학자로서 인간을 가정하였다. 그의 입장에 따르면, 우리 모두는 과학자다. 당신이 자신의 삶을 풍요롭게 하는 훌륭한 과학자로서 기능하려면 현재 자신에게 주어진 모든 일을 책임감을 가지고 수행하는 것이다. 그러면 당신은 현재의 자신의 수행 능력에 근거해서 미래의 자신에 대한 적절한 예견을 할 수 있을 것이다. 반면에 당신이 현재 자신에게 주어진 일들에 열중하지 않으면서 미래에 대한 파국적 기대로 걱정하며 안달하는 사람이라면, 당신은 자신의 미래에 대한 예견력이 떨어진 별 볼일 없는 과학자다. 현재를 회피하고 도피하는 책임감 없는 과학자는 미래에 대한 부적절한 견해를 가질 수밖에 없다.

현재 자신의 삶에 책임감을 갖고 열심히 사는 사람에게 '파국적 기대'라는 말은 단지 꿈속의 잠꼬대일 뿐이다. 우리가 충분히 기능하는 사람이기 위해 모든 경험에 개방적인 태도로 접촉하는 것이 필요하다. 우리는 "정말 나는 누구인가?"를 자문하면서 현재의 자신을 정확히 자각하는 것이 필요하다. 우리는 현재의 자신을 정확히 관찰하고 거듭 의문을 제기하고 탐구하면서 현명하게 삶을 영위하는 훌륭한 과학자가 되는 것이 필요하다.

❘ 소리의 관계는 건전한 관계다

게슈탈트치료의 발견자인 펄스는 놀랄 만하게 창조적으로 언어구사를 하였다. 독일에서 태어나 자란 그에게 영어는 모국어가 아니었다. 그는 영어를 배우기 위해 극장에서 같은 영화를 반복해서 보았다고 기술하였다. 어쨌든 그는 게슈탈트치료자로서 제2외국어인 영어로 내담자를 치료하고, 워크숍을 제공하고, 많은 논문과 책을 저술하였다. 그리고 그는 필요한 경우에 새로운 단어들을 조어해서 쉽고 명료하게 자신이 전달하고자 하는 바를 기술하였다.

소리의 관계는 왜 건전한 관계인가? 펄스의 표현에 따르면, 영어로 "Sound relationships are sound relationships."다. 영어 단어 소리(sound)는 역시 형용사로 건전한(healthy)이라는 뜻이다. 말한다는 사실은 메시지다. 목소리는 진실의 표현이다. 목소리는 메시지다. 페르소나, 즉 persona는 소리를 통해서다. 'per-'는 '통해서'를 의미하고 '-sona'는 '소리, 노래하는 것'을 의미한다. 지껄이는 것을 시도하라. 추상적인 개념들이 소리로 난국을 뚫고 표현되면 당신의 목소리는 분노하거나, 흐느껴 울거나, 압도적이거나, 초조하다. 소리의 관계는 역시 건전한 관계를 의미한다 (Perls, 1969c, p. 220).

갑자기 요란하게 들리는 매미소리를 자각한다.
내 연구실 밖에 우거진 나무들을 목격한다.
눈에 보이지 않지만 매미는 매미소리로 자신을 표현한다.
날아가는 참새들이 눈에 띈다.
참새들이 내는 참새소리를 듣는다.
새는 새소리로 자신을 표현한다.
나는 소리에 의해 매미와 참새와 건전한 관계를 형성한다.

우리에게 소리로 표현하는 것은 있는 그대로 자신의 내면의 진실을 나타내는 것을 의미한다. 펄스가 제안한 양파 껍질에 비유한 신경증 층은 겉에서부터 중심까지 거짓층, 공포층, 난국층, 내적 파열층 그리고 폭발층으로 되어 있다. 소리를 내는 것은 중심에 있는 폭발층의 표현을 함축하고 있다. 즉, 자신의 내면에 있는 진실의 소리를 표현하는 것이다. 우리는 喜怒哀樂(희로애락), 즉 기쁨, 분노, 슬픔 그리고 즐거움을 표현하면서 삶을 영위한다. 소리 내는 건전한 혹은 건강한 사람은 있는 그대로 자신의 기쁨, 분노, 슬픔 및 즐거움을 자각하고 표현하는 사람이다.

당신이 몹시 기쁠 때 기쁨을 표현하라.
건강한 사람은 기쁠 때 기쁨의 표정과 소리를 내는 사람이다.
건강하지 않은 사람은 기뻐도 기쁨을 표현하지 않는 사람이다.

당신이 몹시 화가 나면 참지 말고 소리 내어 화를 표현하라.
건강한 사람은 화내고 싶을 때 화를 표현할 수 있는 사람이다.
건강하지 않은 사람은 화내고 싶을 때 화를 내지 못하는 사람이다.

당신이 몹시 슬퍼서 울고 싶으면 소리 내어 울어라.
건강한 사람은 울고 싶을 때 소리 내어 울 수 있는 사람이다.
건강하지 않은 사람은 울고 싶어도 울 수 없는 사람이다.

당신이 즐거워서 웃고 싶으면 껄껄 소리 내어 웃어라.
건강한 사람은 웃고 싶을 때 소리 내어 웃을 수 있는 사람이다.
건강하지 않은 사람은 웃고 싶어도 웃지 못하는 사람이다.

건강한 사람은 자신의 마음속 깊은 곳에서 우러나는 진심의 소리를 표현한다. 그러한 소리는 가식이 없는 외침이다. 건강한 사람은 그러한 외침을 경청하고 이해한다. 건강한 사람은 소리에 의한 건전한 관계를 가진다. 우리는 말소리를 통해 의사전달을 한다. 건전한 관계는 상대방의 진심의 소리를 이해하는 공감적 관계다. 펄스가 지적한 것처럼, 이상한 것 같지만 진실한 양극성은 '경청 대 싸움'이다. 건전한 인간관계는 끊임없는 대화를 통해 상대방을 경청해서 이해하는 공감적 관계다.

인간은 사회적 동물로서 바람직한 삶을 위해 타인과 건전한 관계를 맺는 것이 요구된다. 건전한 관계는 소리의 관계다. 건전한 인간관계를 위해 특히 우리가 화 혹은 분노를 표현할 때는 정서지능을 발휘해서 표현하는 것이 필요하다. 당신이 가까운 주변의 누군가에게 부적절한 방법으로 화풀이 대상이 되어 상처를 받은 적이 있으리라 본다. 그리고 가까운 누군가에게 심하게 화를 낸 후에 후회한 적이 있으리라 본다. 나는 상담자로서 사람들이 성숙되고 책임감 있는 삶을 영위하기 위해 관리해야 할 중요한 두 가지로 시간 관리와 분노 관리를 강조하곤 한다. 특히 당신의 분노 관리를 위해 아리스토텔레스가 말한 다음의 내용을 유념했으면 한다.

> 누구나 화를 낼 수 있다. 그것은 쉬운 일이다.
> 그러나 적절한 사람에게 화를 내는 것,
> 적절한 시간에 화를 내는 것,
> 적절한 정도로 화를 내는 것,
> 적절한 목적을 위해 화를 내는 것,
> 그리고 적절한 방식으로 화를 내는 것.
> 이것은 쉬운 일이 아니다.

화가 나면 억제하지 말고 표현하라. 분노를 표현하되, 자신과 타인에게 상처를 주지 않는 바람직한 방법으로 표현하라. 우리는 활시위를 당겨 과녁을 향해 화살을 날린다. 과녁을 향해 날아간 화살이 과녁이 아니라 자신에게 날아온다면 큰일이다. 누군가에게 표현해야 할 분노를 자기에게 표현하는 것이 자학이고 심하면 자살이다. 이것이 게슈탈트치료에서 접촉경계 장애기제인 반전(retroflection)이다.

∷ 접촉은 차이의 인식이다

우리는 실존을 위해 이 세상에 던져졌다. 우리는 태어난 순간부터 새로운 환경과의 접촉을 통해 자각한다. 우리의 오관은 놀랄 만하게 서로 유기적으로 작동하여 전체로서 유기체를 유지하고 성숙시킨다. 유기체는 자신의 생존과 성숙을 위한 지혜를 가진다. 유기체는 자기에게 이로운 것과 해로운 것을 변별할 능력을 가진다. 유기체가 자기를 해치는 것을 알아채지 못하면 큰일이다. 우리의 오관은 접촉을 통해 차이를 인식한다.

우리는 시각을 통해 색깔의 차이를 인식한다.
우리는 시각을 통해 원근의 차이를 인식한다.
우리는 시각을 통해 명암의 차이를 인식한다.
우리는 청각을 통해 온갖 소리의 차이를 인식한다.
우리는 후각을 통해 온갖 냄새의 차이를 인식한다.
우리는 미각을 통해 단맛, 쓴맛, 매운맛의 차이를 인식한다.

우리는 감각을 통해 온도의 차이, 기아의 차이, 고통의 차이를 인식한다.

게슈탈트치료는 전체로서 기능하는 유기체의 지혜를 신뢰한다. 운전자가 색깔의 차이를 인식하지 못하면 큰일이다. 훌륭한 음악가는 소리의 차이를 놀랄 만하게 잘 인식한다. 독가스를 인식하지 못하면 큰일이다. 뛰어난 미식가는 다양한 맛의 차이를 인식한다. 아파서 열이 나는데 그걸 인식하지 못하면 큰일이다. 배가 부른데도 배부름을 인식하지 못하고 계속 먹는다면 큰일이다. 역시 배가 공복 상태인데도 배고픔을 인식하지 못하면 큰일이다. 생사의 현장인 전쟁터에 있는 군인이 적군과 아군을 구별하지 못하면 큰일이다. 자신의 성숙을 위해 좋은 친구인지 친구의 허울을 쓴 나쁜 녀석인지 구별할 능력이 필요하다.

우리는 접촉을 통해 차이 혹은 다름을 인식한다. 융합(confluence)은 같음의 인식이다. 고립은 다름에 대한 비난이다(Perls, 1969c, p. 261). 융합은 주요한 접촉경계 장애기제로서 유기체가 다름을 구별하지 못하는 것이다. 융합은 분명히 다른 색깔인데 색맹을 가진 사람처럼 다른 색깔을 구별하지 못하고 같다고 하는 것이다.

3. 자신의 실존에 책임지기

게슈탈트치료의 철학적 입장은 실존주의다. 실존은 본질에 선행하며 삶 자체가 우리에게 끊임없이 무엇인가를 하도록 요구하고 있다. 나는 존재한다. 그러므로 나는 생각하고, 느끼고, 행동한다. 우리는 실존적 존재로서 자신의 감정, 행동, 생각에 대해 전적으로 자신이 책임을 져야 한다. 인류 역사에서 드러나듯이, 인간은 끊임없이 자유를 얻기 위해 투쟁해 왔다. 자유는 항상 책임을 수반한다. 우리는 우리가 자유롭게 선택한 결과에 대한 전적인 책임을 져야 한다.

⁘ 나는 나의 실존에 모든 책임을 져야 한다

모든 형태의 상담 및 심리 치료 접근 방식의 주요한 목적은 내담자가 현재보다 더 잘 기능하는 성숙한 사람이 되도록 하는 것이다. 게슈탈트치료의 목적 역시 내담자가 지금보다 성숙된 사람이 되게 하는 것이다. 펄스는 성숙의 과정을 환경지지에서 자기지지로의 변형이라고 정의하였다. 따라서 그는 게슈탈트치료의 목적이 환자가 타인에게 의존하지 않게 하는 것이지만 그가 할 수 있다고 생각하는 것보다 훨씬 더 많은 것들을 할 수 있다는 것을 처음부터 발견하게 하는 것이라고 하였다(Perls, 1969b, pp. 28-29). 성숙한 사람은 자신에 대해 책임을 지는 사람이다. 즉, 우리가 성숙한 사람이 되려면 우리는 자신의 실존에 모든 책임을 져야 한다.

게슈탈트치료는 실존주의 철학에 근거한다. 인간은 존재론적 입장에서 인생이라는 제한된 시간, 즉 한계 상황에 던져졌다. 유기체로서 우리 각자는 자신의 삶, 즉 실존의 모든 책임을 져야 한다. 나의 삶에 대한 궁극적 책임은 나에게 있다. 역시 당신의 삶에 대한 궁극적 책임은 당신에게 있다. 물론 누군가가 우리의 삶에 영향을 줄 수 있다. 왜냐하면 인간은 홀로 존재할 수 없는 사회적 동물이기 때문이다. 그래서 우리는 서로 영향을 주며 삶을 영위한다. 하지만 개인은 각자 독립된 주체로서 어떻게 삶을 유지하며 자기실현을 이룰 것인가에 대한 어떤 결정을 내리고 실천에 옮길 궁극적 책임자다. 우리 각자는 주어진 환경 속에서 실존할 책임, 환경에 적응하고 때론 환경을 변화시킬 책임을 가진다.

펄스는 인간을 전체론(holism)과 존재론(ontology) 입장에서 보았다. 즉, 인간이라는 유기체는 접촉을 통해 전체로서 환경 속에 존재한다고 보았다. 우리는 각자 자신의 선택에 의해 환경과의 접촉을 이룬다. 우리는 어떤 선택에 따라 어떤 행동을 한다. 그런 점에서 책임감을 선택에서 비롯된 행동의 결과까지를 받아들이는 것이라고 한다. 이런 이유로 개인은 자신이 자유롭게 선택해서 행동한 결과에 대해 책임을 져야 한다. 따라서 우리 각자는 매순간 현명한 선택을 통해 환경과의 생산적 접촉을 이룰 것인지 아니면 부적절한 선택을 통해 파괴적 접촉을 이룰 것인지에 대한 전적인 책임을 가진다. 펄스는 게슈탈트치료를 통해 건강한 사람은 환경지지가 아니라 자기지지에 의해 삶을 영위해야 함을 강조하였다. 이러한 자기지지는 개인이 실존적 존재로서 자신의 모든 행동에 대해 주변에 대한 탓으로 돌리지 말고 자신이 책임져야 함을 말한다.

게슈탈트치료 상담자는 환경지지로 살아가는 내담자로 하여금 자기지지로 자신의 삶을 책임지고 살아가도록 조력한다. 가정에서 부모는 자녀가 자신의 삶을 책임지고 살아가도록 양육하고 훈육해야 한다. 부모가 과잉보호나 양육 태만으로 자녀를 의존적이고 무책임한 존재로 성장하게 하는 것이 문제다. 부모의 가장 중요한 역할은 자녀가 독립된 주체로서 자신의 실존에 책임지며 살아가도록 자녀에게 책임감을 심어 주는 것이다. 교사는 학교에서 학생들이 사회에 진출해서 자신의 모든 행동을 책임지고 살아가도록 교육 및 훈육을 해야 한다. 교사는 학생들이 장차 사회인으로서 자신의 삶을 책임지고 살아가기 위해 필요한 사항을 깨닫고 달성하도록 조력하는 역할을 수행해야 한다.

심리학자들은 인간을 편의적으로 사고, 감정, 행동으로 구분해서 전체적인 인간 행동을 연구한다. 나는 전체로서 나에게 책임이 있다. 심리학자처럼 인간을 구분해서 세 가지로 나누어서 얘기하면 다음과 같다.

나의 모든 사고는 나에게 책임이 있다.
나의 모든 감정은 나에게 책임이 있다.
나의 모든 행동은 나에게 책임이 있다.

좀 더 구체적으로 이러한 내용에 대해 살펴보자. 먼저 사고 혹은 생각에 대해 알아보자.

나의 부정적 생각은 나에게 책임이 있다.
나의 비합리적 생각은 나에게 책임이 있다.
나의 비관적 생각은 나에게 책임이 있다.

내가 실패하리라는 생각은 나에게 책임이 있다.

나의 완벽주의에서 비롯된 실수해서는 안 된다는 생각은 나에게 책임이 있다.

내가 열등한 존재라는 생각은 나에게 책임이 있다.

내가 친구들을 믿지 못하고 의심하는 생각은 나에게 책임이 있다.

내가 멍청하다는 생각은 나에게 책임이 있다.

나의 아집은 나에게 책임이 있다.

나의 모든 잡념, 헛생각, 환상은 나에게 책임이 있다.

다음으로 자신의 감정에 책임지기 기법을 적용해 보자.

나의 발표 불안은 나에게 책임이 있다.

나의 실수나 실패에 대한 두려움은 나에게 책임이 있다.

나의 화 혹은 분노는 나에게 책임이 있다.

내가 어떤 일을 하기 전에 느끼는 초조함은 나에게 책임이 있다.

나의 우울한 기분은 나에게 책임이 있다.

내가 자주 느끼는 서글픔은 나에게 책임이 있다.

내가 느끼는 부모님에 대한 섭섭함은 나에게 책임이 있다.

내가 자주 아내(남편)나 자녀에게 내는 짜증은 나에게 책임이 있다.

믿었던 친구에 대한 배반감은 나에게 책임이 있다.

나의 사랑을 저버리고 배신한 연인에 대한 증오는 나에게 책임이 있다.

마지막으로 자신의 행동에 대한 책임을 살펴보자.

나의 공격적 · 언어적 표현과 행동은 나에게 책임이 있다.

늦잠 자서 지각한 것은 나에게 책임이 있다.

나의 소극적 행동은 나에게 책임이 있다.

나의 차일피일 미루는 행동은 나에게 책임이 있다.

나의 과음 행동은 나에게 책임이 있다.

나의 흡연 습관은 나에게 책임이 있다.

내가 수업에 빠진 행동은 나에게 책임이 있다.

나의 탐닉 행동이나 나태한 행동은 나에게 책임이 있다.

내가 약속을 지키지 못한 행동은 나에게 책임이 있다.

나의 불규칙적 생활습관은 나에게 책임이 있다.

나의 과식 행동은 나에게 책임이 있다.

나의 음주운전 행동은 나에게 책임이 있다.

나의 모든 회피적 · 도피적 행동은 나에게 책임이 있다.

개인상담 혹은 집단상담 상황에서 내담자가 드러내는 문제를 해결하기 위해, 나는 게슈탈트치료 기법 중에서 특히 '책임지기 기법'을 내담자들에게 적용하기를 좋아한다. 꽤 오래 전에 나는 초등학생과 중학생들을 대상으로 한 어깨동무 캠프의 총책임자였던 적이 있었다. 나는 사전에 자원봉사 캠프 지도자들에게 책임지기 기법을 교육했는데, 그들이 학생들에게 이 기법을 적용한 결과가 매우 효과적임을 목격했다. 우리는 분명 우리의 사고, 감정 및 행동의 선택자다. 따라서 우리는 우리가 선택한 모든 사고, 감정 그리고 행동에서 비롯된 결과에 대한 책임을 져야 한다.

∷ 학습은 발견이다

인생은 학습의 과정이다. 개인에게 학습, 즉 배운다는 것은 지금까지 몰랐던 사실을 새롭게 터득하는 것이다. 즉, 학습은 몰랐던 사실의 발견이다. 이런 점에서 인생은 경험을 통해 새로운 사실을 발견해 가는 과정이다. 파블로프(Ivan Pavlov)는 자극-반응에 따른 조건형성을 발견했다. 스키너(B. F. Skinner)는 강화와 처벌에 의한 조작적 조건형성을 발견했다. 그러한 발견은 주로 인간이 아닌 동물실험에 근거한 행동의 학습이다. 하지만 개인에게 학습은 현상적 장 속에서 일어나는 주관적 통찰이다. 학습은 발견이다. 새로운 사실의 발견은 기쁨이고 희열이다. 배움의 기쁨은 발견의 기쁨이다. 변화무쌍한 환경 속에서 유기체는 생존하기 위해 학습한다. 우리는 유기체의 유지와 실현을 위해 학습을 통해 신체적 · 정신적 신진대사가 지혜롭게 진행되도록 행동하고 있다.

개인은 생존을 위해 자신의 직업과 관련한 기술을 학습한다. 농부는 농사 짓는 기술을 학습한다. 공장에서 일하는 직원은 기계를 다루는 기술을 학습한다. 상인은 판매량을 높이기 위해 판매기술을 배운다. 나 같은 사람은 학생들을 가르치는 기술과 상담자로서 상담 기술을 배운다. 펄스는 "학습이 발견이다(Learning is discovery.)."라고 하였다. 이러한 발견은 사실들과 관련된다. 기술의 학습은 어떤 것이 가능하다는 발견이다. 가르치는 것은 어떤 것이 가능하다는 것을 보여 주는 것이다. 영어 단어 '발견하다(discover)'는 벗기는 것, 커버를 치우는 것, 사물 혹은 기술이 나타나게 하는 것, 새로운 어떤 것을 추가하는 것을 의미한다(Perls,

1969c, p. 85). 이처럼 발견은 커버를 벗기거나 치워야 새로운 것이 나타나는 것을 함축한다.

환경 속에서 유기체는 그것의 욕구에 따라 필요한 게슈탈트를 출현시켜 완성시킨다. 인생은 끊임없는 게슈탈트 순환의 과정이다. 우리가 알아챌 수 없지만 동화와 조절은 거의 동시에 일어나 끊임없는 게슈탈트 순환이 진행되고 있다. 모든 유기체는 환경 속에서 동화와 조절이라는 학습을 통해 생존한다. 나도 당신도 끊임없는 동화와 조절 과정을 통해 성장하고 발달하고 있다. 개인이 그에게 중요한 게슈탈트를 발견하지 못하면 문제다. 우리의 신체가 면역력이 떨어져 세균을 발견하지 못하면 우리가 파괴된다.

콜럼버스의 신대륙 발견은 기쁨이었다. 프로이트의 무의식의 발견, 아들러의 사회적 관심의 발견, 융의 집단무의식의 발견은 학습의 기쁨이었다. 그리고 역시 펄스의 게슈탈트치료의 발견은 그에게 희열이었다. 아주 오래전부터 신대륙, 무의식, 사회적 관심, 집단무의식 그리고 게슈탈트치료도 단지 거기에 있었다. 단지 그들은 그것을 발견했다.

∷ 현명한 사람은 자신이 하는 연기를 이해한다

게슈탈트치료의 철학적 입장은 실존주의와 자각이다. 우리는 실존적 주체로서 자신의 모든 행동을 자각하며 삶을 영위하는 것이 요구된다. 셰익스피어(William Shakespeare)는 인생은 연극이라고 했다. 우리 각자는 인생이라는 연극의 주인공이다. 나는 나의 주인이다. 당신은 당신의 주인이다. 우리는 각자 자신의 삶을 책임지는 주인정신을 갖고 생활해야 한다. 남에게 의존적인 삶을 탈피하는 것이 필요하다. 나의 집에서 손님이 주인 행세하는 것을 방관해서는 안 된다. 삶의 주체로서 우리는 자신이 하는 모든 행동에 책임을 져야 한다. 우리는 확장된 자각을 바탕으로 충분히 기능하면서 유기체의 욕구에 따라 건전한 게슈탈트를 완성하는 것이 필요하다. 내가 하는 행동이 나와 타인에게 도움이 되는지 점검하면서 사는 것이 요구된다.

게슈탈트치료자는 내담자가 실존적 존재로서 자기수용 및 책임감을 기반으로 자신의 모든 행동을 자각하며 살 것을 강조한다. 바람직한 삶을 위해 우리는 자신에게 다음과 같은 두 가지 질문을 자문자답하는 것이 필요하다. "내가 지금 하고 있는 행동이 나의 성장과 발전에 도움이 되는가?" "내가 지금 하고 있는 행동이 내 주변 사람들에게 도움이 되는가?" 슈니츨러(Arthur Schnitzler)는 그의 〈파라셀서스(Paracelsus)〉에서 "우리는 언제나 연기를 한다. 그러나 오직 현명한 사람들은 자신이 하는 연기를 이해한다."라고 말한다. 펄스는 슈니츨러의 이러한 언급을 진실이라고 하였다(Perls, 1969c, p. 138). 우리는 각자 인생의 연기자로서 매순간 자신이 하는 연기를 자각해야 한다.

우리는 모두 역할연기를 하며 생활한다. 펄스와 거의 동시대 인물인 모레노(J. L. Moreno, 1889~1974)는 심리극을 통해 역할연기의 중요성을 다음과 같이 강조하였다. "역할연기는 자기의 출현 이전에 존재한다. 역할은 자기로부터 출현하지 않지만, 자기는 역할에서 출현한다."(Moreno, 1977, p. Ⅱ, 157) 모레노의 말이 진실이라면 개인은 자신이 하는 역할연기를 통해 자기를 형성하고 자기가 누구인지에 대한 자기개념을 갖게 된다. 바꾸어 말하면, 개인이 자기가 누구인가를 이해하기 위해서 자기의 선행요인인 역할을 파악해야 함을 알 수 있다. 정말 자기가 역할로 출현한다면 다음과 같이 말할 수 있다.

나의 역할이 나를 만든다.
당신의 역할이 당신을 만든다.
내가 나의 역할을 모른다면 나를 알 수 없다.
당신이 당신의 하는 일을 모른다면 당신을 알 수 없다.
나는 누구인가? 나는 나의 역할이다.
당신은 누구인가? 당신은 당신의 역할로부터 비롯되기 때문에
당신을 이해하기 위해 당신의 역할을 이해해야 한다.
내가 나의 역할을 모른다면 나를 모른다.
당신이 자신이 하는 역할을 모른다면 자신을 이해할 수 없다.
내가 하는 역할을 이해하지 못한다면
나는 나를 이해하지 못하는 우둔한 사람이다!
나는 나를 이해하지 못하는 이방인이다.
당신이 당신의 역할을 이해하지 못한다면
당신은 당신이 누구인지를 모르는 멍청한 사람이다.
당신은 당신이 누구인지를 모르는 정체감이 없는 사람이다.
나의 역할이 내가 된다.
내가 나를 아는 현명한 사람이 되려면 나의 역할을 이해해야 한다.
당신의 역할이 당신이 된다.
당신이 자신을 이해하는 현명한 사람이 되려면 자신의 역할을 이

해해야 한다.

자신이 하는 연기를 이해하지 못한 사람은 어리석다.

현명한 사람은 자신이 하는 연기를 이해한다.

지혜로운 사람은 자신이 할 수 있는 일과 할 수 없는 일을 변별할 능력을 가진다. 지혜로운 사람은 있는 그대로 자신을 수용한다. 그래서 그는 강박적이지 않고 무모하지 않다. 지혜로운 사람은 지식과 그것의 한계를 이해한다. 그리고 그는 자신의 한계를 겸허하게 수용한다. 지혜로운 사람은 인간이 본래 불완전하다는 것을 안다. 그래서 그는 자신이 저지르는 수많은 실수와 실패를 수용한다. 그는 자신의 실수와 실패를 통해 배운다. 그리고 그는 완벽에 대한 강박주의의 모순을 발견하고 '불완전할 용기'를 실천하며 생활한다.

삶의 지혜는 아마도 다음의 기도문에서 가장 잘 표현되어 있을 것이다. 이 기도문은 익명의 알코올중독자 모임(Anonymous Alcoholics)에서 그것의 모토로 채택했기 때문에 세상에 널리 알려지게 됐다.

하느님, 저에게

내가 할 수 없는 일들을 수용할 침착함을,

내가 할 수 있는 일들을 변화할 용기를,

그리고 이 둘의 차이를 알 지혜를 갖게 하옵소서.

만약 우리가 할 수 없는 것을 하려고 애쓰면서 우리의 에너지를 소비하지 않는다면, 만약 우리가 변형될 수 없는 인생의 일들에 맞서 싸우지 않는다면, 만약 우리가 피할 수 없는 것을 기꺼이 참아 낸다면, 우리는 할 수 있는 것을 하기 위해 우리의 에너지를 사용하는 데 자유롭게 된다. 그리고 우리가 할 수 있는 일은 우리가 가정하는 것보다 훨씬 많다. 우리가 우리 자신을 발견하는 조건들에 대한 우리의 분노에 집착하지 않음으로써, 우리는 변화와 향상이 가능한 영역들을 분간할 수 있다(Dreikurs, 1971, p. 36).

펄스는 건강하지 않는 개인은 당위주의(shouldism)와 계산주의(aboutism)에 따라 행동한다고 보았다. 그는 건강한 사람은 실존주의(isism)에 따라 있는 그대로 자신을 수용하며 삶을 영위한다고 보았다. 현명한 사람은 당위적이지 않다. 그는 먼저 당위성에 대한 모순을 알고 있는 그대로 자신을 수용한다. 그는 타인에 대해 당위적이지 않기 때문에 타인을 강요하지 않고 있는 그대로 타인을 수용한다. 그는 역시 그의 주변에서 일어나는 조건에 대해 당위적이지 않기 때문에 일어나는 모든 일들에 대해 개방성과 유연성을 갖고 대처한다. 현명한 사람은 대인관계에서 계산적이지 않다. 게슈탈트치료에서 강조하는 참만남은 종교적 실존주의자인 부버(Martin Buber)가 강조한 나-당신 관계다. 나-그것의 관계가 아닌 나-당신 관계는 나처럼 상대방을 소중하게 대하는 관계다.

엘리스(Albert Ellis)가 지적한 것처럼, 건강한 사람은 비합리적 신념인 당위성에 사로잡혀 있지 않고 자기수용적이다. 그는 사람들이 자신 주변에서 일어나는 사건에 대해 강박적 생각을 버리고 수용하면서 살 것을 강조하였다. 다음에 제시하는 엘리스의 수용하기에 그가 보는 삶의 태도 및 가치와 관련한 지혜가 배어 있다

(Ellis, 2001, p. 224).

당신이 많은 실패를 했다 할지라도 무조건적으로 당신 자신을 수용하는 것
결함을 가진 다른 사람들을 무조건적으로 수용하는 것
죄가 아니라 죄를 진 사람을 수용하는 것
삶의 가혹한 조건이 변화될 수 없을 때 그러한 조건을 수용하는 것
당신이 자신의 역기능적인 감정을 바꿀 수 없을 때 그러한 감정을 수용하는 것
현재의 제약과 고통이 미래에 도움이 될 때 그러한 제약과 고통을 수용하는 것
당신의 과거사가 변화될 수 없지만 그것에 대한 당신의 현재 반응은 변화될 수 있다는 사실을 수용하는 것
당신의 생물학적 · 사회적으로 학습된 한계를 수용하고 그러한 것이 존재하지 않기를 요구하지 않는 것
당신이 영원히 살고 싶다 할지라도 당신이 결국 죽는다는 것을 수용하는 것
보통 많은 노력과 실천이 요구되지만 당신이 자신의 생각, 감정 그리고 행동을 변화시킬 수 있다는 것을 수용하는 것
완전히 선하거나 악한 것은 거의 없다는 것을 수용하는 것
당신과 다른 사람들이 흔히 쉽게 혼란에 빠질 수 있고 어떤 문제를 야기함이 없이도 아주 비이성적으로, 그리고 당황스럽게 행동할 수 있다는 것을 수용하는 것

자기수용은 '되어 가는' 과정에 있는 '실존'의 수용과 즐거움을 의미한다. 자기수용은 체념 혹은 정체를 함축하지 않는다. 우리 자신을 있는 그대로 수용하기 위해, 우리는 우리 안에 있는 모든 것이 우리의 부분이고 우리와 무관하지 않다는 것, 우리가 우리 안에서 진행되고 있는 모든 것에 책임이 있다는 것, 우리가 이러한 것들을 관리할 수 있다는 것, 그리고 우리가 언제나 그것들을 관리하고 있다는 것을 깨달아야 한다(Dreikurs, 1971, p. 16).

현명한 사람은 실존적 존재로서 자신을 있는 그대로 수용한다. 현명한 사람은 삶에 대한 수용적 태도를 견지하면서 자신이 하는 모든 역할을 이해한다. 그는 자신이 하는 연기가 자신과 타인에게 어떻게 영향을 미치는가를 파악한다. 그는 자신이 하는 일거수일투족을 이해한다. 현명한 사람은 자신이 하는 모든 행동을 이해하면서 민감성과 유연성을 가지고 삶을 영위한다.

4. 전체가 되도록 통합하기

게슈탈트는 전체를 의미한다. 전체는 부분의 합 이상이다. 우리는 전체로서 역동적으로 기능한다. 따라서 모든 부분이 전체로서 통합되도록 하는 것이 필요하다. 삶은 끊임없이 야기되는 게슈탈트를 통합하는 과정이다. 우리가 전체로서 건전하게 기능하기 위해서 미해결된 게슈탈트를 해결하는 것이 필요하다. 왜냐하면 그러한 미해결된 게슈탈트가 현재 우리가 하는 일을 방해하기 때문이다. 삶은 수없이 많은 게슈탈트의 순환 과정이다. 다시 말하면,

수많은 게슈탈트를 전체가 되도록 하는 '통합하기 과정'이다.

∷ 전체가 나누어지면 전체는 사라진다

소크라테스 이전의 그리스 철학자인 헤라클레이토스(Heraclitus)가 지적한 것처럼, 모든 것은 유동적이다. 우리는 결코 같은 물에 두 번 빠질 수 없다. 펄스는 게슈탈트심리학자인 레빈(Kurt Lewin), 베르트하이머(Max Wertheimer), 쾰러(Wolfgang Köhler) 등의 영향을 받아 게슈탈트치료를 개발하였다. 게슈탈트심리학은 전체론에 부합한다. 게슈탈트심리학은 "전체는 부분들의 합 이상이다"라는 게슈탈트 원리에 따라 발달되었다. 게슈탈트는 기본적으로 완성을 지향한다. 게슈탈트라는 말이 함축하는 전체, 완성, 형태 지향 원리에 근거한 게슈탈트심리학은 특히 지각심리학에 크게 기여하였다.

우리는 매순간 환경 속에서 유기체의 욕구에 따라 게슈탈트 완성을 추구하고 있다. 유기체의 욕구는 정적이지 않고 유동적이다. 인간이라는 유기체는 신체와 정신에 의해 작동한다. 유기체의 유지를 위해 신체적 신진대사가 진행 중이다. 역시 유기체의 최적의 욕구 만족을 위해 정신적 신진대사도 진행 중이다. 모든 것이 게슈탈트 완성을 위해 역동적으로 작동하고 있다. 게슈탈트는 감소될 수 없는 현상이다. 있는 그대로가 가장 중요한 것이다. 만약 전체가 그것의 구성 요소로 나누어진다면 그것은 사라져 버린다(Perls, 1969c, p. 63). 아마도 가장 흥미 있고 중요한 게슈탈트의 속성은 그것의 역동성, 즉 완성하려고 하는 강한 게슈탈트의 욕구다. 우리는 매일 이러한 역동성을 경험한다. 불완전한 게슈탈트에 대한 최적의 명칭은 미완성된 상황이다(Perls, 1969c, p. 65). 게슈탈트는 역동성에 따라 작동하기 때문에 그러한 역동적 경험을 알아채는 것이 중요하다. 어떤 게슈탈트 완성이 우선적인가를 구별하기 위해 유기체의 경험을 자각하는 것이 필요하다. 왜냐하면 우리가 긴급한 게슈탈트를 자각하지 못하면 위험에 처할 수 있기 때문이다.

개인은 수없이 많은 게슈탈트 순환을 경험하며 삶을 영위한다. 개인에게 어떤 게슈탈트 해결은 생산적이거나 파괴적일 수 있다. 따라서 자신이 추구하는 게슈탈트가 이로운지 해로운지를 구별할 수 있는 지혜가 필요하다. 현명한 사람은 자신의 게슈탈트 완성을 위해 자신이 하는 역할을 이해한다. 마라톤 경주에 참가해서 많은 땀을 흘린 마라토너에게 가장 강력한 게슈탈트는 갈증일 것이다. 굶주려 허기진 사람에게 다른 무엇보다도 우선적으로 해결해야 할 게슈탈트는 식욕이다. 해외 여행 중인 흡연자가 국제선을 타고 어쩔 수 없이 장시간 금연 상태를 유지했을 때 그에게 강력한 게슈탈트는 흡연이다. 선승은 끊임없는 명상과 선 수련을 통해 그에게 가장 중요한 해탈, 즉 게슈탈트를 달성하기 위해 노력한다. 우리 모두는 역시 포괄적이며 장기적인 인생이라는 게슈탈트 완성의 과정에 있다.

전체가 나누어지면 더 이상 전체는 존재하지 않는다. 전체가 나누어지면 전체는 사라져 버린다. 전체는 전체다. 전체의 부분은 더 이상 전체가 아니라 단지 전체의 부분이다. 물이라는 H_2O가 나누어지면 더 이상 전체로서 H_2O는 존재하지 않는다. 2 + 1 = 3

이 되는 산술적 방식처럼 단순히 H_2와 O를 합치면 H_2O가 되지 않는다. 물이 되기 위해 추가적인 창조적 과정이 필요하다. 전체가 되는 과정은 부분들의 합 이상으로 어떤 것이 필요한 창조적 과정이다. 역시 전체가 나누어지는 과정도 더 이상 전체가 아닌 새로운 것을 만드는 창조적 과정이다.

전체론은 물질적 구조가 유기체의 기능을 결정한다는 전통적인 과학적 도식과 다음과 같은 두 가지 점에서 매우 다르다. 첫째, 전체론은 사물, 생명 그리고 정신이 고정되고 항구적이며 변경될 수 없는 요소들로 구성되어 있지 않다는 입장을 취한다. 둘째, 전체는 그 자체가 거의 인식되기가 어려운 것으로, 전체는 현재 그것의 부분들 혹은 요소들보다 더 중요한 능동적 요인으로 나타난다. 전체는 창조적이다(Dreikurs, 1971, pp. 170-171). 우주라는 전체는 수없는 부분들이면서 동시에 전체들로 형성되어 있다. 전체론을 제기한 스머츠가 주장한 것처럼 전체들의 형성은 우주를 창조적이게 한다(Smuts, 1926). 전체로서 나는 창조적이다. 나는 나를 능동적으로 창조한다. 이런 점에서 갈등적 나, 자기고문을 하는 나, 반목하는 나보다 전체로서 통합된 나가 되는 것이 필요하다.

∷ 게슈탈트치료는 통합적 접근 방식이다

삶은 동화와 조절을 통한 통합의 과정이다. 전체적 통합과 같은 그러한 것은 없다. 통합은 결코 완결되지 않는다. 즉, 성숙은 결코 완결되지 않는다. 통합은 영원히 진행되는 과정이다. 언제나 통합될 어떤 것이 있다. 즉, 언제나 학습될 어떤 것이 있다. 언제나 더 나은 성숙, 즉 당신 자신과 당신의 삶을 더 많이 책임져야 할 가능성이 있다. 게슈탈트치료의 주요한 목적은 내담자가 통합을 달성하게 하는 것이다. 펄스는 게슈탈트치료가 대부분의 다른 유형의 심리 치료와 다른 차이는 본질적으로 게슈탈트치료자들이 분석하지 않고 통합하는 것이라고 지적하였다(Perls, 1969b, pp. 64-66).

게슈탈트치료자는 전체론에 입각해서 인간을 탐구하고 이해한다. 따라서 그는 내담자를 조력하는 데 온전하게 전체로서 기능하도록 통합을 강조한다. '전체적 의학(holistic medicine)'은 유기체 내의 모든 기능의 통합에 대한 새로운 그림을 제공한다. 전체는 모든 부분의 합 이상이다. 어떤 부분적 현상도 전체의 기능을 설명할 수 없다(Dreikurs, 1971, p. 18). 게슈탈트치료자는 전체로서 유기체의 기능을 강조한다. 펄스는 게슈탈트치료가 분석적 접근 방식이 아니라 통합적 접근 방식임을 굳게 믿었다(Perls, 1969c, p. 180).

우리는 유기체로서, 통합된 전체로서 기능한다. 우리는 통합된 전체로서 신체적 경험을 통해 생각하고 느끼고 행동한다. 이런 점에서 현실치료의 발견자인 글래서(William Glasser)가 제안한 개념인 전체행동(total behavior)은 통합된 전체다. 우리는 전체행동으로서 기능한다. 아들러가 주장한 것처럼, 모든 행동에는 목적이 있다. 우리는 전체행동을 통해 자신이 추구하는 목적, 즉 게슈탈트를 달성하기 위해 기능한다. 전체행동의 네 가지인 행동하기, 생각하기, 느끼기 그리고 생물학적 행동은 결코 따로따로 기능할 수 없다. 글래서는 전체행동의 네 가지를 자동차의 네 바퀴에 비유하여 설명하였다. 자동차의 네 바퀴가 따로따로 기능하면 어떻게 될 것인가를 상상해 보라. 더 많이 통합된 개인은 부분들의 합 이상으로 구성된 체계적 전체로서 기능한다. 게슈탈트치료자들은 전체로서 유기체가 기능한다고 믿는다. 따라서 이들은 정신과 신체를 분리해서 보는 이원론 입장에 반대한다.

상반되는 힘의 마찰은 갈등과 반목을 초래한다. 그러한 갈등과 반목은 우리의 에너지를 감소시키거나 소진시켜 원활한 기능을 방해한다. 따라서 우리를 갈등과 반목에 빠뜨리는 수많은 양극성을 통합하는 것이 필요하다. 양극성을 통합해서 전체로서 파악하고 이해할 때 창조적 무관심, 즉 중도를 달성할 수 있다. 통합은 상반되는 양극성의 한쪽과 다른 쪽을 모두 이해함으로써 전체를 아우르는 것이다. 통합을 통해 이전에 형성된 게슈탈트를 개선해서 보다 성숙된 자기가 되라. 당신이 경험하는 양극성의 통합을 통해 知彼知己百戰百勝(지피지기백전백승)을 달성하라.

정신과 신체를 통합하라.
장점과 단점을 통합하라.
선과 악을 통합하라.
사랑과 증오를 통합하라.
기쁨과 슬픔을 통합하라.
남성성과 여성성을 통합하라.
음과 양을 통합하라.
열등감과 우월감을 통합하라.

합리성과 비합리성을 통합하라.

긍정적 중독과 부정적 중독을 통합하라.

과거와 미래를 통합하라.

실패와 성공을 통합하라.

불행과 행복을 통합하라.

펄스는 역시 자기 내부에서 강자(topdog)와 약자(underdog)가 끊임없이 마찰하고 반목하는 자기고문 게임을 종식시킬 것을 강조하였다. 강자는 자신의 부모처럼 약자에게 당위적 태도로 강요하고 명령하는 자기다. 반면에 약자는 어린애처럼 강자의 요구에 변명하고 핑계되면서 도전하기를 피하는 자기다. 자식 이기는 부모가 없다고 하는 것처럼, 강자와 약자와의 싸움에서 대부분 약자가 승리한다. 상담자는 게슈탈트치료의 주요한 기법인 빈 의자 기법을 적용해서 내담자의 강자와 약자가 대화를 통해 서로 이해하게 함으로써 자기고문을 종식시키도록 조력한다. 아무튼 양극성인 강자와 약자의 마찰은 개인의 에너지를 감소시키고 소진시켜 원활한 기능을 방해한다. 당신이 겪는 자기고문을 종식시키고 마음의 평화를 가지기 위해 당신의 내부에 있는 강자와 약자를 통합하라.

우리의 욕구에 따라 끊임없는 게슈탈트를 형성해서 완성하는 것처럼 유기체의 통합은 계속되는 과정이다. 우리는 자기실현을 위해 유기체의 지혜를 신뢰하는 것이 필요하다. 개인의 전체행동을 구성하는 생각하기, 느끼기, 행동하기 그리고 생물학적 행동은 놀랄 만큼 조화롭게 전체로서 작동한다. 게슈탈트치료의 주요한 목적인 통합을 통한 전체로서 기능을 촉진하기 위해 다음과 같은 자각 연습을 해 보자. 먼저 자신의 모든 신체 부분을 전체로서 자신에게 통합시키는 연습을 다음과 같이 시도해 보라. 기본적 원리는 언어적으로 우리가 어떤 신체 부분, 즉 그것(It)을 나(I)로 바꾸어 표현하는 것이다.

나는 신체다. 나의 신체는 나다.

나의 머리는 나다. 따라서 '나의 머리가 심한 통증을 느낀다.'라고 하는 것이 아니라 '내가 심한 통증을 느낀다.'라고 표현해 보라.

나의 가슴은 나다. 따라서 '나의 가슴이 떨린다.'가 아니라 '내가 떨린다.'라고 표현해 보라.

나의 손은 나다. 따라서 '나의 손이 움직인다.'가 아니라 '내가 움직인다.'라고 표현해 보라.

나의 발은 나다. 따라서 '나의 발이 저린다.'가 아니라 '내가 저린다.'라고 표현해 보라.

나의 어깨는 나다. 따라서 '나의 어깨가 쑤신다.'가 아니라 '내가 쑤신다.'라고 표현해 보라.

나의 발톱은 나다. 따라서 '나의 발톱이 아프다.'가 아니라 '내가 아프다.'라고 표현해 보라.

나의 눈은 나다. 따라서 '나의 눈이 깜박거린다.'가 아니라 '내가 깜박거린다.'라고 표현해 보라.

나의 코는 나다. 따라서 '나의 코가 막혔다.'가 아니라 '내가 막혔다.'라고 표현해 보라.

나의 귀는 나다. 따라서 '나의 귀가 잘 안 들린다.'가 아니라 '내가 잘 안 들린다.'라고 표현해 보라.

나의 목은 나다. 따라서 '나의 목이 아프다.'가 아니라 '내가 아프다.'라고 표현해 보라.

나의 허벅지는 나다. 따라서 '나의 허벅지가 이상하다.'가 아니라 '내가 이상하다.'라고 표현해 보라.

나의 치아는 나다. 따라서 '나의 치아가 아프다.'가 아니라 '내가 아프다.' 혹은 '나의 치통은 나다.'라고 표현해 보라.

과거와 미래를 통합한 결과의 균형점은 현재다. 우리는 현재에서만 자각할 수 있다. 자각은 경험이다. 우리는 현재에서만 경험할 수 있다. 게슈탈트치료는 분석적 접근 방식이 아니라 실존적 · 경험적 · 실험적 · 통합적 접근 방식이다. 오직 현재에서 당신이 충분히 기능하는 성숙된 인간이 되기 위해 하나의 자각을 가져라. 왜냐하면 당신이 하나의 자각을 가질 때 통합된 전체로서 높은 집중력을 발휘할 수 있기 때문이다.

:: 통합에는 결코 끝이 없다

게슈탈트는 전체 혹은 통합을 의미한다. 인생의 과정은 수없이 많은 게슈탈트를 완성하는 과정이다. 프로이트는 정신분석을 통해 해석을 강조한 반면, 펄스는 게슈탈트치료를 통해 통합을 강조하였다. 즉, 프로이트는 내담자가 과거에 억압해서 무의식에 저장한 내용들을 의식화하여 해석을 통해 정확히 의미를 이해하게 하는 반면, 펄스는 내담자가 현재에서 원활히 기능할 수 있도록 미해결된 게슈탈트를 통합할 것을 강조하였다. 프로이트는 "어떤 분석도 결코 완성될 수 없다."라고 말한 반면, 펄스는 "통합에는 결코 끝이 없다."라고 했다. 역시 펄스는 "당신이 동화하고 통합할 수 있는 어떤 것이 언제나 있다. 언제나 성장을 위한 기회가 있다."(Perls, 1969c, p. 276)라고 말했다.

우리의 삶은 끊임없는 욕구의 출현과 해소의 과정이다. 다시 말하면, 인생은 끊임없는 게슈탈트 완성의 과정이다. 모든 유기체는 자신의 유지, 적응 및 실현을 위해 계속되는 자기조절에 의한 통합의 과정에 있다. 통합의 순간에 내담자는 게슈탈트 완성, 즉 전체적 이해를 경험한다(Goldstein, Krasner, & Garfield, 1989, p. 119). 통합, 중도 및 균형을 달성하기 위해 당신이 가진 동전의 양면을 이해하는 것이 필요하다(Simkin, 1974, p. 56).

현재는 과거와 미래를 통합한다. 현재에서만 접촉을 통해 통합을 이룰 수 있다. 우리는 유기체로서 현재에서만 경험을 통해 통합을 달성할 수 있다. 이런 점에서 게슈탈트치료에서는 현재와 과정을 강조한다. 우리는 현재에서만 게슈탈트 완성, 통합을 달성할 수 있다. 우리는 현재에만 출현한 욕구를 접촉을 통해 해소하는 전체적 과정인 게슈탈트 완성을 자각할 수 있다. 현재 당신의 집중력을 높일 수 있는 방법은 과거에 미해결된 게슈탈트가 현재의 게슈탈트 완성을 방해하지 않도록 하는 것이다. 역시 당신이 상상해서 만들어 낸 게슈탈트인 미래에 대한 걱정이나 예기불안이 현재 하는 일을 방해하지 않도록 하는 것이다.

상담자는 게슈탈트치료를 통해 내담자로 하여금 통합을 이루게 한다. 통합이라는 말은 과정을 함축하고 있다. 통합은 단순히 부분들의 합인 정적 상태가 아니라 어떤 역동적 과정을 통해 일어난다. 가장 흔히 일어나는 양극성의 통합하기는 상반되는 양면을 모두 파악해서 균형점을 찾을 때 일어날 수 있다.

제3장

게슈탈트치료의 이론적 기반

나는 나의 일을 하고 당신은 당신의 일을 한다.
나는 당신의 기대에 부응해서 살기 위해
이 세상에 존재하지 않고,
당신도 나의 기대에 부응해서 살기 위해
이 세상에 존재하지 않는다.
당신은 당신이고, 나는 나다.
만약 우연이라도 우리가 서로를 발견한다면,
그것은 아름다운 일이다.
만약 우리가 서로를 발견하지 못한다면,
서로에게 도움이 될 수 없다.

-Fritz Perls-

차례

제3장

게슈탈트치료의 이론적 기반

우리는 사계절을 통해 놀랍게도 신비하게 변화하는 자연의 섭리를 보고 감탄한다. 생명을 가진 유기체들은 그들이 처한 환경에 나름대로 슬기롭게 적응한다. 즉, 그들이 갖은 독특한 적응력을 바탕으로 잠재력을 발현하여 자신의 자태를 드러낸다. 마찬가지로 만물의 영장이라 불리는 인간도 유기체로서 생존의 법칙에 슬기롭게 대처하며 삶을 영위한다. 개인과 환경은 상호 의존적이다. 자신이 처한 환경에서 개개인이 삶을 바라보는 입장에 따라 삶 자체는 다르게 인식된다. 이 세상에서 일어나는 객관적인 사실은 그것을 지각하는 주체에 따라 달라진다.

게슈탈트심리학자들인 베르트하이머(Max Wertheimer, 1880~1943), 코프카(Kurt Koffka, 1886~1941), 쾰러(Wolfgang Köhler, 1887~1967) 등은 에렌펠스(Christian Von Ehrenfels, 1859~1932)가 언급했던 "전체는 부분들의 합과 다르다."라는 게슈탈트심리학의 중심적 생각에 따라 전경과 배경에 근거한 지각의 근본 원리를 발달시켰다. 게슈탈트심리학의 탄생에 영향을 준 철학적 이론은 현상학(phenomenology)이다. 현상학의 아버지로 불리는 후설(Edmund Husserl, 1859~1938)의 생각은 '현상을 설명하려는 것이 아니라 기술하려는 것'이었다. 게슈탈트심리학자들이 지각하고 연구했던 현상은 항상 주체의 외부에 있는 시각적 · 청각적 형태였다. 즉, 그들이 지각한 현상은 모든 지각 장에서 개인이 배경과 전경을 구별하는 것이었다. 형태는 배경으로부터 나타남으로써 그것의 의미를 갖게 되는 지배적인 전경이다. 즉, 배경은 형태에 의미를 주는 뒤쪽 평면이며, 형태로 지각되는 전경과 배경은 유동적이다. 그러나 형태의 지각은 객관적 사실이 아니다. 지각의 주체는 자신의 주의와 욕구에 따라 전경과 배경을 구별해서 배경으로부터 지배적인 형태를 고립시킨다. 이런 점에서 게슈탈트심리학자들은 주체로서 당신의 욕구에 따라 대상의 지각이 달라진다고 본다.

게슈탈트심리학자인 골드스타인(Kurt Goldstein, 1878~1965)은 신체와 정신, 생물학적 요인과 정신적 요인, 정상적 상태와 병리적 상태 등과 같이 이분법으로 나누는 것을 부정하고 '전체 이론(global theory)'을 제안하였다. 역시 이 무렵에 집단역동의 창시자인 레빈(Kurt Lewin, 1890~1947)이 인간 행동은 개인과 환경 간의 관계에서 비롯된다는 장이론을 제안하였다.

펄스는 다양한 사람들과의 개인적 접촉을 통해 게슈탈트치료를 개발하였다. 펄스에게 영향을 준 사람들은 게슈탈트심리학자인 골드스타인, 칸트(Immanuel Kant)의 이원론을 반대하고 『창조적 무관심(*Creative Indifference*)』을 저술한 표현주의 철학자 프리들랜더(Salamon Friedlander), 정신분석자들인 호나이(Karen

Horney, 1885~1953), 해펠(Clara Happel), 도이치(Helene Deutsch), 라이히(Wilhelm Reich, 1897~1957), 전체론의 개념을 제안하였고 남아프리카 수상을 역임한 스머츠(Jan Christiaan Smuts, 1870~1950), 그리고 동양의 선(Zen)을 소개한 웨이츠(Paul Weisz)와 와츠(Alan Watts, 1915~1973) 등이다. 특히 1933년에 비엔나의 '정신분석 집단'에서 추방된 라이히는 정통적인 정신분석에서 강조한 이유, 정신, 과거보다 과정, 신체 및 현재의 중요성을 강조하였다. 라이히의 이러한 입장은 펄스가 게슈탈트치료를 창시하는 데 깊은 영감을 주었다. 펄스도 1936년에 체코슬로바키아의 프라하에서 개최된 '정신분석 국제모임'에 초대되어 자신의 연구인 '구강 저항'에 대해 발표하지만 다른 정신분석자들과 프로이트에 의해 냉대를 받게 되면서 자신의 이론적 입장을 개발하게 되었다. 펄스(Perls, 1947)의 첫 저서인 『자아, 기아, 그리고 공격성(*Ego, Hunger, and Aggression*)』에서 그는 '집중력 치료'라는 용어를 사용하였으며, 게슈탈트치료라고 공식적으로 명명된 것은 1951년에 펄스, 헤퍼린 그리고 굿맨(Perls, Hefferline, & Goodman, 1951)이 공저한 『게슈탈트치료(*Gestalt Therapy*)』에서 비롯되었다.

펄스는 자신이 게슈탈트치료의 창시자가 아니라 발견자라고 불렀다. 자신을 그렇게 부른 이유는, 자신이 이미 존재해 왔던 유기체의 지혜를 단지 발견해서 강조했을 따름이기 때문이라고 했다. 게슈탈트치료는 개인이 전체로서 원활한 게슈탈트 순환을 통해 끊임없는 게슈탈트 완성인 통합을 이루어 균형 있는 삶을 영위하기를 강조하는 접근 방식이다.

펄스에 의해 발견된 게슈탈트치료는 다양한 이론적 배경을 바탕으로 개발되었다. 펄스는 자신의 창조적 생각을 적용하여 전체론 관점에서 다양한 이론을 서로 면밀하게 조합하여 게슈탈트치료를 발전시켰다. 그는 기본적으로 게슈탈트심리학에서 강조하는 "전체는 부분의 합 이상이다."라는 원리를 수용하여 게슈탈트치료에 기여한 상호 의존적인 다양한 이론들을 슬기롭게 하나가 되도록 구성하였다.

클라크슨과 맥퀸(Clarkson & Mackewn, 1993)은 펄스가 게슈탈트치료는 우리의 삶에 통합적이고 조화로운 접근 방식이라고 믿었던 것처럼, 우리가 가져왔던 이원론적이고 분리되는 대립이나 범주에 대한 생각 습관을 버리면 게슈탈트치료를 이해하는 것이 어렵지 않다고 지적하였다(p. 32). 이들은 이러한 이론들의 연결성을 근거로 펄스의 게슈탈트치료가 여섯 가지 상호 관련적인 개념들의 군들로 조합되어 있다는 것을 제안하였다. 이 장에서는 먼저 게슈탈트치료에서 보는 인간관을 살펴보고자 한다. 그런 다음에 클라크슨과 맥퀸이 제안했던 여섯 가지 군들인 전체론(holism), 장이론(field theory), 경험의 순환과 연속(cycles and sequences of experience), 접촉(contact), 자기이론(theory of self) 그리고 심리적 장애(psychological disturbance)를 바탕으로 게슈탈트치료의 이론적 기반을 알아보고자 한다.

1. 인간관

펄스는 인간을 현상학적이며 실존적 존재로서 자신에게 가장 긴급하게 필요한 게슈탈트를 끊임없이 완성해 가며 살아가는 유기체로 보았다. 인간이 매순간에 경험하는 유기체로서 환경적 장에서 살아간다는 점에서 현상학적이다. 따라서 게슈탈트치료는 내담자가 지각하는 현실에 초점을 둔다. 유기체의 긴급한 욕구에 따른 게슈탈트 형성은 일차적으로 생물학적 현상이다. 그리고 인간은 각기 독특한 유기체로서 필요한 욕구를 선택하여 게슈탈트를 형성하면서 자신의 삶에 대한 책임을 진다는 점에서 실존적이다. 따라서 게슈탈트치료는 현재에 초점을 두며 각 개인이 자신의 운명에 책임이 있다는 것을 강조한다.

펄스가 자신의 이론 형성을 위해 인간에 대한 가정을 어떻게 하고 있는가에 대해 알아보자. 그가 사용한 다섯 가지 가정은 다음과 같다.

첫째, 인간은 완성 혹은 해결을 추구하는 경향이 있다. 이 가정은 우리가 끊임없는 게슈탈트의 완성을 통해 삶을 영위하고 있음을 나타내는 가정이라 볼 수 있다. 미해결된 일은 우리의 집중력을 방해하고, 미해결된 일이 중요할수록 우리가 집중해서 일하는 것을 반복적으로 방해한다.

둘째, 인간은 자신의 현재의 욕구에 따라 게슈탈트를 완성할 것이다. 이 가정은 우리가 현재의 급박한 상황에서 필요한 게슈탈트를 형성하고 완성한다는 것이다. 게슈탈트치료에서 치료자가 자주 사용하는 질문인 "지금 이 순간에 당신이 자각하는 것이 무엇인가?"도 인간에 대한 이 가정과 밀접하게 관련되어 있다.

셋째, 인간의 행동은 그것을 구성하는 구체적인 구성 요소들, 즉 부분의 합보다 큰 전체다. 이 가정은 게슈탈트 이론의 기본 명제인 "전체는 부분의 합보다 크다."라는 말을 반영한 내용이다. 펄스가 기술한 "전체가 나누어지면 전체가 사라진다."라는 말처럼 전체를 강조한 말이다. 이런 점에서 게슈탈트치료는 인간을 정신과 신체로 분리해서 보는 이원론과 인간의 행동을 자극－반응의 원리에 의해 설명하는 행동주의 입장과 대립된다.

넷째, 인간의 행동은 행동이 일어난 상황과 관련해서 의미 있게 이해될 수 있다. 이 가정은 게슈탈트 이론의 주요한 입장인 '장이론(field theory)'을 강조한 내용이다. 우리와 관계하는 다른 사람의 단편적인 행동을 보고 성급하게 판단하여 오해하거나 비판하는 것도 전체적인 맥락이나 상황 속에서 그 사람의 행동을 파악하지 않았기 때문인 경우가 많다.

다섯째, 인간은 전경과 배경의 원리에 따라 세상을 경험한다. 이 가정은 게슈탈트심리학이 크게 기여한 인간의 지각의 원리를 게슈탈트치료에 반영한 것이다. 우리가 갖는 관심의 초점이 무엇에 있느냐에 따라 전경과 배경의 원리는 역동적으로 일어난다고 볼 수 있다. 이런 점에서 게슈탈트치료는 우리 각자가 주관적으로 세상을 경험하면서 살아가는 실존적 존재임을 강조한다. 당신이 전체로서 그리고 독특한 존재로서 세상을 살아가며 갖는 관심의 초점에 따라 객관적으로 주어진 상황을 다르게 경험한다는 것이다.

펄스는 역시 기본적으로 게슈탈트치료에서 보는 인간관이 실존주의적 인간관에 자각(awareness)을 가미한 것임을 주장하였다. 게슈탈트치료는 우리가 주어진 상황에서 자신에게 일어난 일을 충분히 자각하면 그 상황에서 필요한 게슈탈트를 형성하므로 적절하게 주어진 문제를 처리할 수 있다고 가정한다. 우리가 오관을 통해 주어진 상황에서 매순간 경험하는 것을 충분히 자각하여 처리할 수 있을 때 유기체로서 바람직한 적응이 이루어진다.

펄스는 게슈탈트치료가 취하는 철학적 입장을 취하는 데 새로운 단어를 만들어 쉽게 설명하였다. 영어 단어의 마지막에 'ism'이 붙으면 보통 어떤 '주의', 예를 들면 실용주의(pragmatism), 실존주의(existentialism)처럼 철학적 입장이 된다. 이러한 아이디어를 채택하여 영어 단어 'about' 'should' 'is'에'-ism'을 붙여 그가 제안했던 세 가지 철학적 접근은 계산주의(aboutism), 당위주의(shouldism) 및 상태주의(isism)다. 이러한 세 가지 입장을 간략하게 알아보자.

계산주의 인간은 계산적이다. 계산이 과학적인 것처럼 보일 수 있으나 과학이라는 것은 인간 세상에 편리를 추구할 뿐이다. 인간관계를 거래로 생각하고 계산하고 나서 행동을 한다. 이는 정신건강에 해로울 뿐이다.

당위주의 강박적이고 당위적인 사고를 말하고 유연성이 결여되어 있다. 절대주의 혹은 독단주의로서 자신의 체험 및 경험에 의해 신념화된 것을 과일반화한 것이다.

상태주의 존재론과 실존주의를 바탕으로 한다. 현상학에서 빌려 온 개념으로 있는 그대로를 받아들인다. 현재 있는 그대로를 인정한다.

이러한 입장 구분에 따라 펄스는 게슈탈트치료의 철학적 입장을 '상태주의 + 자각'이라고 하였다. 즉, 실존주의적 의미인 '있는 그대로'를 강조하는 '상태주의'와 유기체의 지혜를 신뢰하여 유기체가 매순간 변화를 알아차리는 '자각'을 게슈탈트치료의 근거로 삼는다.

이는 매순간 생성되는 게슈탈트를 자각하여 그것을 해결하면 다시 새로운 게슈탈트가 형성되어 지금-여기에서 생성되는 게슈탈트를 해결함으로써만 전체를 통합할 수 있다는 것이다.

2. 전체론

펄스의 전체론에 영향을 준 세 가지 주요한 이론적 입장은 스머츠의 전체론, 게슈탈트심리학 그리고 프리들랜더의 창조적 무관심이다. 여기에서는 이러한 세 가지 이론적 입장에 의해 게슈탈트치료에서 전체론의 중요성을 살펴보자.

첫째, 스머츠가 게슈탈트치료의 전체론에 준 영향에 대해 알아보자. '전체론(holism)'의 어원은 '모든 것'을 의미하는 그리스어 '*holos*'에서 왔다. 전체론은 전체와 부분의 관계를 나타내는 말로, 유기체가 전체로서 작동하는 것을 주장하는 이론이다. 예를 들면, 전체론의 입장을 취하는 이론가들은 신체와 정신의 분리는 전통적 심리 치료의 기본적 약점을 구성한다고 주장한다. 전체론은 남아프리카의 수상이었던 스머츠가 1926년에 저술한 『전체론과 진화(*Holism and Evolution*)』에서 제안한 개념이다. 스머츠는 다윈

(Darwin), 베르그송(Bergson), 아인슈타인(Einstein), 드 샤르댕(de Chardin) 등의 아이디어를 바탕으로 전체론을 개발하였다(Sinay, 1998, p. 167). 전체론은 단지 정신 혹은 단지 신체만이 중요하다고 주장하는 이론들의 독단주의에 대한 반응으로서 강점을 갖고 개발되어 많은 호응을 얻고 있다. 펄스는 나치의 위협을 피해 1934년에 남아프리카로 갔다. 그는 그곳에 있는 동안 스머츠를 통해 전체론을 알게 됐으며, 게슈탈트치료의 주요한 이론적 기반으로 채택하였다.

둘째, 게슈탈트치료의 전체론은 게슈탈트심리학의 영향을 받았다. 게슈탈트심리학의 명제인 "전체는 부분의 합 이상이다."는 우리에게 잘 알려져 있다. 게슈탈트심리학자들은 사람들이 의미 있는 전체로서 자신의 지각을 조직화한다는 점을 입증함으로써 지각심리학에 주요한 기여를 하였다. 독일의 게슈탈트심리학자인 골드스타인(Kurt Goldstein, 1878~1965)은 신체적 현상과 정신적 현상, 정상적 현상과 병리적 현상과 같은 이분법이 존재하는 것을 부정하였다. 게슈탈트심리학은 우리의 지각을 통한 알아차림이 개인의 현재 욕구에 따라 유기체가 전체로서 작동함을 보여 줌으로써 게슈탈트치료에 기여하였다. 전체라는 개념은 게슈탈트치료의 모든 것에 배어 있는 가장 중요한 이론적 개념이다. 단어 게슈탈트는 그것의 본질을 파괴함이 없이는 부서질 수 없는 전체를 의미한다. 전체는 부분들에 선행하며, 전체는 항상 부분의 합 이상이며, 부분의 합과 다르다.

셋째, 게슈탈트치료의 전체론은 프리들랜더(Salamon Friedlander)가 제안했던 '창조적 무관심'으로부터 영향을 받았다. 펄스는 그의 자서전적 저서인 『쓰레기통의 안과 밖』에서 자신의 철학적 입장에 가장 영향을 준 세 정신적 지도자는 『창조적 무관심』이란 책을 저술한 프리들랜더, 에살렌 연구소의 조각가이며 건축가였던 셀리그(Selig), 그리고 그의 하얀 고양이인 미치(Mitzie)라고 언급하였다(Perls, 1969c, pp. 70-71). 특히 펄스는 자신을 신-칸트주의자로 불렀던 프리들랜더의 창조적 무관심으로부터 막대한 영향을 받았다고 언급하였다. 그가 프리들랜더로부터 터득한 지혜가 무엇인가를 살펴보자. 펄스는 그로부터 균형의 의미, 즉 서로 대립되는 것의 균형점에 대해 배웠다. 프리들랜더는 하나의 단순한 일차적 적응의 방법을 가르쳤다. 존재하는 모든 것은 양극으로 변별될 것이다. 만약 당신이 반대적인 힘의 하나에 사로잡히면 당신은 함정에 빠지게 되거나 균형을 잃게 된다. 만약 당신이 균형점인 無(무)에 머무르면, 당신은 균형을 이루게 되고 관점에 있게 된다(Perls, 1969c, pp. 74-76). 펄스는 대립되는 힘의 균형점을 찾으려면 전체를 파악해야 함을 강조하였다.

인간은 전체로서 환경 속에서 상호 의존하며 기능한다. 전체론의 기본 원리는 자연은 부분들이 통합되고 응집된 전체라는 것이다. 펄스는 특히 환경 속에서 인간 유기체의 전체론에 관심을 두었다. 그의 개인에 대한 전체론 접근 방식은 복잡성, 함유 그리고 다양성을 수용하고 확언하며 환원론에 대한 어떤 시도에도 저항한다. 개인이 신체적 · 정서적 · 정신적 경험의 분리할 수 없는 통합체로서 작동하며 게슈탈트치료는 언어, 사고 및 행동의 통합에 근거한다는 입장을 취한다. 인간의 모든 구성 부분은 서로의 지지로 완전한 협동으로 기능하도록 조정되고 배정된다. 게슈탈트치료자들은 신체와 정신을 분리해서 생각하는 것은 인위적인 분리이며, 이러한 잘못된 이분법에 따라 어떤 용어에 집중하는 것은 신경증을 치료하는 것이 아니라 그것을 보존하는 것이라고 믿었다. 이런 점에서 게슈탈트치료자들은 상담의 목표로서 내담자들이 통합을 이룰 것을 강조한다. 인간의 진실한 본성은, 다른 동물의 진실한 본성처럼, 통합이다. 단지 통합된 자발성과 신중성에서 인간은 건전한 실존적 선택을 한다(Perls, 1973, p. 49). 펄스는 현대인은 인위적으로 신체와 정신을 분리하는 것을 학습해 왔고, 게슈탈트치료의 목표는 개인의 타고난 전체적 조화를 재확립하는 것이라고 하였다. 게슈탈트치료자들이 상담 및 심리 치료를 통해 달성하고자 하는 것은 자기의 분산되고 소유되지 않는 부분들을 통합하는 것이다.

게슈탈트치료자들이 흔히 내담자에게 사용하는 다양한 반응들을 통해 그들이 전체로서 기능한다는 것을 깨닫게 하는 방법에 의해 전체론에 대해 살펴보면 다음과 같다.

> 갈증으로 당신의 목이 마른 것이 아니라 당신이 갈증을 느낀다.
>
> 당신의 마음이 아픈 것이 아니라 당신이 아프다.
>
> 당신의 손이 떨리는 것이 아니라 당신이 떤다.
>
> 당신의 손이 아픈 것이 아니라 당신이 아프다.
>
> 당신의 머리가 아픈 것이 아니라 당신이 아프다.
>
> 당신이 불안으로 당신의 다리가 후들후들 하는 것이 아니라 당신이 불안하다.
>
> 당신의 손이 움직이는 것이 아니라 전체로서 당신이 움직인다.

3. 장이론

인간의 행동은 인간과 장이란 환경의 상호 관계에서 비롯된 결과다. 개인은 전경과 배경의 게슈탈트 원리에 의해 자신과 환경에 대한 그의 지각을 조직한다. 전경과 배경의 게슈탈트 원리는 개인이 그가 의미를 부여하는 전체적 형태를 형성하기 위해 그의 지각을 조직화하는 과정을 설명한다. 개인은 사물들을 관련이 없는 고립된 것들로서가 아니라 지각 과정에 의해 사물들을 의미 있는 전체로서 조직화한다.

집단역동 이론의 창시자로 불리는 레빈(Kurt Lewin, 1890~1947)은 인간과 환경 간의 관계에 대한 견고한 일관된 이론을 형성하였다. 그는 게슈탈트심리학자들이 실험실에서 발견한 지각에 관한 이론을 현실 생활과 인간관계에 적용하였다. 그는 개인이 환경 혹은 장 속에서 자신의 지배적인 관심 혹은 욕구에 의해 자신의 전체적 환경, 즉 전경과 배경을 조직화 한다는 장이론(field theory)을 개발하였다. 레빈은 인간의 행동(Behavior)을 사람(Person)과 환경(Environment)의 함수인 B = f(P, E)로 표현하였다. 이 공식에서 사람과 환경은 상호 의존적임을 나타낸다(Cartwright, 1951, p. 25). 펄스는 베르트하이머의 장 지향성과 레빈의 장이론 측면을 동화시켰다.

장은 개인과 환경이 공존하고 상호 의존적인 모든 요인들이다. 장의 모든 현상은 잠재적으로 동등한 관련성을 가진다. 펄스의 전체적 장이론에서 개인의 행동은 환경과의 상호 의존성에 의해 단지 이해될 수 있다. 왜냐하면 그의 사회적 · 역사적 · 문화적 장이 그에게 필수적이기 때문이다. 인간 행동의 이해는 전체로서 상황 혹은 장에 대한 어떤 느낌으로 시작하는 것이 필요하다. 단지 그런 다음에 구성 부분들에 대한 변별이 진행된다.

개인은 경험적 장의 조직화에 그리고 그가 그것에 부여하는 의미의 창조에 적극적이다. 실존적으로 인간 경험에 궁극적이거나 보편적인 의미는 전혀 없다. 그러므로 개인은 자신이 경험하는 장의 다양한 측면들뿐만 아니라 전체적 장에 적극적으로 의미를 부여한다. 개인이 자신의 지각적 장에 부여하는 의미는 그 사람에게 독특하다. 예를 들면, 이러한 독특성 원리에 따라 하나의 장인 옥수수 밭은 농부, 화가, 상인, 사랑에 빠진 연인, 파일럿 등에게 전혀 다른 의미를 가진다. 펄스는 대상들은 각 개인이 그것들에 부여하는 의미를 통해 존재한다는 방식으로 현상학적 견해를 설명한다.

욕구나 관심은 장을 조직화한다. 개인은 그의 장을 양극적인 대립, 즉 그의 욕구를 충족시킬 수 있는 것과 충족시킬 수 없는 것으로 변별시킨다. 개인의 관심이나 욕구를 충족시킬 수 있는 것은 전경이 되는 반면에 그것에 반대되는 것은 배경으로 물러난다. 현상학적으로 우리는 다른 자극들보다 어떤 자극에 선택적 주의를 함으로써 대상에 대한 의미 있는 지각을 구성한다. 양극성으로 장의 변별은 상반되는 것처럼 보이지만 중간점인 균형점에서 서로에게 필수적인 측면이라는 것이 보일 수 있다. 대립 혹은 양극성은 무관심적인 배경에 반해 명료하고 강한 관심의 형태를 형성하기 위해 필요하다.

대립되는 것은 공존한다. 어떤 순간에 전경에 양극적으로 대립되는 것은 필요불가결하게 배경으로 있어야 한다. 빛이 어둠 없이 존재할 수 없는 것처럼 어둠도 빛 없이 존재할 수 없다. 빛과 어둠은 서로를 결정한다. 빛과 어둠은 자각의 연속선상의 두 가지 상호 관련된 양극이다. 같은 방식으로 사랑과 증오도 서로를 결정하고 정의한다. 양극성에 대한 이러한 방식의 생각은 차이에 대한 전체론과 실존주의적 아이디어에 근거한다.

펄스에게 자각은 개인의 전체적인 지각적 장과 접촉에 있을 개인의 능력이다. 자각은 당신이 당신의 실존과 접촉할 능력이다. 자각은 당신에게 일어나고 있는 것을 알아챌 능력이다. 자각은 당신이 느끼거나 감지하고 생각하고 있는 것을 알 능력이다. 그것은 당신이 이 순간에 어떻게 반응하고 있는가를 알 능력이다. 자각은 단지 정신적 과정이 아니라 그것은 모든 경험을 수반한다.

요약하면, 펄스는 사회심리학자인 레빈의 장이론의 영향을 받아 그것을 게슈탈트치료의 이론적 기반이 되게 개발하였다. 레빈은 게슈탈트심리학자들의 장에 대한 아이디어를 욕구와 장이라는 환경 간의 상호작용을 강조하는 전문화된 과학적 구성 개념과 어휘를 가진 장이론으로서 알려진 복잡한 이론적 접근으로 발전시켰다. 펄스는 후설의 현상학적 원리를 잘 알고 있었으며, 현상학적 방법이 개인의 전반적인 지각적 장을 조사하고 연구하는 수단에 기여했다고 믿었다. 이미 지적한 것처럼, 펄스의 장에 대한 개념은 전체론을 제안했던 스머츠에 의해 영향을 받았다. 펄스의 독특한 기여는 그가 지각의 게슈탈트 원리와 베르트하이머와 레빈의 장이론의 요소들을 받아들여 상담 및 심리 치료에 그것들을 적용했던 점이다. 그는 장이론의 일반적 원리가 치료적 상황에서 인간 행동을 이해하기 위해 시도되었을 때 지켜져야 한다고 주장하였다.

4. 경험의 순환과 연속

게슈탈트치료는 실존의 경험을 강조하는 경험적 치료다. 게슈탈트치료에 따르면, 인간은 생각하는 갈대이기보다 경험하는 갈대다. 삶은 유기체의 욕구출현과 그것의 해소에 따른 경험의 과정이다. 우리는 유기체로서 현재의 욕구에 따라 게슈탈트를 형성해서 자신에게 통합하는 경험인 게슈탈트 완성을 계속하며 삶을 영위한다. 즉, 우리가 겪는 유기체로서 자기조절을 위한 경험의 순환은 게슈탈트의 순환을 의미한다.

게슈탈트치료는 자연적 흐름인 자연의 순환에 근거한 접근이다. 펄스는 인간이 유기체로서 생물학적 기능과 구조에 따라 작동한다고 보았다. 인간이 자연의 일부이며 자연의 법칙에 복종한다. 펄스는 "게슈탈트치료를 새로 발견하거나 창조하지 않았지만 이미 있었던 것을 다시 발견했다."는 것을 강조하기를 좋아했다. 이렇게 언급한 이유는 게슈탈트가 이 세상의 역사처럼 매우 오래전부터 있어 왔기 때문이다. 그는 모든 삶은 과정이고 유동적이며 정적인 것은 아무것도 없다는 것을 강조하였다. "모든 것은 유동적이다. 단지 우리가 우주를 구성하는 무한한 과정들의 다양성에 의해 기절할 정도로 어리벙벙해진 후에 우리는 혼돈으로부터 질서를 창조하는 조직화 원리인 전경과 배경 형성의 중요성을 이해할 수 있다."(Perls, 1948) 펄스는 자신의 과정에 대한 강조가 소크라테스 이전의 철학자인 헤라클레이토스로 거슬러 올라간다는 것을 인정하였다. 헤라클레이토스는 "모든 것은 흐름, 유동 그리고 과정이다."라고 주장하였다.

유기체적 자기조절 펄스는 모든 살아 있는 유기체는 자연적으로 자기조절을 한다고 믿었다. 결함이 발생할 때, 기관 체계는 자발적으로 보상을 추구한다. 과잉이 있을 때, 자발적으로 과잉을 제거한다. 그러므로 인간은 욕구의 형태에서 발생하는 장애를 경험한다. 건강한 개인에서 이러한 연속은 자기조절적 · 역동적 · 순환적이다. 자기조절은 개인이 실제적 자원이 주어진 환경에서 자기를 조절하기 위해 그의 최선을 다하리라는 것을 함축한다.

게슈탈트 순환 펄스는 유기체적 자기조절의 과정을 '장애 순환' '유기체와 환경의 상호 의존의 순환' '유기체/환경 신진대사의 순환' 등 다양하게 호칭했었다. 그는 이러한 순환을 게슈탈트 순환으로 명료화 하였다. 펄스는 원래 게슈탈트 순환이 다음과 같이 여섯 연결로 구성된다는 것을 제안하였다.

1. 휴식에 있는 유기체
2. 내적이거나 외적일 수 있는 혼란스러운 요인
3. 심상 혹은 현실의 창조(전경–배경 현상)
4. 목적을 갖고 상황에 반응

5. 결과는 긴장의 감소

6. 유기체적 균형의 복귀

펄스, 헤퍼린 그리고 굿맨(Perls, Hefferline, & Goodman, 1951)은 펄스의 원래적 순환의 발달을 '접촉의 과정'이라고 불렀다. 그들은 접촉의 과정에서 나타나는 네 단계를 확인하였다. 이러한 네 단계는 '접촉 이전' '접촉' '마지막 접촉' 그리고 '접촉 이후'다. 이러한 네 단계 접촉 과정에 대한 기술을 요약해서 제시하면 다음과 같다.

접촉 이전 단계 이 단계에서 개인은 욕구를 경험하거나 환경적 자극에 의해 혼란스러워진다. 신체는 배경이다. 욕구의 감각 혹은 환경으로부터 감각적 자극은 전경이다. 예를 들면, 개인이 마음의 아픔을 경험하고 있다고 가정해 보자. 그 사람은 그것을 자각하게 되고 이전에 등록된 감각의 의미를 만든다. 그는 정서를 느낀다. 예를 들면, 그는 지금 그 아픔을 고독 혹은 신체적 애정을 위한 욕구로서 경험한다. 갈망하는 어떤 대상 혹은 욕구를 충족시킬 어떤 수단은 그에게 전경이 된다.

접촉 단계 어떤 욕구의 자각은 자기에 대한 흥분과 움직임 및 그러한 욕구를 충족할 자원을 수반하게 한다. 이 단계에서 건강한 사람은 활성화되고 움직일 준비를 갖춘다. 앞의 예에서, 마음의 아픔인 고독이라는 것을 자각한 사람은 친구를 접촉할 준비를 하게 된다. 그는 행동을 통해 자신의 욕구를 충족하기 위해 어떤 가능성들이 현재 환경에서 존재하는가에 대하여 실험적으로 도달하려고 한다. 그는 선택된 행동을 더욱더 확인하고 그가 고려하는 다른 선택들을 배제시킴으로써 방해하는 장애를 극복하는 데 적극적일 필요가 있다. 고독한 사람은 친구에게 전화를 걸어서 고독을 달래거나 친구를 방문해서 얘기를 나눌 수 있다.

마지막 접촉 단계 마지막 접촉은 개인이 자신의 욕구를 충족하기 위해 선택했던 것에 충분히 관여하게 되는 단계다. 그 밖의 모든 것이 일시적으로 전체적으로 무관심적인 배경으로 물러나게 된다. 잠시 동안 명료하고 생생한 형태가 실존하는 유일한 게슈탈트다. 그러한 게슈탈트가 애도, 탐욕스러운 음식 섭취, 성적 절정의 표현이든 관계없이 지금-여기에서 지각, 움직임, 정서를 단일적 경험으로 통합시키는 넉넉함과 명료성을 고취한다. 예를 들면, 고독한 사람은 그의 친구를 포옹하거나 만남에서 전적으로 자신의 만족에 빠지게 된다.

접촉 이후 단계 만약 접촉이 완성되면, 그 사람은 깊은 유기체적 만족을 경험한다. 앞의 예에서, 개인은 그의 친구에게 얘기를 한 후 그에게 가까움을 느꼈다. 더 이상 고독하지 않으면, 그 순간에 인간 접촉을 위한 그의 욕구는 충족된다. 이 단계에서 비록 성장의 실제적 과정이 자각되지 않아도 소화, 동화 그리고 성장이 일어난다. 경험의 유형에 의존해서 그러한 성장은 크기의 증가, 기쁨, 재창조, 동화와 학습을 포함해서 달라진 형태일 수 있다. 최근에 그렇게 생생하고 열중한 형태는 배경으로 물러난다. 그러한 게슈탈트는 파괴된다.

요약하면, 삶은 끊임없는 유기체의 자기조절을 위한 경험의 순환, 즉 게슈탈트의 순환 과정이다. 게슈탈트 순환은 정서적 · 생물학적 욕구에 적용되며 장기간 혹은 단기간에 걸쳐 일어날 수 있다.

5. 접 촉

접촉은 유기체와 환경 간의 창조적 교류 혹은 적응이다. 접촉의 개념이 게슈탈트치료에서 매우 중요한 이유는 사람이 접촉에 의해 성장하고 변화하기 때문이다. 개인은 타인 및 환경과의 접촉을 통해 존재한다. 접촉은 당신이 당신을 둘러싸고 있는 당신이 아닌 모든 것과의 관계에서 당신을 경험하게 하는 접점이다. 접촉은 단지 두 분리적인 실체 간에서 일어날 수 있다.

게슈탈트치료의 핵심 개념은 접촉과 자각이다. 접촉과 자각은 서로 분리할 수 없는 현상으로 동시에 일어난다. 인지발달 이론을 제안했던 피아제가 동화와 조절을 동시에 일어나는 현상으로 설명했던 것처럼, 유기체는 접촉과 자각을 통해 계속적인 게슈탈트들의 완성 과정 속에서 성장을 위한 통합을 이룬다. 우리는 유기체로서 우리가 아닌 타자와의 접촉을 통해 자각한다. 접촉과 자각은 흥분이며 창조적 선택을 생성한다. 자각과 접촉은 습관이 된 행동에 반대되는 것으로서 필수 불가결하게 실존적 불안에 의해 수반된다. 건강한 사람은 유기체의 흥분인 이러한 실존적 불안을 창조적으로 사용한다. 그는 접촉을 통한 자각을 통해 차이를 인식하고 실존적 불안을 감내하며 삶을 영위한다.

우리는 오관을 통해 주변 환경과 접촉한다. 접촉경계는 접촉을 만드는 수단으로 감각적 피부로 구성된다. 접촉경계는 개인과 환경과의 접촉점에 있지만 동시에 개인과 환경을 포함하고 분리한다. 펄스는 사람의 경험은 그 사람과 환경과의 접촉경계에서 발생한다는 것을 제안하였다. 경험은 유기체와 그가 접하는 환경의 접촉경계의 기능이다. 인간이 환경에서 기능하는 방법의 연구는 개인과 그의 환경 간에 접촉경계에서 진행되는 것의 연구다. 접촉경계에서 심리적인 사건들이 일어난다. 우리의 생각, 행위, 행동 그리고 정서는 우리가 이러한 접촉경계에서 일어나는 사건들을 경험하고 충족시키는 방식이다(Perls, 1973, p. 17).

펄스는 유기체의 자각 혹은 알아차림을 통한 접촉 결여를 주요한 문제로 보았다. 그가 지적한 접촉경계의 장애는 우리의 성숙과 문제 해결을 방해한다. 펄스는 "접촉에서 자각은 강렬하다."라고 하였다. 자각을 통한 접촉을 방해하는 장애기제는 프로이트가 제안한 개념인 방어기제와 유사하다.

우리가 환경과의 접촉을 통해 가장 시급하게 필요한 게슈탈트를 완성하지 못한다면 문제다. 원만하고 건강한 삶을 유지하기 위해 가장 긴급한 게슈탈트의 완성을 위해 우리의 에너지가 봉쇄되지 않고 사용되는 것이 요구된다. 그러므로 접촉을 방해하고 에너지의 흐름을 방해하는 것은 우리가 가진 잠재력을 충분히 발휘하지 못하도록 하고 게슈탈트의 완성을 방해하기 때문에 문제다. 즉, 학교나 직장에서 자신이 해야 할 일을 수행하는데 집에서 있었던 좋지 않았던 일이 계속해서 당신을 괴롭힌다면 문제다. 건강한 삶을 위해 시급한 게슈탈트의 완성을 통한 게슈탈트의 순환이 계속되는 것이 필요하다.

6. 자기이론

자기(self)는 어떤 사물 혹은 구조 혹은 고정된 기관이 아니라 과정이다. 자기는 계속적으로 변화하는 조직화 과정이다. 자기는 과정에 있는 나다. 자기는 통합자이며 삶의 예술가다. 즉, 자기는 우리가 삶을 유지하고 성장하는 데에서 필요한 의미를 발견하고 부여하는 데 중요한 역할을 한다. 자기는 유기체의 경계에 있는 것으로서 여겨질 수 있다. 펄스(Perls, 1978)는 자기는 단지 사람과 환경 혹은 한 사람과 다른 사람의 상호작용에서 존재한다는 것을 제안하였다. 타자 없이 자기는 없다. 어둠이 빛에 대립해서 존재하는 것처럼, 자기는 자기가 아닌 것으로부터 정의되고 구별된다. 나는 타자들이 존재하는 한에서만 나 자신을 타자들과 구별하기 위해 단지 존재한다. 나는 내가 아닌 타자들이 있기 때문에 분리된 자기를 가진다는 것을 안다. 현상학적으로 나는 내가 아닌 타자들과의 접촉과 상호작용을 통해 나 자신을 정의한다. 자기는 타자들과의 대립에서 발견되어야 한다. 자기와 타자 간에 경계가 있고 이러한 경계는 심리학의 핵심이다(Perls, 1978).

실존주의적 종교철학자인 부버(Martin Buber)가 나-당신을 강조했던 것처럼, 자기는 추상적으로 자신을 자각하는 것이 아니라 어떤 것을 접촉함에 의해 자신을 자각한다. 나-당신과 나-그것에서 나는 당신과 그것의 대립으로 존재한다. 펄스는 자기가 항구적인 실체로서 보는 가정을 비판하고 자기는 변화하는 환경과 그것이 만나는 사람들에 따라 다르게 변화한다는 것을 제안하였다.

우리의 욕구 충족을 위해 욕구의 자각뿐만 아니라 자신과 환경에 대한 신중한 선택, 행동 그리고 조직화가 요구된다. 유기체적 자기조절을 이루기 위해 자기는 수동적이 아니라 적극적으로 기능한다. 그러므로 펄스는 성숙한 개인은 자신의 삶 대부분의 측면에 스스로 책임을 질 수 있다고 주장하였다. 특히 성숙한 사람은 그가 자신의 삶에 부여하는 의미에 책임을 진다. 이러한 점을 강조하기 위해 펄스는 자주 '책임감(responsibility)'을 '반응 능력(response-ability)'으로 표현하였다. 우리 자신은 환경이나 사람들과 접촉에서 비롯된 결과인 자기의 부분인 생각, 감정 및 행동에 책임이 있다. 그런데 많은 경우에 사람들은 어떤 상황이나 타인이 자신을 화나게 하고 걱정하게 하는 것으로 수동적인 입장을 취해 자기의 책임감을 회피하려고 한다. 이런 경우에 단순히 그런 사람이 사용하는 언어인 '그것'이나 '그'를 '나'로 단순히 바꿔 말하게 함으로써 상당한 통합이 달성되어 자신의 생각, 감정 및 행동에 적극적인 책임감을 갖게 된다.

펄스는 인간 성숙의 과정을 유아기에 필요한 환경적 지지에서 성인의 자기지지로의 진화로 정의하였다. 그러므로 건강한 성숙한 사람은 타인들의 지지에 의존하기보다 차라리 자기지지를 생성할 것이다. 게슈탈트치료의 목표는 내담자가 추구하는 타인지지의 욕구를 그가 자각하도록 하고 직면하도록 하여 환경 속에서 자신이 책임을 지고 그러한 욕구를 스스로 달성하도록 조력하는 것이다.

자주 인용되는 펄스의 게슈탈트 기도문은 다음과 같다.

> 나는 나의 일을 하고 당신은 당신의 일을 한다.
> 나는 당신의 기대에 부응해서 살기 위해 이 세상에 존재하지 않고, 당신도 나의 기대에 부응해서 살기 위해 이 세상에 존재하지 않는다.
> 당신은 당신이고, 나는 나다.
> 만약 우연이라도 우리가 서로를 발견한다면, 그것은 아름다운 일이다.
> 만약 우리가 서로를 발견하지 못한다면, 서로에게 도움이 될 수 없다.

이 기도문에 대한 해석은 게슈탈트치료자들에 따라 각양각색이지만, 기본적으로 게슈탈트치료의 발견자인 펄스의 기본 철학이 내포되어 있다고 볼 수 있다. 기도문에 대해 당신이 느끼고 경험하는 것을, 당신이 자신의 삶과 관련하여 지금 이 순간에 자각하는 것을 표현해 보라. 게슈탈트 기도문을 통해 펄스의 의도는 사람들이 하는 비진실성과 가장된 애타주의를 간명하게 도전하는 것이었다. 클라크슨(Petruska Clarkson)은 이 기도문을 통해 "펄스가 개별성을 강조할 때마다, 공공성은 필수 불가결하게 배경이 된다. 그리고 공공성 혹은 연결성을 위한 욕구가 전경일 때, 개별성은 배경이다. 공공성과 개별성은 공존하고 서로를 결정하고 정의하는 양극이다."(Clarkson & Mackewn, 1993, p. 63)라고 지적하였다.

펄스는 자기를 부적절한 자기지지와 비진실적 조작을 통한 환경적 지지로부터 진실한 자기지지로 성장하는 과정으로 보았다. 그는 인간이 이렇게 자기실현을 지향하는 타고난 추동을 가진다고 믿었다. 우리가 삶을 충만하게 하는 것은 타인과 환경의 진솔하지 못한 조작과 통제가 아니라 진솔한 자기실현을 이루는 것이다. 사람은 전체로서 자신을 알고 직면함에 따라 자신의 잠재력을 충분하게 실현한다.

7. 심리적 장애

우리 모두는 크고 작은 정서적 문제를 가진다. 다시 말하면, 우리 모두는 나름대로 미해결된 일, 즉 미완성된 게슈탈트를 가진다. 그러한 미완성된 게슈탈트가 현재의 게슈탈트를 제대로 해결하지 못하도록 할 수 있다. 게슈탈트치료에서는 개인의 미해결된 일이 현재의 기능을 심각하게 방해하거나 개인이 자신의 성숙을 방해하는 접촉경계 장애기제를 많이 사용할 경우에 심리적 어려움을 경험할 수 있다고 본다.

게슈탈트치료에서 가정하는 심리적 장애는 유기체로서 개인의 성장장애다. 게슈탈트치료의 주요한 목적은 사람들이 자신의 미해결된 일들을 자각해서 완결하도록 돕는 것이다. 펄스는 "우리의 삶은 기본적으로 무수히 많은 미해결된 상황들, 즉 해결되지 않는 게슈탈트들이다. 우리가 하나의 상황을 해결하자말자 또 다른 상황이 출현한다."(Perls, 1969b, p. 15)라고 하였다. 우리 모두에게 미해결된 일은 필수 불가결하다. 건강한 사람은 자신의 삶에서 계속되는 미해결된 일로 불편할 수 있지만 효과적으로 그것을 다루는 데 자신의 자원을 사용하는 것을 학습한다. 반면에 성장장애를 가진 사람은 흔히 많은 미해결된 일들을 가지며, 그것들에 의해 압도되어 현재에서 제대로 기능하지 못한다. 펄스가 정서적 문제를 기술하는 데 신경증이라는 용어를 사용했지만, 그는 그러한 정서적 어려움이 더 정확히 기술하면 신경증이 아니라 성장장애라고 불려야 한다고 믿었다(Perls, 1969b, p. 28).

심리적으로 건강한 사람은 유기체의 지혜를 믿고 자기조절에 따라 삶을 영위하는 사람이다. 이런 사람은 다른 사람들과 상호의존성을 수용하지만 자기 자신을 지지할 수 있는 사람이다. 건강한 사람은 자신이 삶의 과정에서 하는 선택에 대한 책임을 수용하고, 자신이 처한 환경 속에서 자기를 실현할 능력을 경험한다. 건강한 사람은 자기 긍정적이며 자신의 내적 경험과 일련의 가치에 일치한 행동을 한다. 건강한 사람은 적극적으로 동료 및 주변 환경과 관계를 맺는다. 건강한 사람은 자신에게 일어나는 모든 현상 및 자신이 처한 환경을 자각하고 접촉하려고 노력한다. 그러므로 건강한 사람은 자신의 욕구를 인식하고 자신과 세계 간에 접촉경계에서 계속적으로 창조적인 적응을 해 가고 있는 사람이다(Perls, 1973).

지적한 것처럼, 펄스에게 심리적 장애는 정신적인 것이 아니라 전체로서 유기체적 성장장애를 의미했다. 이러한 성장장애의 주요한 원인은 개인이 지금-여기에서 접촉을 통한 자각을 제대로 이루지 못하기 때문이다. 따라서 우리는 성장장애를 극복하기 위해 먼저 미완성된 게슈탈트를 완성시키는 것이 필요하다. 그리고 우리가 자주 사용하는 접촉경계 장애기제를 파악하여 해결함으로써 접촉을 통한 통합이 원활히 이루어지도록 하는 것이 필요하다.

제4장

게슈탈트치료의 원리

당신이 정말 자기 자신이 되려고 할 때만
당신은 변화할 수 있다.
진정한 변화는 당신이 있는 그대로 당신이 되는 것이다.
진정한 성숙은 당신이 소망하는 당신이 아닌 누군가가 되려고
노력하는 것이 아니라 진정한 당신되기를 통해
자기실현을 이루는 것이다.

차례

제4장

게슈탈트치료의 원리

게슈탈트치료에서 개인이 경험하는 전체인 게슈탈트는 사물 그 자체와 맥락인 배경과의 관계에서 도출된 사물의 의미를 포함한다. 독일어인 게슈탈트를 정확히 설명하기 위해서는 세 가지 현상, 즉 어떤 사물, 그것의 맥락 혹은 환경, 그리고 사물과 맥락 간의 관계가 고려되어야 한다. 우리는 어떤 것을 지각하는데, 그것은 일어나는 맥락에 의해서 우리의 세계에 대한 현실의 부분을 구성한다.

게슈탈트 개념은 창조성과 관련된다. 왜냐하면 게슈탈트 형성은 의미 있는 패턴 혹은 형태를 창조하는 과정이기 때문이다. 개인은 전경과 배경의 관계에 의해 세상을 지각하며, 그의 지각은 그가 가진 경험과 밀접하게 관련되어 있다. 따라서 우리는 지각되어 출현된 게슈탈트에 적절하게 반응할 수 있는 능력을 갖는 것이 중요하다. 게슈탈트치료자는 내담자를 효과적으로 조력하기 위해 게슈탈트치료의 기본적 원리를 이해하는 것이 필요하다.

여기에서는 게슈탈트치료의 기본적 원리로 전체로서 유기체의 지혜, 전경과 배경, 게슈탈트 형성과 완성, 출현하는 욕구, 자각, 현재와 과정, 변화의 역설에 대해 살펴보고자 한다(Goldstein, Krasner, & Garfield, 1989; Perls, 1973; Zinker, 1977).

1. 전체로서 유기체의 지혜

유기체가 항상성(homeostasis)을 유지하려는 것은 살아 있는 모든 '유기체의 자기조절(organismic self-regulation)'의 일반적 원리이다. 펄스는 우리가 게슈탈트치료를 통해 성숙을 이루는 것은 전체로서 유기체의 지혜를 따르는 것이라고 보았다. 살아 있는 생명체로서 유기체는 지금-여기에 초점을 두고 유기체적 자기조절을 이룬다. 게슈탈트치료의 다양한 원리들을 포괄적으로 지적한 개념이 '전체로서 유기체의 지혜'다. 항상적 과정은 유기체가 균형을 유지하려는 과정으로 자신의 필요성을 충족시키는 과정이다. 개인이 항상성을 달성하기 위해서는 자신의 욕구를 확인하고 욕구만족의 탐색에서 자신과 자신이 처한 환경을 처리할 능력을 가져야 한다. 인간에게 욕구는 계속해서 나타나고 다양하기 때문에 그러한 욕구에 따라 균형은 달라지며 끊임없이 새로 형성되어야 한다. 따라서 항상성은 불안정한 균형의 현상이다. 현 시점에서 적절하게 개인이 유기체 자기조절을 이루기 위해서는 지금-여기에서 자신과 환경에 대한 충분한 자각이 요구된다.

2. 전경과 배경

인간 행동은 전체로서 유기체와 환경과의 상호작용의 함수 관계로 표현된다. 개인의 주의나 관심이 환경에 대한 지각을 결정한다. 우리는 보이는 것의 전체에 반응하면서 환경을 의미의 전체로서 지각한다. 이러한 전체는 사람들이 직접적으로 관심을 갖고 주의하는 것과 주의하지 않는 것으로 구성되어 있다. '루빈의 컵(Rubin's cup)'은 전경과 배경에 따라 컵 혹은 마주 보는 얼굴 형태로 다르게 지각되는 것을 보여 준다. 즉, 개인이 하얀 쪽에 관심을 갖고 주의를 기울이면 하얀 영역은 전경으로 나타나고 검은 쪽은 배경으로 물러나서 컵이라는 게슈탈트를 형성하게 된다. 마찬가지로 검은 쪽에 주의를 기울이면 검은 영역이 전경으로 되고 하얀 쪽은 배경이 되어 두 사람이 마주 보고 있는 형태인 게슈탈트를 형성하게 된다. 이렇게 우리가 관심의 초점을 어디에 두느냐에 따라 환경적 부분은 시각적 전체로 조직화되어 게슈탈트를 형성한다. 개인이 주의의 초점을 어디에 두냐에 따라 물리적 현상에 대한 시각적 지각이 달라지는 것처럼, 개인의 심리적 상태도 마음의 초점을 어디에 두느냐에 따라 달라진다.

3. 게슈탈트 형성과 완성

개인의 경험은 전경과 배경 관계에 의해 일어난다. 개인이 자신을 발견할 수 있는 즉각적인 상황은 자신에 대한 자각, 환경에 대한 자각, 그리고 자신과 환경과의 관계에 대한 자각으로부터 구성될 수 있다. 어떤 특별한 상황에 수반된 관계에 대한 자각은 게슈탈트, 즉 의미 있는 패턴 혹은 형태를 구성한다. 게슈탈트 형성은 자연적 과정으로 여겨지며, 그것의 형성과 완성은 단순한 원리들에 따른다. 개인이 완결한 게슈탈트인 현재에서 성공적으로 해결된 경험은 그 밖의 어떤 것이 다루어야 할 전경으로 나타나면 그의 경험에서 배경으로 물러나게 된다. 삶 자체는 계속되는 게슈탈트의 출현과 완성의 과정이다.

게슈탈트 형성과 완성이 자연적으로 일어나게 하기 위해, 개인은 지금-여기에서 기능할 수 있어야 한다. 과거로부터 유지되어 온 어떤 경험 혹은 행동의 반응 패턴이나 미래에 대해 예견되고 있는 어떤 것은 사람들이 현재에 적용할 수 있는 주의와 에너지의 양을 감소시킨다. 개인은 제한된 에너지를 가지고 현재에 참여하기 때문에 개인이 과거에 대한 근심이나 미래에 대한 걱정으로 자신의 에너지를 많이 사용하면 할수록 그 사람은 지금-여기에서 어떤 것을 더 다룰 수가 없게 된다. 실제로 이것은 더 적은 에너지가 지금-여기에서 사용되고 지금-여기에 실제로 있는 것에 대한 자각이 떨어진 것을 의미할 뿐만 아니라 현재의 지금-여기 경험이 과거에서 비롯된 근심과 행동 패턴 및 미래에 대한 예견에 의해 심하게 채색되게 된다. 이러한 조건하에서 개인이 경험할 수 있는 형태 혹은 패턴은 있는 그대로서가 아니고 일어나고 있는 것도 아니지만 일어나고 있는 것에 대한 어떤 심하게 왜곡된 해석이다.

4. 출현하는 욕구

유기체는 환경과의 접촉에서 자신의 생존을 위해 출현하는 욕구를 자기조절하며 생명을 유지한다. 게슈탈트치료는 모든 개인이 내적인 생물학적 · 심리적 욕구를 가진 유기체로서 환경 속에 존재한다는 가정에 근거한다. 사람은 무수한 형태로 자신에게 필요한 영양분을 얻기 위해 유기체와 환경의 상호작용에 의존한다. 또한 사람은 상호작용을 통해 더 큰 환경적 맥락의 조절에 기여한다. 즉, 사람은 전체적 유기체로서 자신의 환경과 상호작용하며 삶을 영위한다. 욕구가 출현하고, 전경에 나타나고, 그리고 그러한 욕구가 만족되면 점차적으로 배경으로 물러난다. 이러한 계속적인 지각적 과정은 일반적인 인간 기능의 모델로서 현상학적 심리학자들에 의해 확장되어 왔다. 어떤 욕구가 출현해서 일단 만족되면 그러한 욕구는 우선순위에서 물러나게 되고 또 다른 충족될 욕구가 출현하는 과정이 되풀이 된다.

건강한 사람은 욕구의 출현에 따른 자연스럽고 순환적인 게슈탈트들의 형성과 완성을 이룬다. 건강한 사람은 욕구의 우선순위를 분별할 능력을 가진다. 그는 그러한 분별 능력에 따라 긴급하고 중요한 욕구의 출현에 따른 게슈탈트를 먼저 처리하고 나서 덜 중요한 게슈탈트를 처리한다. 게슈탈트치료에서 지금-여기에서의 자각을 강조하는 이유는 개인의 생존과 심리적 안녕을 위해 이러한 다양한 욕구의 출현을 재빨리 파악하여 게슈탈트들의 순환을 원활하게 하기 때문이다. 긴급하게 처리해야 할 욕구가 있는 반면에 장기간의 시간을 요하는 게슈탈트의 완성을 위해 우리에게 인내가 필요하다. 수도승은 깨달음이라는 게슈탈트를 완성하기 위해 그의 생애 동안 수행을 계속한다. 게슈탈트치료에서는 지금 이 순간에 출현하는 당신의 욕구를 자각해서 해결하는 능력이 당신을 행복으로 이끈다고 본다.

5. 자 각

펄스는 "자각 그 자체가 치료적이다."라고 주장하였다. 지금-여기에서의 자각은 게슈탈트치료의 주요한 원리다. 유기체는 자각을 통해 자기조절을 하기 때문에 우리는 유기체의 지혜를 신뢰할 수 있다. 충분한 자각으로 당신이 유기체적 자기조절을 자각하기 때문에 당신이 방해하거나 차단함이 없이 유기체가 하는 대로 놔둘 수 있다(Perls, 1969b, pp. 16-17). 또한 펄스는 "유기체는 모든 것을 알지만 우리는 조금밖에 모른다."(Perls, 1969b, p. 22)고 지적하면서 유기체의 지혜를 강조하였다. 우리는 자각을 통해 주변의 객관적 사실인 무엇을 계속적으로 통합시킨다. 왜냐하면 자각은 주체이고 무엇은 대상이기 때문이다. 당신의 자각은 언제나 당신의 주관적 경험이다. 때문에 나는 당신이 자각하는 것을 자각하는 것이 불가능하다.

자각은 경험이다. 경험은 자각이다. 자각이 없으면 아무것도 없다. 심지어 한 점의 지식도 없다. 어떤 것과 어떤 것의 참만남(encounter)의 기회가 전혀 없다. 당신이 지금-여기에서 경험하는 것처럼 현실성은 단지 모든 자각의 합이다(Perls, 1969c, pp. 28-29).

자각은 나에게 일어나고 있는 것(신체적 감각, 감정, 상상 등)과 내가 통합되어 있는 환경에서 일어나는 것에 대한 어떤 주의 깊은 의식으로 정의될 수 있다. 자각은 다음과 같은 네 가지 핵심 질문들에 대한 대답에서 비롯된다.

> 당신은 지금 무엇을 하고 있습니까?
> 당신은 지금 무엇을 느끼고 있습니까?
> 당신은 지금 이 순간에 무엇을 피하려고 애를 씁니까?
> 나는 지금 당신으로부터 무엇을 원하는가? 혹은 나는 당신으로부터 무엇을 기대하는가?

자각은 내담자로 하여금 치료적 만남에 있도록 해 주며, 이전의 미해결 과제가 출현하도록 하는 워밍업이다. 상담자는 자신의 감각과 정서의 흐름에 주의를 해서 의식의 흐름을 파악한다(Sinay, 1998, p. 89).

자각은 도구다. 만약 당신이 자각하면 당신은 선택을 가진다. 당신이 더 많이 자각하면 할수록 당신은 더 많이 선택할 수 있다. 즉, 당신이 할 수 있는 선택들은 더 많아진다. 만약 당신이 더 많은 정보와 증가된 지식을 가지면, 당신은 어떤 다른 선택을 하게 될 것이다(Simkin, 1974, p. 33). 자각에서 당위성은 없다. 나는 당신이 자각해야 한다는 것을 말하고 있지 않다. 만약 당신이 자각하지 못하면, 당신은 자각하지 못한 것이다. 만약 당신이 자각을 당위성으로 만든다면, 자각은 더 이상 당신이 현재 하고 있는 어떤 것이 되지 못한다.

만약 내가 열심히 노력하고 있는 것을 자각하면, 그것은 내가 하고 있는 것이고 내가 자각하는 것이다. 만약 내가 지배적인 행동을 하고 있는 것을 자각하면, 그것이 내가 하고 있는 것이다. 내가 실제적 자각에서 당위성으로 바꾸는 순간 나는 자각을 상실한다. 자각은 내가 변화할 가능성을 가진다는 것을 의미한다. 자각은 선택을 위해 필요하다. 만약 당신이 자각하지 못하면 당신은 어떤 선택도 할 수 없다.

6. 현재와 과정

우리는 지금-여기라는 현재에 존재한다. 과거는 지나가 버렸고, 미래는 도래하지 않았고, 오직 우리가 당면한 것은 현재다. 우리가 현재에서 온전하게 기능할 수 있으려면 오관이 깨어 있는 상태에서 원활하게 작동하는 것이 요구된다. 과거는 기억 속의 현재이고, 현재는 현재이고, 미래는 기대 속의 현재다. 상담은 기본적으로 과거의 상처받았던 일과 미래의 걱정을 현재로 가져와서 다루는 것이다.

우리의 삶은 지속되는 과정이다. 삶이 과정인 것처럼 상담은 기본적으로 과정에 초점을 두는 전문적 활동이다. 모든 유기체는 진행되는 과정에 있다. 우리의 유기체가 유연성을 갖고 원활하게 끊임없이 인생이라는 게슈탈트를 형성해 가는 과정에 있다. 여기서는 게슈탈트치료의 주축인 현재와 과정에 대해서 살펴보자.

⁘ 현 재

삶은 영원한 현재다. 건강한 사람은 현재 자신에게 일어나고 있는 것을 정확하게 자각하는 사람이다. 반면에 건강하지 않는 사람은 과거에 대한 집착과 미래에 대한 걱정으로 현재 하는 일에 집중하지 못하거나 현재 일어나는 일에 자각 능력이 떨어진 사람이다. 당신에게 과거에 일어났던 일 중에 '미해결 과제'로 남아 있는 일이 당신의 현재 집중력을 떨어뜨린다. 그리고 우리가 현재 하는 일을 방해하는 걱정과 불안은 언제나 미래와 관련되어 있다. 펄스에게 영향을 준 골드스타인(Kurt Goldstein)은 '불안은 파국적 기대의 결과'라고 정의하였다. 불안은 현재와 미래 사이의 긴장이다. 펄스의 가장 중요한 공헌은 현재를 온전히 음미하고 경험하는 학습을 강조했다는 점이다. 현재만이 유일하게 중요한 시제다. 반면에 과거는 지나가 버렸고, 미래는 아직 오지 않았다. 그러나 대부분의 사람들은 현재의 힘을 상실했다. 대신 그들은 과거를 생각하거나, 미래를 위한 끊임없는 계획과 대비책에 연연한다.

게슈탈트치료는 언어적이지도 해석적이지도 않은 실험적인 치료이고 내담자가 현재 상황에서 그들의 경험과 직접적인 접촉을 하는 것이 그 목적이다. 그러나 현재에 초점을 둔다는 것이 과거에 관심이 없다는 것을 뜻하는 것은 아니다. 과거는 우리의 현재와 관련되어 있는 것으로서만 중요하다. 게슈탈트치료 집단에서 구성원들은 과거의 문제 상황을 현재에 가져와 마치 그것이 지금 일어나고 있는 것처럼 상황 재연을 한다. 이런 재연 과정에서 집단상담자는 기법에 대한 설명을 간단히 제공할 수 있고, 집단 내에서 구성원의 어리석은 감정들을 보다 전적으로 토론하고, 이러한 감정들이 유력한 실험의 참석에 얼마나 방해가 되는지 이야기해 볼 수 있다. 집단상담자가 구성원들의 인생에서 중요한 타인과 관련된 많은 미해결된 과제와 관련된 상황을 아는 것은 유용하다.

우리는 인생에서 현재 방향 제시를 위한 책임감을 떠맡지 않은 것을 정당화하기 위해 과거에 매달리는 경향이 있다. 과거에 머무름으로써 우리의 존재 방식에 대해 타인을 비난하는 게임을 끊임없이 할 수 있고, 그래서 다른 방향으로 움직일 자신의 능력과 결코 마주치지 않는다. 우리는 생기 없는 상태의 해결책과 합리화에 사로잡히고 만다(Perls, 1969b). 게슈탈트치료가 현재의 힘에 초점을 두기 때문에 대부분의 기법들은 내담자가 그들의 계속되는 경험에 보다 가깝게 접근하는 것과, 순간순간의 느낌들의 자각을 증가시킬 수 있는 쪽으로 고안되었다.

게슈탈트치료자가 내담자에게 기본적으로 현재에 초점을 두고 묻은 질문은 다음과 같은 세 가지다.

당신은 지금 무엇을 느끼고 있습니까?
당신은 지금 무엇을 생각하고 있습니까?
당신은 지금 무엇을 하고 있습니까?

상담자로서 자신에게 주의집중을 해서 다시 다음과 같은 질문을 해 보라.

나는 지금 무엇을 느끼고 있는가?

나는 지금 무엇을 생각하고 있는가?

나는 지금 무엇을 하고 있는가?

먼저 질문에 집중력을 가지고 경청하라.

그런 다음 당신 자신에 주의를 기울여라.

그리고 당신에게 현재 일어나고 있는 것을 자각하도록 시도하라.

당신에게 현재 일어나고 있는 것이 무엇이든 간에 그것을 수용하도록 시도하라.

당신에게 현재 일어나고 있는 것에 대해 비판하거나, 비난하거나, 죄의식을 느끼지 않으려고 시도하라.

당신에게 현재 일어나고 있는 것이 무엇이든 간에 그것을 판단하지 않으려고 시도하라

:: 과 정

펄스는 자주 게슈탈트치료의 두 가지 기반을 지금과 여기라고 지적하면서 현재에서 진행되는 과정의 중요성을 강조하였다. 모든 것은 유동적이며 되어 가고 있는 과정에 있다. 우리는 유기체로서 변화하는 과정에 있다. 유기체는 단지 지금-여기에서 진행되는 과정만을 자각할 수 있다. 게슈탈트치료자에게 가장 중요한 단어는 지금-여기다. 왜냐하면 게슈탈트치료는 내담자가 지금-여기에서 경험하는 과정을 강조하는 과정 치료이기 때문이다.

게슈탈트치료라는 유기체의 경험에 대한 자각치료다. 유기체의 경험에 대한 자각은 현재 유기체에서 일어나는 과정에 대한 알아차림이다. 게슈탈트라는 말은 과정을 함축하고 있다. 우리는 삶의 과정에서 어떤 게슈탈트를 형성하고 완성한다. 다시 말하면, 삶의 과정은 수많은 게슈탈트를 형성하고 완성하는 과정이다. 우리의 욕구에 따라 출현한 게슈탈트는 완성되기를 원한다. 미완성된 게슈탈트는 완성을 위한 과정에서 중단되어 있는 상태이며 역시 완결되기를 원한다.

펄스는 게슈탈트치료자들이 원인이나 이유를 묻는 '왜'라는 질문을 삼갈 것을 강력하게 강조하였다. 그는 왜라는 질문을 가장 나쁜 질문이라고 했다. 왜라는 질문은 내담자로 하여금 다양한 원인을 찾게 하여 더욱더 그를 혼란시킨다. 따라서 능숙한 게슈탈트치료자는 내담자가 현재 경험하고 있는 것을 스스로 알아차리도록 경험의 과정을 묻는 '어떻게'라는 질문을 매우 효과적으로 사용한다.

7. 변화의 역설: 있는 그대로 나 되기

게슈탈트치료에서 변화는 역설적이다. 바이서(Beisser, 1970)는 "누군가가 정말 자기 자신이 되려고 할 때만 그는 변화할 수 있다."라고 하였다. 우리가 정말 있는 그대로 우리가 될 때 우리는 변할 가능성에 있게 된다. 우리가 가진 어떤 부분을 부정하고 억제하려는 시도는 우리로 하여금 자발성을 상실하게 해서 자기파

괴 기제와 행동의 부자연성으로 이끌게 한다. 펄스는 대부분의 사람들이 원하고 추구하는 것과 똑같은 방식으로 개인이 자기 향상을 이루려고 시도하는 것은 쓸데없는 일이라는 것을 제안하였다. 미해결된 과제가 완성될 수 있는 유일한 방식은 그것이 무엇이든 간에 진실을 확인하고 수용함에 의해서다.

나는 나이고 당신은 당신이다. 진정한 변화는 내가 되는 것이다. 사람들은 흔히 자신이 아닌 그 누군가가 되고자 하거나 현실적 자아와 괴리된 이상적 자아를 추구하는 데 노력을 경주하고 있다. 진정한 변화는 내가 나 아닌 그 누군가가 아니라 진정한 내가 되려고 할 때 일어난다.

'악순환(vicious circle)'이라는 말을 적용하여 내담자의 문제를 표현하면, 비합리적 사고의 악순환(Ellis), 부적절한 행동 혹은 습관의 악순환(Skinner), 부적절한 경험을 통한 감정의 악순환(Rogers, Perls)이라고 말할 수 있다. 내담자가 가진 문제의 이러한 악순환을 다람쥐가 쳇바퀴를 도는 것에 비유하여 말할 수 있다. 유사하게, 내담자가 가진 문제의 악순환을 탈피하도록 하는 것은 다람쥐가 쳇바퀴를 이탈하게 하는 것이라고 할 수 있다. 이러한 변화를 패러다임 변화, 변화의 변화, 탈바꿈, 틀 바꾸기(reframing), 이차적 변화 등으로 다양하게 표현한다.

지금까지 개발된 주요한 상담 접근에서 강조한 상담의 목적을 좀 더 구체적으로 그리고 간략하게 살펴보자. 상담자는 상담활동을 통해 내담자가 억압을 통해 보지 않으려 했던 것을 직시하도록 한다(프로이트의 정신분석). 역할연기를 통해 비자발적인 방식으로 자신의 역할을 수행하고 있는 내담자를 자발성과 유연성을 가지고 역할 수행을 하도록 한다(모레노의 심리극). 정신 내부의 외침을 경청하여 타고난 집단무의식의 자기실현, 즉 개성화를 이룰 수 있도록 한다(융의 분석심리학). 잘못된 생활양식을 이해하도록 도모하여 생활양식의 재정향을 이루도록 한다(아들러의 개인심리학). 가치의 조건화에 의해 형성된 내담자의 부적절한 정서경험을 통해 바람직한 정서로 바꾸도록 한다(로저스의 인간중심치료). 미해결된 문제를 해결함으로써 게슈탈트의 순환을 원활히 하도록 한다(펄스의 게슈탈트치료). 조건형성/역조건형성 혹은 강화에 의해 부적절한 행동이나 습관을 바람직한 행동으로 바꾸도록 한다(행동주의 상담). 비합리적 신념을 합리적 신념으로 바꾼다(엘리스의 인지·정서·행동치료). 자동적 사고의 탈피 혹은 부정적 관점을 긍정적 관점으로 바꾸도록 한다(벡의 인지치료). 적절한 방법으로 기본적 욕구를 달성하도록 하여 실패정체감을 성공정체감으로 바꾸도록 한다(글래서의 현실치료). 부적절한 인생각본을 바꾸어 바람직한 인생각본을 갖도록 한다(번의 교류분석).

이처럼 상담은 근본적으로 내담자의 변화를 도모한다. 좀 더 구체적으로 말하면, 상담자는 상담활동을 통해 적응에 어려움을 겪고 있는 내담자의 인지적 · 정서적 · 행동적 변화를 유발하도록 조력하여 내담자의 적응을 돕는 활동이다. 내담자의 변화를 위해 상담자들은 다양한 상담 이론과 상담 기법을 개발해 왔다. 저자는 지금까지 개발된 이러한 거의 모든 상담 이론 및 기법이 내담자의 입장에서 보면 역설을 함축하고 있다고 본다.

변화와 역설 언뜻 보기에 모순된 것 같지만, 곰곰이 생각하면 진리를 꿰뚫은 언설 혹은 제언이 역설(paradox)이다. 웹스터 사전(Webster Dictionary)에서는 역설을 ① 상식에 모순되거나 반대인 것같이 보이지만 진실인 진술, ② 처음에 진실처럼 보이는 자기-모순적 진술, ③ 수용할 수 있는 전제로부터 타당한 연역적 추리에 의해 자기-모순적 결론을 분명하게 도출하는 논법으로 정의하고 있다.

역설의 실제적인 예로 가장 잘 알려진 것은 '크레타 사람들의 거짓말쟁이 역설(Cretan's Liar Paradox)'이다. 이것은 기원전 6세기에 크레타 섬의 에피메니데스(Epimenides)가 "모든 크레타 사람들은 거짓말쟁이다(All Cretans are Liars)."이라고 언급한 데서 유래한 것이다. 이 말을 한 주체인 에피메니데스가 자신을 이 말에 포함할 때 역설이 발생한다. 즉, 거짓말쟁이(에피메니데스)가 거짓말을 하면 참말이 되고, 반대로 참말을 하면 거짓말이 된다.

이러한 거짓말쟁이 역설은 영국의 분석철학자인 러셀(Bertrand Russell)이 스페인의 우화에 나오는 이발사 이야기에서 영감을 얻어 러셀 역설로 발전한다. 즉, 어느 스페인 마을에 이발사가 단 한 사람이 있었는데, 이 이발사는 "자기 집에서 자기 수염을 스스로 깎지 않는 사람만 수염을 깎아 준다."는 원칙을 정했다. 이러한 원칙에 이발사 자신을 포함시키면 이발사가 자기 수염을 깎는다면 깎지 말아야 하고, 깎지 않는다면 깎아야 하는 역설이 발생한다. 러셀이 수학의 집합론에서도 이러한 역설이 발생하는 것을 발견하였다고 하여 러셀 역설이라는 말이 유래하였다(김상일, 1997, p. 15). 거짓말쟁이 역설 혹은 러셀 역설에서처럼 역설은 부류(class)와 요원(member)의 혼란을 통해서 일어난다.

역설을 해결하기 위해 화이트헤드(Alfred Whitehead)와 러셀은 그들의 기념비적 업적인 『수학원론(*Principia Mathematica*)』에서 진술한 '논리적 유형이론(Theory of Logical Types)'에서 "요원(member)의 전체(부류, class)를 수반하는 것은 무엇이나 전체(부류)의 요원이어서는 안 된다."(김상일, 1997, p. 62에서 재인용)는 중요한 공리를 제시하였다. 이러한 기본적 공리를 무시하는 모든 시도는 역설적 혼란을 야기한다. 논리적 유형이론의 원리에서 도출된 두 가지 중요한 결론은 다음과 같다. 첫째, 논리적 수준은 역설과 혼란을 예방하기 위해 엄격히 따로 지켜져야 한다. 둘째, 하나의 논리적 수준에서 다음의 보다 높은 논리적 수준으로 가는 것은 매우 큰 이론적 · 실제적 중요성의 변환, 도약, 비연속성 혹은 변형, 즉 어떤 변화(이차적 변화)를 수반한다(Watzlawick, Weakland, & Fisch, 1974, pp. 9-10). 인류학자인 베이트슨(Gregory Bateson)도 행동과학에 러셀의 논리적 유형이론을 소개하여 정신분열증의 이중구속 이론(double-bind theory)을 설명하였다.

이처럼 거짓말쟁이 역설 혹은 러셀 역설을 해결하기 위한 시도가 이루어져 왔다. 즉, 20세기 서양 분석철학계는 역설을 해결하기 위한 노력을 경주한 결과 두 가지 경우의 해법을 제시하였다. 하나는 러셀과 타르스키 등 초기의 철학자들이 제시한 '위계적-일관성 견해(hierarchical-consistency view)'이고, 다른 경우는 키하라와 굽타를 중심으로 1970년대 이후 후기 철학자들이 제시한 '순환적-비일관성 견해(circular-inconsistency view)'다(김상일, 1997, pp. 35-35, p. 60).

변화에는 두 가지 유형이 있다. 한 가지 유형은 체계 자체는 변화하지 않고 남아 있으면서 주어진 체계 내에서 일어나는 변화이고, 다른 유형은 변화가 체계 그 자체에서 일어나는 변화다. 바츨라비크 등(Watzlawick et al., 1974)은 전자를 '일차적 변화(first-order change)'라고 하였으며, 후자를 '이차적 변화(second-order change)'라고 하였다(pp. 10-11). 이러한 이차적 변화는 변화의 변화를 의미한다.

상담 및 심리 치료에서 사용하는 대부분의 치료적 역설은 이러한 이차적 변화를 의미한다. 지속(persistence)과 변화(change)는 그들이 가진 서로 반대적인 속성에도 불구하고 함께 고려되는 것이 필요하다(Watzlawick, Weakland, & Fisch, 1974, p. 1). 즉, 모순 혹은 딜레마 속에서 내담자에게 지속되어 온 문제를 해결하려는 시도가 변화를 위한 역설적 상담이라고 할 수 있다.

펄스는 "변화는 스스로 일어난다. 만약 당신이 있는 그대로 당신이 되려고 하면, 만약 당신이 있는 그대로의 당신을 수용하면, 변화는 자동적으로 스스로 나타난다. 이것이 변화의 역설이다." (Perls, 1969b, p. 178)라고 지적하였다. 진정한 변화는 내가 있는 그대로 내가 되는 것이다. 진정한 성숙은 내가 소망하는 내가 아닌 누군가가 되려고 노력하는 것이 아니라 진정한 자기실현을 이루는 것이다.

제5장

신경증 층과 접촉경계 장애

소리의 관계는 건전한 관계다.
건강한 사람은 울고 싶을 때 소리 내어 울고,
웃고 싶을 때 소리 내어 웃을 수 있다.
당신이 마음속 깊이 느끼는 희로애락을 반영하는
노래를 소리 내어 불러라.
당신의 건전한 인간관계를 위해
'나-그것'이 아닌 '나-당신'의 참만남 접촉을 하라.

차례

제5장

신경증 층과 접촉경계 장애

게슈탈트치료의 목표는 개인이 성숙하고 성장하도록 조력해서 자기실현을 이루게 하는 것이다. 개인이 성숙된 자기실현을 이루기 위해서는 거짓 자기가 아닌 진정한 자기를 알고 표현하는 것이 필요하다. 펄스는 진정한 변화로 '있는 그대로 나 되기'를 강조하였다. 이 장에서는 우리가 성숙한 인간이 되는 것을 방해해서 성장장애를 갖게 하는 것을 알아보고자 한다. 먼저 신경증 층에 대해 살펴보고, 유기기체의 접촉, 접촉경계 그리고 접촉경계 장애 기제에 대해 알아본다.

1. 신경증 층

건강한 사람은 주어진 환경에서 자신의 균형과 불균형의 상태를 적절하게 판단해서 자신에게 필요한 것을 파악하여 충족시킴으로써 항상성을 유지한다. 반면에 신경증 환자는 자신이 정말 필요로 하는 것들을 명확히 이해할 수 없고, 그러한 것들을 만족시킬 수도 없다. 신경증 환자는 유기체의 자기조절 과정인 게슈탈트 형성과 완성을 제대로 이루지 못해 성장장애로 심리적 혼란을 경험한다.

우리가 성숙하고 건강한 사람으로 기능하기 위해서는 진실성으로 타인과의 접촉을 이루는 것이 필요하다. 우리는 많은 경우에 타인의 기대에 부응하기 위해 자신이 정말 원하지 않는 행동을 한다. 타인의 기대와 우리에게 주어진 다양한 역할은 우리가 현실 속에서 진실한 자기를 표현하며 생활하는 것을 어렵게 한다. 펄스는 인간의 인격을 펼쳐 보이는 것을 양파 껍질을 벗기는 것에 비유했다. 인간은 심리적 성숙을 얻기 위해 다섯 가지 신경증 층, 즉 허위층, 공포층, 난국층, 내적 파열층 그리고 폭발층을 벗겨야 한다. 가장 바깥에 있는 층부터 차례로 살펴보자.

∷ 허위층

허위층(phoney layer)은 가장 바깥에 있는 신경증 층으로 거짓된 자기를 표현하는 것을 뜻한다. 펄스는 허위층을 '에릭 번의 층(the Eric Berne layer)' 혹은 '지그문트 프로이트 층(the Sigmund Freud layer)'이라고도 불렀다(Perls, 1970, p. 20). 이는 사람들이 게임을 하는 것으로 진실한 마음 없이 상투적으로 대하는 거짓된 상태를 의미한다. 사람들이 '마치 ~처럼(as if)' 행동하는 상태다. 이것은 우리가 게임을 하고 역할을 잃어버리는 수준이다. 우리는 자기가 아닌 것처럼 행동함으로써 타인이나 자신이 만들어 낸 환상을 위해 살려고 한다. 우리가 일단 게임의 허구성을 자각하면 보다 정직하게 되고, 그래서 우리는 불쾌와 고통을 경험한다. 이 단계에서 사람들은 서로 형식적이고 의례적인 규범에 따라 피상적으로 만난다. 치료의 초기에 내담자는 표면적으로는 세련된 행동을 보이고 적응적인 행동을 보이지만 자신을 깊이 노출시키지 않으므로 진정한 변화는 일어나지 않는다.

⁘ 공포층

공포층(phobic layer)은 우리가 있는 그대로 자기가 되는 것에 대한 저항하고 반대하는 것이다. 개인은 진정한 자기를 보고 표출하는 것에 두려움을 느낀다. 이는 개체가 자신의 고유한 모습으로 살아가지 않고 부모나 주위 환경의 기대 역할에 따라 행동하며 살아가는 단계다. 이 단계에 있는 개체는 환경에 적응하기 위해 자신의 욕구를 억압하고 주위에서 바라는 역할 행동을 연기하며 산다. 그리고 그들은 자신이 하는 행동이 연기라는 것을 망각하고 그것이 진정한 자신인 줄 착각하고 산다. 이러한 역할연기의 전형적인 예를 들면, 모범생, 지도자, 구세주, 협조자, 중재자 등이 있다. 이러한 역할연기는 집단치료 상황에서 흔히 관찰할 수 있다. 역할연기는 의존적 태도에서 비롯한다. 우리는 타인의 원조가 절대적으로 중요하다고 생각하기 때문에 진정한 우리의 모습을 드러내는 대신 남에게 잘 보이려는 태도로 행동한다. 예를 들면, 실제보다 더 친절한 척 행동하거나 혹은 실제보다 더 악한 모습을 연기하기도 한다. 많은 사람들은 진정한 자신과 만나는 것을 매우 두려워한다. 그것은 내사된 사회규범과 부모의 목소리가 그들의 내면에서 끊임없이 그들을 위협하기 때문이다.

∷ 난국층

개인은 자신의 욕구를 나타내고자 하지만 불안상태에서 어쩔 줄 모르는 상태에 있게 된다. 이 단계에서 개인은 이제껏 해 왔던 역할연기를 그만두고 자립을 시도하지만 동시에 심한 공포를 체험한다. 내담자는 지금까지 환경으로부터 도움을 받기 위해 역할연기를 해 왔으나 치료 과정을 통해 역할연기의 무의미성을 깨닫고 역할연기는 포기했지만 다른 한편으로는 아직 스스로 자립할 수 있는 능력은 생기지 않은 상태이므로 오도가도 못하는 실존적인 딜레마에 빠지게 되어 심한 허탈감과 공포감을 체험하게 된다. 개인은 이러한 공포감과 공허감을 만나는 것이 두렵기 때문에 이 단계에 들어서기를 한사코 회피한다. 흔히 집단치료 장면에서 치료자는 내담자가 자신의 진면목에 직면하려는 순간 농담을 하거나 웃어 버림으로써 이 단계와 만나는 것을 피하는 것을 관찰할 수 있다. 그러나 치료가 진전되면 내담자는 마침내 이 단계에 도달하게 되는데, 이때 내담자는 "갑자기 모든 게 혼란스럽다." "도대체 무엇이 무엇인지 모르겠다." "앞으로 어떻게 해야 좋을지 모르겠다." "마음이 공허하다." "쉬고 싶다." 등의 표현을 하곤 한다. 이러한 현상이 바로 '막다른 골목' 체험인데, 이때 치료자는 내담자로 하여금 이러한 상태를 피하지 말고 직면하여 견뎌 내도록 격려해야 한다. 내담자가 이러한 혼돈 상태와 공백 상태를 참고 통과하게 되면 유기체적인 변화가 일어나면서 새로운 돌파구가 열린다.

∷ 내적 파열층

이 단계에서 개인은 자신의 욕구를 인식하지만 겉으로 나타내지 못하고 안으로 억압하는 상태에 있게 된다. 개인은 자신이 억압하고 차단해 왔던 욕구와 감정을 알아차리게 된다. 그런데 이러한 유기체 에너지들은 오랫동안 차단되어 왔던 것들이기 때문에 상당한 파괴력을 가지고 있다. 개인은 이러한 파괴적 에너지를 외부로 발산하면 타인과의 관계가 악화될 것이라는 두려움을 갖고 있기 때문에 이것을 자신의 내부로 향하게 한다. 이러한 에너지는 개체 내부에서 폭발하여 파괴적으로 작용하고, 죽음에 대한 공포로 체험되기도 한다. 이때 신체근육이 긴장되고 온몸이 경직되는 현상이 나타난다. 이렇게 외부로 발산되지 못하고 내부에서 맴도는 에너지들은 마침내 그 안에서 얼어붙은 것 같은 상태가 된다. 이 단계의 내담자는 처벌에 대한 두려움 때문에 혹은 상대편에게 상처를 줄까 봐 두렵기 때문에 자신의 감정을 표현하지 않고 억제하며, 타인에게 분노를 표현하는 대신에 자기 자신에게 공격성을 돌려 자신을 비난하고 질책하는 행위를 한다. 이 단계에 있는 개인은 접촉경계 장애기제 가운데 주로 반전 행동을 많이 보인다.

:: 폭발층

이 단계에서 개인은 감정이나 욕구를 더 이상 억압하지 않고 표출하는 상태에 있게 된다. 즉, 개인은 자신의 감정과 욕구를 더 이상 억압하거나 차단하지 않고 외부 대상에게 직접 표현한다. 개인은 자신의 욕구와 감정을 분명하게 알아차려 강한 게슈탈트를 형성하여 환경과의 접촉을 통해 완결 짓는다. 또한 이전에 억압하고 차단했던 미해결 과제들을 전경으로 떠올려 완결 짓는다. 내담자가 이 단계에 도달하면 치료가 종결된다. 그들은 이제까지 자신을 지탱해 왔던 유아적인 욕구와 어리석은 생각을 포기하고, 자신의 과거 삶에 대해 슬퍼하며 흐느껴 울기도 하고 이제까지 억압해 왔던 분노감정을 표출하기도 한다. 이러한 과정에서 내담자는 종종 깊은 단계의 치료적 작업을 통과하기도 하는데, 이때 그들은 온몸으로 자신의 억압됐던 감정을 표출하기도 한다.

이와 같은 다섯 가지 신경증 층을 개인의 성격 변화 단계와 관련하여 게슈탈트치료 핵심 개념인 알아차림 및 접촉과 관련해 살펴볼 수 있다. 즉, 허위층과 공포층은 게슈탈트 형성이 잘 안 되는 단계이고, 난국층은 게슈탈트 형성은 되었으나 에너지 동원이 잘 되지 않는 단계다. 그리고 내적 파열층은 에너지 동원은 되었지만 행동으로 옮기는 단계에서 차단되어 게슈탈트가 완결되지 않은 상태이며, 폭발층은 마침내 개인이 게슈탈트를 순조롭게 해소하고 해결 짓는 단계라고 할 수 있다.

2. 유기체의 접촉

모든 인간의 행동은 인간과 환경의 상호작용의 결과다. 인간은 환경과의 접촉, 즉 환경과의 상호작용을 통해 자기조절에 따른 행동을 하며 생존한다. 게슈탈트치료에서는 개인이 게슈탈트 경험 순환을 통해 필요에 따라 끊임없이 출현하는 게슈탈트 완성을 이루면서 삶을 영위한다고 본다. 게슈탈트 완성을 이루기 위해 유기체로서 인간에게 접촉이 필요하다. 유기체로서 인간의 접촉은 미해결된 과제를 해결해 줄 뿐 아니라 게슈탈트 완성을 통해 그의 성숙에 기여한다. 구체적으로 말하면, 개인이 건강한 삶을 영위하기 위해 접촉에 의한 경험하기를 통한 자각이 필요하다. 개인이 접촉을 통한 경험을 제대로 하지 못해 신경증을 갖게 되는 것은 그가 접촉경계 장애기제를 사용하기 때문이다.

살아 있는 모든 유기체는 주변 환경과의 끊임없는 상호작용을 통해 생명을 유지한다. 주변 환경 속에서 유기체는 놀랄 만하게 자기조절의 지혜를 통해 생존한다. 유기체가 접촉을 통해 적절하게 자기조절을 하지 못하면 유기체에 문제가 생기기 시작한다. 예를 들면, 당신이 집에서 가꾸는 식물은 빛, 물 그리고 필요한 영양분과 접촉을 통해 자기조절을 하며 생명을 유지하면서 꽃을 피운다. 만약 당신이 식물을 가꾸면서 식물의 생존에 필요한 물을 필요한 시점에 제대로 공급해 주지 않으면, 그 식물은 제대로 성장하지 못하거나 급기야는 시들시들하다가 유기체의 기능을 상실하게 된다. 또한 우리는 식물이 빛에 대해 자기조절을 통해 적응하는 것을 관찰할 수 있다. 유기체가 생존하기 위해 접촉을 통한 경험이 필요하다.

유기체인 사람에게는 생존을 위해 심리적 접촉과 생물학적 접촉이 필요하다. 인본주의 심리학자인 매슬로우(Abraham Maslow)가 지적한 것처럼, 인간 개개인은 생물학적 욕구와 심리적 욕구를 충족시키기 위해 나름대로 독특한 자기조절의 지혜를 발휘하며 삶을 영위한다. 설리반(Harry S. Sullivan)은 모든 심리적 장애의 원천은 대인관계에서 비롯된 불안에 기인한다는 전제하에서 대인관계 심리 치료를 주창하였다. 개인은 타인과의 접촉을 통해 자신의 심리적 욕구를 충족시킨다. 실존적 존재로서 인간은 타인과의 접촉 부재나 상실 혹은 부적절한 접촉에 의해 고립감, 고독, 부적절한 정서 그리고 역기능적인 행동을 발달시키게 된다. 이런 점에서 펄스는 실존주의 종교철학자인 부버(Martin Buber)가 제안했던 나-그것이 아닌 나-당신의 참만남(encounter) 접촉을 게슈탈트치료의 근간으로 강조하였다.

3. 접촉경계

유기체는 환경을 접촉함으로써 게슈탈트를 형성한다. 원활한 게슈탈트 경험 순환은 유기체의 접촉과 철회가 끊임없이 반복되는 과정이다. 건강한 사람은 원활한 게슈탈트 경험 순환으로 높은 집중력을 가지고 현실에 적응하며 삶을 영위한다. 반면에 유기체의 욕구를 해소할 수 없는 원만한 접촉이 이루어지지 않으면 게슈탈트 경험 순환은 중단된다. 이렇게 게슈탈트 경험 순환이 원활하게 이루지 못한 사람은 자신이 처한 현실에 집중력을 갖고 적절하게 적응하지 못하게 된다.

인간이 환경 속에서 기능하는 방법에 대한 연구는 인간과 환경 간의 접촉이 이루어지는 접촉경계(contact boundary)에서 무엇이 일어나는 있는가를 연구하는 것과 같다. 개인이 접촉경계에서 하는 경험은 그의 심리적인 현상에 영향을 준다. 유기체는 환경과 상호작용하는 '항상성 과정(homeostasis process)', 즉 자기조절 과정에 의해 존재한다. 유기체로서 인간은 심리적 접촉욕구와 생리적 접촉욕구를 가진다. 우리가 생리적 균형이 깨졌을 때마다 생리적 접촉욕구를 느끼는 것처럼, 심리적 균형이 깨졌을 때마다 심리적 접촉욕구를 느낀다(Perls, 1973, p. 7). 개인은 자신의 생리적 · 심리적 접촉욕구를 충족하기 위해 접촉을 하는 것이 필요하다. 접촉경계에서 유기체의 욕구에 부합한 접촉이 이루어지면 그러한 욕구가 해소되어, 즉 게슈탈트가 완성되어 철회가 이루어진다. 하지만 개인이 '접촉경계 장애(contact boundary disturbance)'로 좋은 접촉을 이루지 못해 게슈탈트 완성인 철회를 이루지 못하는 경우 그는 신경증으로 고통받는다.

4. 접촉경계 장애기제

펄스는 유기체의 자각 혹은 알아차림을 통한 접촉의 결여를 주요한 문제로 보았다. 게슈탈트에서는 저항이란 우리가 온전하고 진실하게 현재를 경험하는 것을 방해하는 방어기제라고 본다. 여기에서는 펄스가 지적한 접촉경계의 장애가 우리의 성숙과 문제해결을 방해하는 이유를 살펴보면서 자각과 접촉의 중요성을 알아보자. 자각을 통한 접촉을 방해하는 장애기제 혹은 저항적 의사소통의 통로는 프로이트가 제안한 개념인 방어기제와 유사하다. 펄스와 그의 추종자들이 설명한 접촉경계 장애의 주요한 기제인 내사, 투사, 반전, 편향, 융합, 둔감화 그리고 자기주의를 살펴보자.

⁘ 내 사

내사(introjection)는 타인의 신념과 기준을 우리 자신이 가지고 있는 것과 융화함이 없이 무비판적으로 수용하는 것을 말한다. 내사된 가치는 주입된 가치다. 이런 주입된 가치는 충분히 개인에게 이해되고 통합되지 않는 가치로, 가치 갈등의 원인으로 기능한다. 내가 접촉하여 이해하지 못하고 나의 것으로 만들지 못했다면 그것은 내가 되지 못하고 나의 것이 되지 못한다. 당신이 음식물을 먹어 그것을 충분히 소화시키지 못한다면 그것은 당신이 아니다. 그것은 당신의 건강을 해치는 이물질이 된다. 이렇게 내사는 당신이 가지고 있으면서도 당신이 아닌 다른 어떤 것이다. 이러한 이물질은 암적인 존재로서 당신에게 통합되지 않고 남아서 당신을 괴롭히고 있다는 것을 명심하라.

∷ 투 사

투사(projection)는 내사의 반대다. 투사는 내가 가진 것을 부인하고 남에게 돌려서 접촉을 피하는 것이다. 내가 접촉하기 싫어한 나의 어떤 면을 타인에게서 봄으로써 자신이 느끼는 감정이나 자기를 부정하는 것이다. 당신이 청중 앞에서 연설을 한다고 가정해 보자. 그리고 당신이 강연자로서 청중 때문에 불안하고 두려움을 느낀다고 생각해 보자. 당신이 청중의 수많은 시선을 비판적이거나 적대적으로 상상한다면 당신 자신의 비판을 청중에게 투사하고 있다고 할 수 있다. 당신의 불안과 두려움을 접촉하여 있는 그대로 받아들이고 그것을 극복하는 노력이 투사를 해결하는 길이다. 당신의 부정적인 면을 투사를 통해 회피하고 도피하여 접촉을 피하는 것보다 그것에 대한 책임을 당신이 지는 것이 필요하다.

∷ 반 전

반전(retroflection)은 개인이 타인이나 환경에 대해 해야 할 것을 자신에게 하는 것이다. 우리 각자는 유기체로서 외부 환경과 상호작용을 하며 살아간다. 우리가 대하는 사람에게 적절하게 자기를 표현하는 것이 대인관계에서 매우 중요하다. 그러나 반전을 기제로 사용하는 사람은 자신의 감정을 타인에게 표현하지 못하고 방향을 바꾸어 자신에게 표현하는 사람이다. 예를 들면, 심하게 처벌적이고 공격적인 부모의 영향을 받으면서 성장한 사람이

습관적으로 처벌에 대한 두려움으로 타인에게 감히 자기의 감정을 표현하지 못한 경우다. 누군가에게 화가 난 경우, 이런 사람은 자신의 에너지의 방향을 직접 관련된 당사자에게 돌려 화를 내지 못하고 자신을 공격하고 자신을 고문한다. 반전기제는 때로는 긍정적으로 사용될 수 있다. 즉, 주어진 상황에서 합리적인 근거로 반전을 사용하여 타인에게 행동할 것을 억제하는 것이다. 우리가 막무가내로 에너지의 방향을 외부로 돌려 행동하기보다 때로는 내부로 돌려 행동하는 것이 우리와 타인에게 도움이 되는 경우다.

⁘ 융 합

펄스는 융합(confluence)을 밀접한 관계에 있는 두 사람이 서로 차이점이 없다고 느끼도록 합의함으로써 발생하는 접촉경계 장애기제라고 말했다. 즉, 갑이 행복하다고 느끼면 을도 행복하다고 느끼고 갑이 불행하다고 느끼면 을도 함께 불행을 느끼는, 마치 일심동체의 관계와 같은 것이다. 따라서 그들은 서로 간에 어떤 갈등이나 불일치도 용납하지 못한다. 그들은 오랫동안 서로 길들여진 관계에 익숙해져 있기 때문에 그러한 균형을 깨뜨리는 행동은 금기로 되어 있다. 즉, 각자의 개성과 자유를 포기한 대가로 얻은 안정을 깨뜨리려는 행위는 서로에 대하여 암묵적인 '계약'을 위반하는 것이므로 상대편의 분노와 짜증을 사게 되며, 따라서 융합관계를 깨뜨리는 쪽은 심한 죄책감을 느낀다. 그들은 단지 차가운 외부의 대기에 직접 노출되지 않을 목적으로 두껍고 단단한 껍질을 만들어 그 속에 안주하고 있을 뿐이다. 융합에 의하여 경계를 갖지 못할 때, 개체는 자신의 욕구와 감정을 제대로 해소할 수가 없고, 따라서 그러한 삶은 미해결 과제를 축적시킨다.

⁘ 편 향

사람들은 흔히 감당하기 힘든 내적 갈등이나 외부 환경적 자극에 노출될 때, 이러한 경험으로부터 압도당하지 않기 위해 자신의 감각을 둔화시킴으로써 자신 및 환경과의 접촉을 약화시키는데, 이를 편향(deflection)이라고 한다. 이러한 행동은 흔히 지식인들에게서 많이 볼 수 있다. 예를 들면, 말을 장황하게 하거나 초점을 흩뜨리는 것, 말하면서 상대편을 쳐다보지 않거나 웃어 보라는 것, 구체적으로 말하지 않고 추상적인 차원에서 맴도는 것, 자신의 감각을 차단시키는 것 등이 있다. 편향을 사용하여 알아차림과 접촉을 차단하는 것은 과거의 고통스러운 충격 경험이었던 것들, 즉 계속적인 애정 결핍이나 상처받은 자존심 혹은 내적 갈등들을 극복하기 위한 의미 있는 자구책들이다. 따라서 이 행동이 처음 생기게 된 당시로서는 효과적인 행동이었을 수도 있지만 현재에는 더 이상 현실을 근거하지 않은 부적응적인 행동이다.

⁘ 둔감화

둔감화(desensitization)는 우리 스스로 자신의 신체 감각에 무디어지도록 마비시키는 과정이다. 둔감화함에 따라 존재하는 고통 혹은 불편함이 자각되지 않는다. 때때로 고통을 느끼지 않을 수 있다는 것은 명백히 유용하다. 예를 들면, 만약 당신이 치통을 가진다면 치과의사가 치통을 해결할 때까지 아픔을 차단시키거나 기분전환으로 마음을 달래는 것이 바람직하다. 둔감화는 학대받아 어떤 다른 선택권이 없는 아이에게 창조적 적응일 수 있다.

펄스는 자주 불면증으로 고통받는 사람들의 예를 들었다. 불면증 환자들은 불면증의 실존적 의미 혹은 메시지를 발견하기 위해 잠을 자지 않는 경험에 머무르기보다 습관적으로 수면제를 복용한다. 둔감화는 우리 자신을 마취시킨 상태에 머무르게 해서 타인과의 우리의 접촉을 마비시킨다. 펄스는 우리 사회의 대부분의 사람들이 자신의 신체의 큰 영역에서 자극들을 수용할 기능을 상실했다고 지적하였다(Clarkson & Mackewn, 1993, p. 77).

∷ 자기주의

'자기주의(egotism)'는 위험, 놀람 혹은 모험의 위협이 전혀 없다는 것을 확신하기 위해 신중한 생각과 행동에 의해 자발성이 줄어드는 것이다. 정상적으로 어느 정도의 자기주의는 어떤 중요한 결정 혹은 장기적 과정에서 필수 불가결하다. 예를 들어 만약 우리가 우리의 자발적 열정을 줄일 수 없다면, 우리는 나중에 후회하거나 힘들게 할 필요가 없는 행동에 빠질 수 있다. 건전한 자기주의는 우리로 하여금 우리 자신 혹은 제공된 기회에서 물러서게 해서 이것이 우리가 정말 원하는 어떤 것인가의 여부를 냉정하게 검토하게 해 준다.

자기주의는 개인이 지속적인 자의식과 애매한 경계를 통해 자신의 삶에서 통제할 수 없고 놀랄 만한 요소들을 통제하려고 시도할 때 생기 있게 접촉할 신경증적 방해가 된다. 예를 들면, 발기를 유지하고 오르가슴의 자발적 발달을 방해하는 남자의 경우다. 이 남자는 자신을 입증할 욕구를 만족시키지만 자발성과 해방을 피한다. 만성적 자기주의자는 자신을 통제한 것 같지만 그는 자신과 그의 주변 환경과 조화롭게 있을 비자의식적 용이함이 부족하다(Clarkson & Mackewn, 1993, p. 77).

이와 같은 접촉경계 장애기제는 우리가 환경과의 원만한 상호작용을 통해 그때그때 필요한 게슈탈트를 형성하면서 통합된 나로서 살아가는 것을 끊임없이 방해한다.

禪과 게슈탈트치료

禪의 뜻은 지금-여기에서 단지 하나만 보는 것이다.
바람의 색깔이 무엇인가? 바람의 색깔은 당신이 느끼는 것이다.
당신의 조작된 신념을 버리고 감각으로 돌아오라.
당신이 지금-여기에서 경험하는 것을 자각하라.

차례

제6장

禪과 게슈탈트치료

상담심리학 영역에서 1980년대부터 두드러지게 강조되어 등장한 것이 다중문화주의(multiculturalism)다. 심리학은 과학으로서 인간의 행동을 설명하는 일반적 법칙을 발견하려고 노력한다. 더불어 심리학은 인간이 독특한 개인으로서 갖는 특성을 이해하고 설명하려는 점에서 개인차에 관한 이해를 하려고 시도한다. 응용심리학으로서 상담심리학에서 다중문화주의의 강조는 인간 이해를 위한 일반적 법칙과 개인차에 대한 추구의 반영이라 할 수 있다. 다시 말하면, 다중문화주의는 내담자의 문화적 배경을 이해함이 없이 상담자가 심리학에서 발견된 일반적 법칙만 가지고 내담자의 문제를 해결하는 데는 제한이 있다는 점에서 비롯된 움직임이다.

역시 지나치게 인간을 분석하고 관찰할 수 있는 행동만을 강조한 과학주의에 입각한 서구 심리학의 한계를 지적하여 1960년대 말부터 나타난 것이 無我(무아) 혹은 초월주의 심리학(transpersonal psychology)으로 수티츠(Anthony Sutich), 매슬로우(Abraham Maslow)를 비롯하여 많은 서구 심리학자들이 동양사상을 바탕으로 한 인간이해를 추구하고 있는 실정이다.

매슬로우와 수티츠는 무아심리학이라고 부르는 새로운 접근을 창립하였는데, 이 접근은 인간정신과 우주의 생명 원리 간의 광범위한 관계를 연구하는 것이다. 무아심리학은 지금까지 서구 심리학이 추구해 왔던 것보다 한층 더 심층적인 자기이해에 관심을 가진 동양사상에 의해 크게 영향을 받아왔다(Welwood, 1979, p. 224). 웰우드(Welwood, 1979)는 무아심리학이 네 가지 주요한 특징, 즉 ① 내적 경험에 근거한 자기이해 심리학, ② 정신의 생태(ecology)에서 사회적 관심에 근거한 관계의 심리학, ③ 인간 경험의 전체적 범주를 조절하기 위한 기틀, ④ 자기이해를 위한 훈련에 근거한다고 제안하였다. 잘 알려진 프롬, 스즈키 그리고 드 마티노(Fromm, Suzuki, & de Martino, 1970)가 공저한 『禪과 정신분석(*Zen-buddhism and Psychoanalysis*)』(김용정 역, 1992)은 그러한 대표적 결과다.

국내에서 적용되는 서구에서 개발된 다양한 상담 및 심리 치료의 이론들 중에서 이론의 창시자가 흥미를 갖고 동양사상을 자신의 이론에 접목한 시도가 문헌을 통해 나타난 것으로는 게슈탈트 치료를 제외하고는 거의 찾아볼 수 없다고 해도 과언이 아니다. 이러한 점에서 儒佛仙(유불선) 사상의 문화적 토양을 바탕으로 알게 모르게 형성된 우리 자신의 이해를 추구하는 것이 바람직하게 여겨진다. 우리가 동양 문화 속에서 살고 있는 한국인이라는 것을 분명하게 알 수 있는 것은 학문적으로 유불선 사상을 깊게 알지는 못하지만 그러한 내용이 서구인보다 쉽고 친근하게 우리에게 느껴지는 것을 통해서다. 그것은 우리가 문화적 동물이기 때문이다.

게슈탈트치료는 실존적 만남을 통해 자각을 확장하는 것이다. 게슈탈트치료는 대립되는 심리적 기능의 이해를 통해 전체성과 자각을 강조한다는 측면에서 동양의 음양이론과 禪 및 요가와 유사성을 가지고 있다. 게슈탈트치료의 창시자인 펄스가 지적한 것처럼, 게슈탈트치료는 동양의 음양이론, 禪과의 유사성을 갖기 때문에 문화적 관점에서 禪道(선도)에 익숙한 국내의 내담자들에게 서구 사람들에게는 어렵게 느껴진 게슈탈트치료를 적용하는 데 유용하리라 본다.

펄스가 주장한 많은 내용이 서양 문화에서는 이해하기 힘들고 혁신적인 것으로 여겨지기도 한다. 그러한 내용을 살펴볼 때 禪과 유사한 내용이 그의 철학과 방법에 기저를 이루고 있기 때문이라고 감히 말할 수 있다. 禪師(선사)와의 禪問答(선문답)을 통해 수도승이 갑자기 頓悟(돈오)를 얻는 것과 같이 상담자는 相談(상담)을 통해 내담자에게 그가 미처 발견하지 못한 자신의 잠재력과 새로운 삶의 지혜를 터득하도록 조력해야 할 것이다. 이러한 관점에서 여기에서는 禪과 게슈탈트치료와의 관계를 살펴보고자 한다.

1. 禪의 발달

禪宗(선종)은 양무제(The emperor Wu of Liang)가 통치한 시대

인 520년 경에 중국에 들어온 달마대사에 의해 개종되었는데, 宗旨(종지)는 다음과 같다(영문 번역은 Watts, 1957 참조).

禪의 宗旨

敎外別傳(교외별전) 경전 외에 따로 전해지는 가르침(Outside teaching; apart from tradition)

不立文字(불립문자) 문자에 의존함 없이(Not founded on words and letters)

直指人心(직지인심) 직접적으로 사람의 마음을 닦아서(Pointing directly to the human mind)

見性成佛(견성성불) 있는 그대로를 보면 부처가 된다(Seeing into one's nature and attaining Buddhahood)

이러한 종지에 따라 禪은 經典(경전)에 의지하거나, 또는 眞言(진언)이나 보살 등 남의 힘에 의해서 解脫(해탈)을 얻자는 것이 아니라, 스스로의 힘으로 자기의 본성을 보고 부처(Buddha)가 되자는 자력주의를 강조한다.

禪은 원래 불교의 三門(삼문, 敎, 律, 禪)의 하나로 정신을 가다듬어 번뇌를 버리고 진리를 깊이 생각하며 無我(무아)의 경지에 빠지는 것을 의미한다. 보통 參禪(참선, 선에 참여하는 것)이나 坐禪(좌선, 선에 임하는 방법)을 줄여 禪이라고 부른다. 禪을 언어학적로 분석해 보면 示[보다]와 單[하나]을 합친 단어로 "단지 하나를 본다."는 의미로 정신을 집중하여 번뇌를 버리고 오직 하나의 깨달음에 이르는 것을 내포하고 있다.

禪이 중국에서 확립되고 발달하는 데 중요하게 영향을 끼쳤던 사상은 노자와 장자에서 비롯된 道教(도교, Taoism)이다. 도교의 無爲自然(무위자연) 사상은 禪에 주요한 내용으로 흡수되어 있다는 것은 3조 감지선사(2조 혜가 스님이 승찬(Seng-ts'an)이라 이름지어 줌)가 지은 信心銘(신심명)에서 무위자연 사상이 분명하게 나타나는 것을 바탕으로 알 수 있다(이희익, 1972; Watts, 1957). 감지선사는 신심명에서 至道(지도)의 중요성과 더불어 "지혜로운 사람은 억지로 하려하지 않는다.(智者無爲)"는 점 등을 강조하였다. 불교는 比丘道(비구도)를 강조한 소승불교(Hinayana)와 菩薩道(보살도)를 추구하는 대승불교(Mahayana) 두 갈래로 나누어졌다. 禪은 종지에 나타난 것처럼 "모든 중생이 다 불성이 있다.(一切衆生 悉有佛性)"는 대승불교의 입장을 받아들여 발달하였다. 우리나라에 禪宗(선종)이 들어온 것은 신라 헌덕왕 때부터인데 아홉 파의 거의가 중국에 들어가 법을 배워와 九山禪門(구산선문)을 형성하였다(황성기, 1978; Watts, 1957).

禪道(선도)에서 중시하는 선문답의 실례를 살펴보자.

다음의 대화는 자기의 번뇌를 해결하고자 왼쪽 팔을 자른 후 가르침을 간청했던 2조 혜가스님(Hui-ko)과 달마대사(Bodhidharma)의 문답 내용이다(영문 번역은 Watts, 1957 참조).

혜가스님: 弟子心未安, 乞師安.

제자는 마음의 평화를 얻지 못했습니다. 선사께서 저의 마음이 평화를 갖게 해 주십시오(I have no peace of mind. Please pacify my mind.).

달마대사: 將心來爲汝安.

그대의 마음을 내 앞에 가져오너라. 그러면 내가 너의 마음을 평안하게 해 주리라(Bring out your mind here before me, and I will pacify it.).

혜가스님: 覓心了不可得.

제가 저의 마음을 아무리 찾아도, 그것을 발견할 수가 없습니다(When I seek my own mind, I cannot find it.).

달마대사: 爲汝安心竟.

그렇다면, 나는 너의 마음을 이미 평안하게 했노라(There!, I have pacified your mind.).

선문답의 이 순간에 혜가스님은 깨달음, 頓悟(돈오), 사토리(satori)에 이르렀다.

다음은 四祖(4조)인 도신스님(Tao-hsin)이 감지선사와의 선문답을 통해 깨달음을 얻은 내용이다.

도신스님: 乞與解脫法門.

스승이시여, 제발 해탈의 법문을 가르쳐 주십시오(What is the method of liberation?).

감지선사: 誰縛汝.

누가 그대를 구속하고 있는가?(Who binds you?)

도신스님: 無人縛.

저를 구속하는 사람이 아무도 없습니다(No one binds me.).

감지선사: 何更求解脫乎.

그런데 왜 너는 해탈을 추구하느냐?(Why then should you seek liberation?)

2. 게슈탈트치료

게슈탈트치료에서 펄스가 강조한 기본 철학은 상태주의(isism)에 자각(awareness)을 가미한 입장이다. 그는 자신이 조어한 용어, 즉 계산주의(aboutism), 강박주의(shouldism) 및 상태주의(isism)를 통해 철학적 입장을 설명하였다. 게슈탈트치료는 유기체의 지혜(wisdom of organism)와 자발성(spontaneity, nature, self-so-ness)을 믿으며 유기체에 의한 경험주의와 실험주의를 바탕으로 다양한 치료 기법을 사용한다. 프로이트가 해석(interpretation)을 강조한 반면, 펄스는 통합(integration)을 강조한다.

禪에서 直指人心 見性成佛(직지인심 견성성불)을 강조한 것처럼 게슈탈트치료의 주요 기법은 유기체가 직접적으로 접촉하여 하나의 자각 혹은 하나의 게슈탈트를 갖는 것에 근거한다. 게슈탈트치료를 지탱하는 가장 중요한 두 가지 지지 기반을 현재(now, present)와 과정(how, here)이라고 말한다. 지금-여기에서 진행되는 것에 집중하여 유기체가 가장 필요한 게슈탈트를 완성하는 것이 삶에 충실한 방법이다. 유기체가 필요로 하는 이러한 게슈탈트의 출현과 완성은 삶이 진행되는 동안 계속된다. 과거의 '미해결된 일(unfinished business)'이 현재의 게슈탈트의 완성에 방해가 된다면, 그리고 미래의 일에 대한 걱정이 현재의 게슈탈트의 완성에 장애가 된다면, 유기체의 지금-여기에서 진행되는 게슈탈트 완성을 위한 집중력이 감소된다. 펄스가 자신의 권태를 해결하기 위해 시도한 자서전적 저서 『쓰레기통의 안과 밖』에 나타난 내용은 게슈탈트치료의 기본적 입장을 잘 설명해 주고 있다.

3. 禪이 게슈탈트치료에 준 영향

게슈탈트치료의 창시자인 펄스는 와이츠(Paul Weisz)를 통해 禪에 대해서 알게 되었다. 와이츠는 의사로서 禪을 수도하였으며, 펄스와 그의 부인 로라(Laura Perls)에게 禪을 가르쳤다. 와이츠는 펄스에게 인정받는 재능 있는 게슈탈트치료자가 됐으며, 禪과 게슈탈트치료를 통합하려고 시도하였다. 펄스는 禪의 아이디어를 자신의 게슈탈트치료의 철학과 방법에 통합하는 것을 추구했다. 펄스는 禪의 지혜와 비도덕적 태도에 매력을 느꼈으며, 禪이 추구하는 것은 그가 이미 주장했던 강박적 행동에 대한 반대를 강화시켰다.

특히 禪이 강조하는 현재 지향성은 펄스가 게슈탈트치료에서 강조하는 현재의 자각과 유사성을 가진다. 나란조(Naranjo, 1970)는 禪이 게슈탈트치료에서 현재를 중시하는 데 기여했다고 지적하였다.

禪에서 사용되는 역설의 개념은 우리가 우리 자신을 변화시키려고 노력하는 것을 멈출 때 변화가 일어난다는 펄스의 역설적 개념과 부합한다. 펄스는 禪에 매력을 느꼈을 뿐만 아니라 자신의 자각 연습이 서양인에게 일종의 禪과 유사한 자기 변형을 제공한다고 믿었다. 펄스의 禪에 대한 매력은 그가 일본 도쿄를 방문하여 禪을 공부하게 이끌었다. 또한 펄스는 1950년대와 1960년대에 禪에 대해 탁월한 경지에 도달한 와츠(Alan Watts)에 의해 영향을 받았다.

4. 禪과 게슈탈트치료의 관계성

禪과 게슈탈트치료는 둘 다 급진적 경험주의(radical empiricism)와 급진적 실존주의(radical existentialism)로 간주될 수 있다(Joslyn, 1975). 게슈탈트치료의 주요한 기법에서 사용되는 '빈 의자'는 선도에 있는 명상자(meditator)에게 직면한 텅 빈 벽이나 마루와 같다. 게슈탈트치료와 선의 모든 기법은 단순히 지금-여기의 과정으로서 자신과 세계에 대한 자각을 유도하기 위한 것이다.

조슬린(Joslyn, 1975)은 배경의 통일적 관점으로부터 전경과 배경의 과정을 지각하는 것이 禪의 방법이라고 지적한다. 펄스(Perls, 1969c)는 일본의 禪師(선사)가 그에게 물었던 "바람의 색깔이 무엇인가?"라는 話頭(화두)에 대한 답변으로 선사에게 다가가서 그의 얼굴에 대고 입으로 바람을 불었다. 펄스는 이러한 그의 답변이 "바람의 색깔은 당신이 느끼는 것이다."라는 점을 지적하며 그의 답변이 게슈탈트적이라고 설명하였다. 즉, 이러한 펄스의 화두에 대한 답변은 "조작된 신념을 버리고 감각으로 돌아오라."

는 지금-여기의 과정에서 자기자각을 강조한 것이다.

게슈탈트치료자는 내담자가 자기조절 과정으로 접촉에 있도록, 그러한 자기조절 과정으로서 자신과 세계를 실현하도록, 그러한 과정을 방해하는 것을 멈추도록, 강박적인 생각으로 명백히 존재하는 상태를 자각하는 것을 방해하는 것을 멈추도록 한다. 게슈탈트치료자는 선사처럼 가르칠 것이 없다는 것보다 다른 사람을 가르칠 아무것도 가지지 않는다. 모든 게슈탈트와 禪의 기법은 단순히 지금-여기의 과정으로서 단순히 자기 자신의 실현을 야기하기 위한 것이다(Joslyn, 1975, p. 257).

"만약 당신이 거리에서 부처를 보면, 그를 죽여라(If you see the Buddha on the street, kill him.)."라는 관점은 대승불교적인 입장을 이야기한 것이다. 즉, 禪과 게슈탈트치료에서 강조한 자신 내부에 있는 잠재력을 개발하는 것이 중요하다는 것으로 환경지지보다는 자기지지의 중요성을 강조한 내용이다. 자기를 이해하고 찾는 노력이 문제 해결의 주요한 방법이다.

펄스가 게슈탈트 기도문에서 지적한 "나는 나이고, 너는 너다." 혹은 "장미는 장미이고, 장미는 장미다."라는 표현은 한편으로 그가 많은 사람들에게 구루(Guru, 禪師(선사))로 불렸던 점을 고려하면 禪道(선도)의 입장에서 이해하는 것이 바람직하게 여겨진다.

다음은 인구에 회자되는 이 성철스님의 法語(법어)다 .

두렷이 깨달음 널리 비치니
고요함과 없어짐이 둘 아니로다.
보이는 만물은 관음이요

들리는 소리마다 묘한 이치로다.
보고 듣는 이것 밖에 진리가 따로 없으니,
아아, 여기 모인 대중은 알겠는가?
산은 산이요
물은 물이로다(성철스님, 1993).

自己를 바로 봅시다(見性).
자기는 원래 구원되어 있습니다.
자기가 본래 부처입니다.
자기는 항상 행복과 영광에 넘쳐 있습니다.
극락과 천당은 꿈속의 잠꼬대입니다.
자기를 바로 봅시다.
자기는 시간과 공간을 초월하여 영원하고 무한합니다.
설사 허공이 무너지고 땅이 없어져도 자기는 항상 변함이 없습니다.
자기를 바로 봅시다.
有形과 無形할 것 없이 우주의 삼라만상이 모두 자기입니다.
그러므로 반짝이는 별, 춤추는 나비 등등이 모두 자기입니다(성철스님, 1993).

5. 禪의 중도와 게슈탈트치료의 통합

中道(중도)는 禪에서 강조하는 가장 중요한 개념이다. 게슈탈트치료에서 강조하는 가장 중요한 개념은 통합(integration)이다. 禪

과 게슈탈트치료의 핵심적 개념인 중도와 통합에 대한 이해는 양극적인 대립으로 자기고문 게임(self-torture game)을 하며 갈등하는 내담자의 문제를 돕는 데 기여하리라 본다.

中道法門(중도법문)의 예 不生不滅(불생불멸), 不增不減(불증불감), 色卽是空空卽是色(색즉시공공즉시색)

우주의 실상은 眞空(진공)인 동시에 바로 妙有(묘유)입니다. 空(공)인 동시에 假(가)요, 공도 아니고 가도 아니기 때문에 中道(중도)입니다(성륜불서간행회, 1995). 中道(중도)는 상대 양변을 떠나서 그 상대 양변이 융합하는 바로 모순이 융합되는 세계를 중도의 세계라고 합니다. 흔히 "중도를 중간이다."라고 하는데 중도는 중간이 아닙니다. 선과 악이 대립되어 있는데, 중도법문에 의하면 그 선악을 떠나서 선악이 융통되는 것입니다. 선과 악이 서로 통해 버리는 것입니다. 중도란 모든 대립을 떠나서 그 대립이 융화되어 서로 합하는 것입니다. 그러므로 有無合故(유무합고)로 名爲中道(명위중도), 즉 유와 무가 서로 합하는 것을 중도라 이름 한다고 부처님께서 말씀하셨습니다(성철스님, 1993).

禪 훈련에서 중요한 측면은 자각을 위한 훈련으로, 그것은 현재 진행되는 것을 항상 자각할 수 있도록 실제로 중도(center)를 갖는 것을 포함한다. 궁극적인 자각은 계산 기능(사고)이 사라지고, 직관이나 자각이 실제로 감각으로 느껴질 정도로 밝고 명료할 때만 일어날 수 있다. 동양철학에서 空心(공심, empty mind)은 최고의 찬사를 받을 만한 가치가 있다. 그러므로 "당신의 정신을 버리고 당신의 감각에 귀를 기울여라." 펄스는 이 말을 당신이

세계와 자신에 대해서 가장하고 사려하는 것을 포기하고 지금과 여기의 즉각적인 경험으로 돌아오라는 뜻으로 얘기하였다(Perls, 1970). 게슈탈트치료에서는 게슈탈트 순환을 통해 끊임없는 통합이 자연스럽게 이루어지는 유기체의 지혜를 강조한다. 통합되지 않아 '미해결된 일'로 남아 있는 문제들은 우리나라 사람들이 恨(한)이라고 하는 것과 유사하다고 볼 수 있다.

모든 심오한 종교, 특히 禪불교 혹은 훌륭한 치료의 과업은 자신의 꿈, 특히 악몽으로부터 깨어나는 깨달음(great awakening; 자신의 감각에 돌아오는 것)이다. 배우고 성장하는 禪道(선도)에 초점을 둔 게슈탈트치료는 서양 사람들에게 자신의 환경에서 찾기 힘든 과정의 가치를 경험하게 하는 딜레마를 제공한다. 게슈탈트치료는 자주 서구 문화에서 성취하기 힘든 통합, 자유 그리고 사토리를 얻게 할 수 있다(Shepherd, 1970, p. 238).

게슈탈트치료는 요가 훈련과 유사성을 가진다. 요가는 신체 명상을 통해 하나에 집중할 수 있게 하는 禪의 방법이다. 펄스는 요가와 게슈탈트치료의 관계를 다음과 같이 설명하였다. "우리가 지능을 완전히 무시하는 것은 아니지만, 우리의 기법은 지적 절차가 아니다. 게슈탈트치료는 그것이 추구하는 목적이 완전히 다르지만 요가 기법과 유사하다. 요가에서 다른 기능들의 발달을 위해서 유기체의 활기를 약화시키는 것이 두드러진 역할을 하는 반면에, 게슈탈트치료의 목적은 유기체를 보다 충만한 생기를 갖도록 깨우는 것이다."(Perls, 1969a, p. 186.) 이러한 펄스의 지적이 요가에 대한 그의 충분한 이해를 바탕으로 한 것인지에 대해서는 의구심이 간다. 하지만 그의 집중력 치료(펄스는 그의 첫 저서인 『자아, 기아 그리고 공격성』에서는 게슈탈트치료라는 용어를 사용하지 않았다.)는 명상 및 요가 훈련과 많은 관련성을 보여 준다. 요가는 신체의 과학, 신체의 기능을 지배하는 에너지 수준의 이해, 정신과 보다 높은 의식의 상태에 대한 연구뿐만 아니라 우주의 구조와 실체에 대한 전반적 철학에 관련한다. 요가에서 명상의 일곱 가지 중요한 차크라(chakra, 통합의 센터 혹은 집중력의 장소)는 다음과 같다.

근원 차크라 두려움과 편집증

성기 차크라 감각성과 성 정체성

태양 차크라 지배와 복종

심장 차크라 정서로부터 공감까지

목 차크라 양육과 창의성

제3의 눈 차크라 직관적 지식의 자리

왕관 차크라 의식의 가장 높은 상태

인생 각본의 구조는 업보(karma)나 운명으로 보통 말해지지만, 그 대부분은 어떻게 자학적이었는가, 얼마나 무익한 자기개조 게임을 해 왔는가, 또 업적을 쌓는 데 얼마나 안달해 왔으며 흥미를 가졌는가 하는 것과 관계가 있다. 게슈탈트치료의 목적은 이 엉망진창이 된 인생 각본의 줄거리를 원래의 상태로 다시 조직화하는 것이다(Perls, 1973).

禪과 게슈탈트치료는 변화의 역설로 무위와 자연을 강조한다. 우리 모두는 변화의 생각에 골몰한다. 대부분의 사람들은 프로그램을 만들어서 변화하려고 한다. 그들은 변하기를 원한다. 나는 이렇게 되어야 한다고 자신을 강요한다. 신중한 변화의 생각은 결코, 결코, 결코 기능하지 않는다는 것이다. 당신이 "나는 변하기를 원한다."라고 말하고 프로그램을 만들자마자, 당신이 변하지 못하도록 방해하는 반대 힘이 생성된다. 변화는 스스로 일어나고 있다. 만약 당신이 당신의 본성으로 돌아가면, 당신이 있는 그대로를 수용하면, 변화 그 자체는 자동적으로 일어난다.

제2부

게슈탈트치료의 적용

게슈탈트치료의 과정과 목표

신이여, 저에게
내가 할 수 없는 일들을 수용할 침착함을,
내가 할 수 있는 일들을 변화할 용기를,
그리고 이 둘의 차이를 알 지혜를 갖게 하옵소서.

-Reinhold Niebuhr-

차례

제7장

게슈탈트치료의 과정과 목표

게슈탈트치료의 목표는 성장이다. 성장 과정은 자각이며, 다른 자기 주도적인 행동으로 실험을 기꺼이 하는 것이다. 게슈탈트치료에서는 개인이 자기발견을 통해 성장할 것을 강조한다. 어떤 것도 개인의 자기조절 능력을 대체하지 못한다. 게슈탈트치료자는 내담자에 대한 어떤 종류의 권위 입장을 반대한다. 치료자는 이끌거나, 안내하거나, 충고하거나 혹은 다른 방식으로 내담자의 책임을 빼앗는 어떤 시도도 하지 않는다. 게슈탈트치료자의 태도는 개개인이 자신에게 필요한 것과 그것을 얻는 방법을 가장 잘 안다는 것이다. 심지어 내담자가 어쩔 수 없는 상황에 빠져 있을 때조차 그가 어떤 다른 사람보다 자신의 해결을 더 잘 찾을 수 있다고 믿는다. 치료자는 개개인이 자신의 실존의 중앙에 있고 그 개인에게는 세계에서 그가 가장 중요한 사람이라는 전제를 수용한다. 모든 사람의 통합과 개별성을 존중하는 이런 태도가 필수적이다. 치료자는 게슈탈트치료의 철학이 가장 쉽게 자각 증진, 성장 향상 경험으로 진화할 수 있는 환경을 창조하는 유일한 목적을 위해 기본 규칙을 사용한다.

게슈탈트치료자의 목표는 통합의 과정을 통해 인간의 잠재력을 증가시키는 것이다. 치료자는 개인의 진솔한 관심, 욕망 및 욕구를 지지함으로써 이러한 목표를 달성한다.

1. 미해결 과제와 회피

개인에게 어떤 욕구가 출현하여 해결하지 못해 게슈탈트를 완성하지 못하면 그는 미해결 과제를 갖게 된다. 이러한 미해결 과제는 분노, 증오, 노여움, 고통, 불안, 죄책감, 회한과 같은 표현되지 않은 감정으로 나타난다. 미해결 과제나 표현되지 않은 정서가 지금 상황에서 지각되거나 다루어지지 않는다면 그것들은 현재의 자각과 효과적인 기능을 계속 방해한다. 이러한 미해결 과제는 기본적으로 해결을 추구한다. 만일 특정 시간 동안 계속적인 자각에 머물러 있다면 의미 있는 미해결 과제가 출현할 것이다. 내담자는 경험하는 것과 회피하는 것을 자각함으로써 자신의 현재 상황에 충격을 준 미해결 상황을 해결할 수 있다.

미해결 과제와 관련된 개념이 회피다. 회피는 사람들이 미해결 과제를 직면한다거나 미해결 상황과 관련 있는 불편한 정서를 경험하는 것을 방해하는 데 사용하는 수단이다. 대부분의 사람들은 변화에 필요한 것을 실행하기보다는 고통스러운 정서를 경험하는 것을 피하려고 한다. 그래서 그들은 옴짝달싹할 수 없게 되고,

난국을 극복할 수 없으며, 그들의 성장 가능성을 방해한다.

파국적 기대는 우리의 삶을 방해한다. 왜냐하면 우리는 성장을 요구하는 위험을 감수할 필요성을 회피하는 데 그것들을 사용하기 때문이다. 그래서 게슈탈트치료는 전에는 결코 직접적으로 표현한 적이 없는 강렬한 감정을 상담회기의 현재 상황에서 표현하도록 격려한다.

상담 회기 중에 내담자가 공허감과 무력감을 말하면, 상담자는 이러한 불편한 감정에 머물러 있도록 격려한다. 심지어는 그것들을 과장해서 "공허하게 되라." "무력해지라."라고 할 수도 있다. 만일 내담자가 그의 깊은 감정을 참아 낼 수 있고 진정으로 경험할 수 있다면, 그는 이런 무력감과 공허가 그를 붕괴시키지 않을 것이라는 것을 알게 된다. 공포는 우리의 변화와 성장에 필요한 어떤 일을 하지 못하도록 한다. 상담자는 내담자를 회피하고 도피하게 하는 공포를 직면해서 경험하도록 함으로써 통합과 성장으로 이끈다.

2. 자각과 책임감

자각이란 우리가 생각하고, 느끼고, 감지하고, 행동하는 것을 인식하는 과정이다. "자각은 자신과 만나기 위한 끊임없는 수단이다. …… 거기에는 필요할 때는 언제든지 솟아날 준비가 되어 있는 지하수처럼 신선하고 생명력 넘치는 경험이라는 것이 있다."(Polster & Polster, 1974) 게슈탈트치료자는 지금-여기에서 내담자의 자각을 촉진하기 위해 자주 “당신은 무엇을 자각합니까?” “당신은 무엇을 하고 있습니까?” “당신은 무엇을 느끼고 있습니까?” “당신은 무엇을 원합니까?” 등의 질문을 한다.

게슈탈트치료 집단구성원들의 과업은 자신의 경험 구조에 주의를 갖는 것이고, 그러한 경험의 무엇을, 그리고 어떻게 자각할 것인가에 있다. 정신분석 접근의 관심이 어떻게 할 것인가보다는 무엇을/왜 해야 하는가에 있는 반면, 게슈탈트치료자는 ‘왜’ 질문은 거의 하지 않고, ‘무엇’과 ‘어떻게’로 묻는다. 펄스(Perls, 1969b)는 게슈탈트치료에서 ‘왜’는 좋지 않는 단어라고 했다. 왜냐하면 결코 이해하는 것 없이 합리화나 명석한 해명을 하려고 하기 때문이다. 대조적으로 펄스는 즉시적인 상황에서 경험하는 것과 현재의 자각을 증가시키기 위해 어떻게 경험하는가에 초점을 둔다. 즉, 경험의 흐름에 머무름으로써 내담자는 세계에서 자신이 어떻게 기능하는가를 발견할 것이다.

우리의 존재에 대해 현재 중심적인 지금-여기에 대한 자각을 얻기 위해서는 내담자의 움직임, 자세, 언어 유형, 목소리, 몸짓, 타인과의 상호작용에 주목하는 외현적인 것을 강조한다. 많은 사람들이 외현적인 것을 보지 못하기 때문에 게슈탈트치료자는 내담자가 어떻게 자신의 감각을 전적으로 사용할 것인지를 배우고, 외현적인 것을 어떻게 회피하고 있는지 알게 하며, 지금-여기에 개방하는 것에 도전시킨다.

상담자는 게슈탈트치료를 통해 내담자가 경험하고 행동하는 것은 무엇이든 타인에게 탓을 돌리지 않고 자신이 책임을 지도록 한다. 개인의 책임감은 의무를 수행하는 것과 다르다. 성숙한 인간은 타인의 기대에 부합하려 하지 않고, 타인에게 보은하면서 살려고 노력하지도 않는다. 그들은 자신의 기대에 맞추어 살고, 진실로 자기 자신이 되는 것에 관심이 있다.

우리가 개인적인 책임감을 증진시키는 방법 중의 하나는 우리가 타인에게 자신의 책임을 떠맡기는 방식을 자각하는 것이고, 타인이 우리에게 기대하리라 생각하는 것으로부터 우리를 분리시켜서 자신의 기대로 살 수 있는 현명한 결정을 하는 것이다.

3. 상담 과정

게슈탈트치료에서 적용되는 상담 과정은 일반적으로 내려진 절차가 없고 많은 상담자들이 각기 다르게 내담자의 변화를 위해 조력하고 있기 때문에 정확하게 설명하는 것은 쉽지 않다.

게슈탈트치료의 과정은 크게 두 단계로 구분할 수 있다(Yontef, 1995, pp. 277-282). 첫 번째 단계는 상담자와 내담자가 진솔한 접촉에 근거한 관계 형성을 하고, 내담자로 하여금 현재 무엇이 어떻게 진행되는가를 자각하도록 촉진하는 단계다. 두 번째 단계는 내담자의 삶을 불편하게 하는 심리적 문제를 실험과 기법을 통해 경험하도록 함으로써 통합하여 균형을 이룰 수 있도록 하는 단계다.

게슈탈트치료 발달에 공헌한 폴스터(Polster, 1987)는 변화 과정을 다음과 같은 세 단계로 제안하였다.

발견 단계 이 단계에서 내담자는 이전에는 깨닫지 못했던 자신,

문제 및 상황에 대한 새로운 관점을 발견하게 된다.

조절 단계 이 단계에서 내담자는 자신의 오래된 정체감을 바꿈으로써, 자신이 새로운 선택을 하는 것이 가능하고 새로운 방식으로 시도할 수 있다는 것을 알게 된다. 이러한 과정에서 상담자의 치료적 지지가 매우 중요하다.

동화 단계 이 단계에서 내담자는 새로운 행동을 선택하고 시도하는 것에서 자신의 환경을 변화하는 방법을 학습하는 것으로 발전한다. 이러한 과정에서 내담자는 타인에게서 자신이 원하는 것을 얻는 데 적절한 자기표현을 하게 된다.

게슈탈트치료를 적용하는 상담자가 알아야 할 중요한 개념이 게슈탈트 경험 순환(gestalt experience cycle)이다. 이러한 개념의 정확한 이해는 내담자의 심리적 문제인 미해결 과제가 어떻게 해서 비롯되었는가를 파악하는 데 도움이 될 것이다. 여기서는 골드스타인, 크래스너 그리고 가필드(Goldstein, Krasner, & Garfield, 1989)가 구체적으로 제안한 게슈탈트 경험 순환을 바탕으로 설명하고자 한다(pp. 24-28).

게슈탈트 경험 순환 게슈탈트치료에 따르면, 개인은 배경으로부터 분명한 게슈탈트를 형성해 내어 전경으로 떠올리고, 이를 환경과의 상호작용을 통해 해결하여 배경으로 사라지게 하고, 다시 새로운 게슈탈트를 형성하여 전경으로 떠올리는 순환 과정을 되풀이한다. 즉, 개인은 게슈탈트 형성과 해소의 순환을 되풀이한다. 우리의 유기체적 삶은 바로 이러한 끊임없는 과정인 게슈탈트 경험 순환이라고 할 수 있다. 이렇게 게슈탈트가 생성되고 해소되는 순환 과정은 여덟 단계로 다음과 같이 일어난다.

① 휴식 → ② 욕구출현 → ③ 자각 → ④ 선택 →
⑤ 접촉 → ⑥ 동화 혹은 거절 → ⑦ 만족 → ⑧ 철회

이러한 과정이 반복되는 것을 게슈탈트 경험 순환이라고 한다.

예를 들어, 개인이 배고픔의 상태에 있는 경우를 게슈탈트 경험 순환과 관련하여 설명하면 다음과 같다.

첫째, 개인이 일을 한 후 **휴식**에 있다. 유기체가 휴식에 있어 장이 변별되지 않은 상태이며 배고픔은 배경 상태에 있다.

둘째, 개인이 배고픔을 느껴 **욕구출현**이 나타난다. 감각 혹은 각성 상태로, 유기체의 욕구나 감정이 신체감각의 형태로 나타난다.

셋째, 개인은 배고픔에 의해 무엇인가를 먹을 필요를 **자각**한다. 즉, 개인은 환경을 조사하여 욕구를 충족시키기 위해 어떤 가능성이 있는가를 생각한다. 즉, 자각을 통해 게슈탈트를 형성하여 전경으로 그것을 가져온다.

넷째, 개인은 자신의 처지에서 가능성, 어떤 음식을 먹을 것인가를 **선택**한다. 개인은 자신의 욕구를 해소하기 위해 에너지를 동원한다.

다섯째, 개인은 행동으로 옮겨 음식을 먹는 **접촉**이 일어난다. 즉, 개인은 내적 욕구 충족을 위해 음식을 접촉하는 행동을 해야

한다.

여섯째, 개인은 유기체로서 흡수한 음식을 동화시키거나 음식이 부적절한 경우 거절한다.

일곱째, 개인은 동화 혹은 적절한 거절을 통해 만족을 경험한다. 이러한 만족은 욕구를 해소시키는 것으로 배고픔의 게슈탈트를 완성한 것을 의미한다.

여덟째, 개인은 배고픔의 게슈탈트를 완성했으므로 새로운 게슈탈트를 형성하기 위한 철회의 상태에 있게 된다.

개인은 이러한 게슈탈트 경험 순환을 반복함으로써 자신의 욕구를 자각하며 접촉을 통해 해소하는 과정을 되풀이한다. 건강한 유기체는 이렇게 환경과의 교류를 통하여 게슈탈트 경험 순환을 자연스럽게 반복하면서 성장해 간다. 그러나 만약 우리가 이러한 게슈탈트 경험 순환을 봉쇄 · 방해 · 차단한다면 혹은 환경이 필요한 결과를 제공해 주지 못한다면, 우리는 욕구를 충족시키지 못하고 미해결 과제를 경험하게 된다.

4. 상담 목표

게슈탈트치료의 일차적 목표는 내담자가 성숙하여 자신의 삶을 책임지고 접촉을 통해 게슈탈트를 완성하도록 조력하는 것이다. 또 다른 목표는 내담자가 느끼는 불안을 삶의 부분으로서 수용하고 처리하도록 조력하는 것이다. 게슈탈트치료자는 유기체가 자기조절 기능을 수행할 수 있다는 유기체의 지혜를 믿는다. 타인과 관계를 맺으며 삶을 살아가면서 너무 계산적이거나 강박적으로 빠지지 않고 있는 그대로 자신을 수용하면서 살아갈 것을 강조한다. 개인이 건강한 삶을 영위하기 위해서는 전체로서 있는 그대로 자기를 수용하는 것이 필요하다. 같은 차원의 양극적인 상반된 힘의 마찰에 따른 자기고문 게임을 멈추고 서로를 인정하고 수용하여 통합을 이루는 것이 요구된다.

펄스는 당위성을 강조하는 당위주의를 반대한다. 불완전한 인간이 당위성을 갖고 사는 것은 비합리적 신념에 따른 행동이다. 그는 역시 개인이 계산주의에 빠지는 것을 반대한다. 대인관계에서 자신에게 하는 것처럼 타인을 존중하는 것이 요구된다. 게슈탈트치료는 개인이 실존적 존재로서 장 속에서 접촉을 통한 경험을 강조하는 경험적 치료다. 유기체는 접촉을 통한 경험을 통해 자각한다.

게슈탈트치료자는 내담자가 환경지지를 버리거나 탈피하고 자신의 삶을 책임지는 자기지지에 의해서 살아가도록 조력한다. 당신이 하는 당신의 모든 실제적 행위에 대해 당신에게 책임이 있다는 것을 강조한다. 당신이 인지적으로 고려하는 모든 생각에 대해 당신에게 책임이 있다는 것을 강조한다. 그리고 당신이 느끼는 당신의 모든 감정에 대해 당신에게 책임이 있다는 것을 강조한다. 비록 어떤 사람이나 사건이 당신에게 부분적으로 영향을 미칠지언정 누구도 그리고 어떤 외적 환경도 당신의 사고, 감정 및 행위에 대해 책임이 없다. 당신이 삶의 주체로서 당신의 삶에 대한 모든 책임을 당신이 져야 한다는 것을 강조한다.

나는 나이고 당신은 당신이다. 나의 인생은 나에게 책임이 있고 당신의 인생은 당신에게 책임이 있다. 이런 점에서 펄스는 “미친 사람은 ‘내가 에이브러햄 링컨이다.’라고 말하고, 신경증적인 사람은 ‘내가 에이브러햄 링컨이라면 좋겠다.’라고 말하고, 건강한 사람은 ‘나는 나이고 당신은 당신이다.’라고 말한다.”라고 하였다.

상담자는 게슈탈트치료를 통해 내담자가 에너지의 집중을 통해 하고자 하는 일을 성취할 수 있도록 조력한다. 심리적 문제를 가진 많은 내담자에게 에너지의 집중을 방해하는 주요한 내용이 이전에 완성하지 못한 미해결 과제다. 이러한 미해결 과제가 과거에 일어났지만 내담자에게 중요한 사건이었다면 아직도 그의 삶에 영향력을 행사하고 있다고 볼 수 있다. 상담자는 내담자가 과거에 가졌던 미해결 과제를 현재로 가져와 그것을 충분히 이해하고 해결하게 함으로써 그가 과거의 어떤 일에 집착하지 않고 자신의 현재의 일에 집중할 수 있게 한다. 예를 들면, 이혼을 한 남자가 계속해서 전 부인 때문에 자신의 인생이 실패로 끝났다는 생각을 하면서 자신의 당면한 문제에 열중하지 못한 경우다. 남녀에게 결혼은 중요한 사건이다. 이혼은 당사자에게 치명적인 사건이다. 평생을 인생의 동반자로 살자는 언약과 함께 시작한 결혼생활의 끝이 이혼이다. 개인이 이미 일어나 버린 사건인 이혼의 굴레에 계속해서 사로잡혀 있다면 그것은 미해결 과제로서 그의 삶을 계속해서 괴롭힐 것이다. 새롭게 주어진 상황, 새롭게 맞이하는 오늘, 새롭게 겪게 되는 경험에 당신의 에너지를 집중해서 사용하여 삶을 충만하게 할 수 있도록 하기 위해서 당신을 괴롭히는 과거의 미해결 과제를 정리하라.

게슈탈트치료자는 내담자가 가진 다양한 양극성에 대한 자각의 확장을 촉진한다. 양극성의 어느 한쪽을 지나치게 의식하거나 강조하는 내담자를 돕는데, 상담자는 그가 자각하지 못한 다른 한 쪽을 알아차리도록 한다. 그리고 내담자가 가진 강자-약자의 자기고문 게임이나 반복적인 갈등을 멈추게 하고, 서로가 화해와 이해를 통해 통합을 이루도록 한다.

게슈탈트치료자는 전체가 단순히 부분의 합이라는 가정에 대조되는 "전체가 부분을 결정한다."는 가치를 굳게 믿는다. 따라서 상담자는 전체적인 조망하에서 내담자를 변화하게 하는 데 필요한 모든 고려가 역동적으로 이루어지도록 세심한 주의를 기울여야 한다.

당신은 이 순간에 무엇을 자각하고 있는가? 당신이 외부에서 오는 자극을 민감하게 알아채고 접촉하라. 당신의 신체 내부에서 진행되는 것을 민감하게 알아채고 접촉하라. 그리고 당신의 인지적 기능을 통해 환경과의 직접적 접촉이 아닌 환상적 접촉을 활성화하라. 이러한 노력은 당신이 갖는 잠재력을 실현화하게 할 것이다.

요약하면, 게슈탈트치료의 목표는 내담자가 회피하거나 두려워하고 갈등을 겪는 것과 같은 모든 심리적 문제를 접촉을 통한 자각으로 통합을 달성하도록 하는 것이다.

5. 게슈탈트치료의 기본 규칙

게슈탈트치료자는 내담자에 대한 어떤 종류의 권위 입장을 반대한다. 상담자는 이끌거나, 안내하거나, 충고하거나 혹은 다른 방식으로 내담자의 책임을 빼앗는 어떤 시도도 하지 않는다. 상담자의 태도는 개개인이 자신에게 필요한 것과 그것을 얻는 방법을 가장 잘 안다는 것이다. 즉, 심지어 내담자가 어쩔 수 없는 상황에 빠져 있을 때조차 그가 어떤 다른 사람보다 자신의 해결을 더 잘 찾을 수 있다고 믿는다. 상담자는 개개인이 자신의 실존의 중앙에 있고 그에게 세계에서 그가 가장 중요한 사람이라는 전제를 수용한다. 모든 사람의 통합과 개별성을 존중하는 이런 태도가 필수적이다. 상담자는 게슈탈트치료의 철학이 가장 쉽게 자각 증진, 성장 향상 경험으로 진화할 수 있는 환경을 창조하는 유일한 목적을 위해 기본 규칙을 사용한다.

여기서는 개인상담 및 집단상담에 있는 게슈탈트치료에서 상담자와 내담자에게 강조되는 기본 규칙에 대해 그린월드(Greenwald, 1978)가 제안한 내용을 바탕으로 살펴보고자 한다.

자각에 깨어 있어라 자각이 없으면 아무것도 없다. 개인이 자신의 자각의 흐름을 아는 것은 게슈탈트치료 방법의 핵심적 측면이다. 상담자는 내담자에게 순간순간에 자신이 경험하는 것을 알아차리도록 촉진한다. 상담자는 내담자로 하여금 사고 및 사색에 반대되는 것으로서 비지적인 자각, 즉 오관을 통한 경험에 의한 자각을 할 것을 강조한다. 상담자는 내담자에게 자신 내부 및 환경에서 비롯된 경험에 대한 반응, 정서, 감각적 자료에 초점을 두도록 요청한다. 특히 상담자는 내담자가 지금-여기에서 피하거나 두려워하고 있는 것을 자각하도록 권장한다.

현실은 지금-여기다 게슈탈트치료에서 과거나 미래는 환상으로 고려되기 때문에 현실에 접촉하는 것은 지금-여기에서 일어나고 있는 것을 접촉하는 것이다. 게슈탈트치료를 적용한 집단상담을 운영하는 상담자는 모든 구성원이 얘기할 때 현재 시제로 말하도록 요청하는 것을 규칙으로 정해서 사용하도록 한다. 다양한 기법이 이러한 규칙을 실행하는 데 사용된다. 즉, 상담자는 게슈탈트치료 기법을 사용해서 내담자가 자신의 과거에 일어났던 어떤 일에 대해 얘기할 때 그러한 기억을 현재로 가져와서 현재 일어나고 있는 것처럼 진술하도록 한다. 예를 들면, 내담자가 어린 시절 아버지와의 관계를 언급할 경우, 상담자는 빈 의자 기법을 적용해서 내담자로 하여금 그의 아버지가 빈 의자에 앉아 있다고 가정하고 과거에 아버지와의 관계를 현재 입장에서 대화를 해서 생생하게 경험하도록 한다. 역시 내담자가 미래에 대해 생각하는 환상에 대해서도 현재로 가져와서 접촉하도록 촉진한다.

개인이 말하고 행동하는 모든 것은 그의 일부다 개인이 나타내는 모든 생각, 감정, 언어적 표현, 행동 등은 현 시점에서 그의 정체감에 대한 표현이다. 내담자로 하여금 자신의 정체감을 보다 많이 자각하도록 하기 위해, 상담자는 내담자로 하여금 그가 말하고 행동하는 모든 것이 자신에게 속하고 책임이 있다는 것을 끊임없이 강조한다. 이러한 목적을 달성하기 위해 상담자는 내담자로 하여금 자신의 추상적인 내용이나 환경적 진술을 피하도록 요청하고 가능하면 모든 진술을 1인칭으로 말하도록 한다. 예를 들면, 내담자가 "나의 가슴이 몹시 떨린다."고 말하는 경우에 "내가 몹시 떨린다."로 바꾸어서 말하도록 요청한다. 역시 내담자가 3인칭이나 2인칭을 사용해서 자신이 경험하는 것을 소유하지 않고 타인에게 책임전가를 시도하는 경우에 그러한 표현을 1인칭을 사용해서 진술하도록 한다. 예를 들면, 내담자가 "그가 나를 화나게 한다." 혹은 "너는 매사에 비판적이다."라고 진술한 경우에 "나는 그가 하는 행동으로 화가 난다." 혹은 "나는 너의 비판적 표현에 평가받고 있는 것 같아 기분이 씁쓸하다." 등으로 바꾸게 한다.

의미 있는 대화를 하라 집단상담에서 참여자들 간의 상호작용은 상대방에게 직접적인 자기진술로 이루어지도록 촉진된다. 각 개인은 타인에게 자신에 대해 진술한다. 의미 있는 대화는 누군가가 다른 사람에게 말하는 내용이 상대방의 반응에 반영된다는 점에서 일련의 1인칭 진술을 수반한다. 결과는 계속되는 피드백이다. 그리고 서로가 상대방에게 반응하고 진실로 그를 경청하고 있다는 것이 두 사람의 반응에서 명백하게 나타난다.

1인칭 진술 원리의 핵심적 측면은 개인이 자기표현의 목적을 위해 일차적으로 자신의 진술을 한다는 것이다. 이러한 것이 그의 태도일 때, 그는 마치 자신의 진술의 끝에 어떤 종결이 있는 것처럼 표현한다. 그는 완결되어 만족감을 느낀다. 어떤 사람은 자신이 말했던 것에 보통 호의적인 반응을 원하지만, 상대방이 어떻게 반응하는가는 진술하는 사람의 특권이다. 진솔한 대화에서, 누구도 타인에게 어떤 것을 거래하려고 하지 않는다. 개인이 선택한 대로 반응하거나 전혀 반응하지 않는 것은 타인의 권리로서 존중된다.

잡담하지 말고 직접 상대방에게 얘기하라 잡담하지 않는 것은 다른 사람에 대해서 말하는 것에 적용된다. 접촉과 상호작용의 느낌을 향상하기 위해, 개개인은 다른 사람에게 직접적으로 진술하도록 요청된다. 예를 들면, 다른 집단구성원에 대해 집단상담자에게 "그가 너무 자기방어를 하면서 얘기하는 것이 나를 화나게 한다."고 말하면, "나는 당신이 자기방어를 하면서 말하는 것에 화가 난다."로 바꾸어 말하게 한다. 즉, 집단상담자는 그 사람이 직접적으로 그를 화나게 하는 집단구성원에게 진술하도록 요청한다. 현재 자리에 없는 제3자에 대해 얘기하는 것을 피하기 위해, 다양한 역할연기 기법이 자리에 없는 제3자가 실제 그 자리에 있는 것처럼 가정하고 그 사람에게 말할 수 있도록 사용된다.

가능하면 질문을 하지 마라 특별한 경우를 제외하고 질문하는 것을 삼가고 질문을 진술로 표현하도록 하라. 질문은 흔히 상대방에게 자신과 자신의 실존에 대한 어떤 측면을 설명하고, 방어하거나 정당화하도록 그에게 요청하는 것이다. 질문들은 흔히 타인들을 조작하려는 시도다. 질문은 보통 1인칭 진술로 바꾸어서 다시 표현될 수 있다. 집단상담자는 구성원이 자신의 질문을 어떤 진술로 바꿀 수 있는지를 생각해 보도록 자주 요청한다. 누군가가 다른 구성원에 대한 질문을 하면, 그 사람은 그가 반응하기를 원하는지 여부와 어떻게 대답하고자 하는 가를 결정하는 데 책임을 지도록 요청된다. 일반적으로 질문은 서로에게 어떤 것을 드러내도록 하지 않고 상호작용을 피하는 방식으로 여겨진다.

행동의 내용과 과정에 초점을 두어라 개인이 보다 많은 자각을 이루는 것은 자신이 하는 행동의 내용과 과정에 대한 접촉을 수반한다. 접촉을 통한 자각 증진을 위해 개인이 하는 것과 그가 그것을 어떻게 하고자 하는 것에 초점이 맞추어진다. 따라서 이유를 묻는 '왜'라는 질문은 삼가도록 한다. '왜'로 이유를 묻는 질문은 개인으로 하여금 진행되는 경험의 접촉을 방해하고 끊임없이 방어적으로 이유를 찾게 하는 정신분석 게임이다. 게슈탈트치료에서 개인이 그가 하는 것처럼 행동하는 이유를 설명하는 것은 그러한 설명이 타당할 때조차 행동 변화로 이끌지 않는 지적 활동으로 여겨진다. 더 나아가 자신 혹은 자신의 행동에 대한 설명은 자신의 좌절에 대한 핑계에 기여하고 해로운 것으로 여겨진다. 그러한 설명은 흔히 변화 혹은 성장을 촉진하기보다 자신의 실존을 정당화하고 자신을 방어하기 위해 개인이 하는 시도다.

모험하기를 격려하라 개인의 자기조절 잠재력을 신뢰함으로써 상담자는 내담자가 자신을 개방하도록 밀어붙이거나 다른 방식으로 작업할 욕망 혹은 의지를 전혀 갖지 않는다는 것을 확고히 한다. 개인은 자신이 어떤 자기표현을 할 것인지 결정하는 데 책임이 있다. 게슈탈트치료에서 모험하기는 만약 그가 자신을 드러내면 어떤 파국적 반응을 초래하리라는 자신의 과거에 근거한 개인의 두려움을 의미한다. 좌절된 자기표현은 보통 개인이 타인과 자신의 감정을 공유하면 필히 거절을 경험할 것이라는 그의 두려움을 반영한다. 개인이 현재의 현실에서 자신의 공포와 불안을 기꺼이 확인할 때, 그는 이러한 한쪽에 방치되어 있는 자신의 일부를 수용할 수 있고 자신의 과거 경험의 결과로서 자신이 예견하는 파국과 거절로 이끌지 않을 것이라는 가능성에 개방적이다.

'할 수 없다' 대 '하지 않겠다' '하지 않겠다.'는 개인이 그렇게 하는 데 진솔하게 관심이 있을 때 자신 내에 변화할 잠재력을 가진다는 게슈탈트 철학을 강조한다. 반면에 '할 수 없다.'는 개인이 원하는 변화가 무엇이건 그것이 불가능하다는 것을 의미한다. 이것은 개인의 태도와 행동 패턴과 관련해서 거의 현실적이지 않다. '하지 않겠다.'는 '내가 원하지 않는다.' 혹은 '나는 할 의지가 없다.'는 것을 의미한다. 게슈탈트치료에서 상담자는 자주 내담자에게 '할 수 없다.'는 진술 대신에 '하지 않겠다.'는 표현으로 바꾸어서 말하도록 요청한다. 상담자는 이렇게 함으로써 내담자로 하여금 그가 자신의 의지로 할 것인지 여부에 대한 책임지기에 직면하게 한다.

심리적 해석을 하지 않는다 게슈탈트치료에서는 개인의 행동을 심리적으로 해석하는 것에 반대적인 입장을 취한다. 개인이 타인의 행동을 어떻게 경험하는가에 대한 어떤 진술을 할 때, 그러한 진술은 자기표현이다. 개인이 타인이 하는 행동의 의미를 해석하는 어떤 진술을 할 때, 그러한 진술은 해석자가 무엇이 타인을 동기화시키는가를 안다는 것을 함축한다. 이유를 묻는 '왜'라는 질문에 답하려고 의도된 진술들은 흔히 해석이다. 개인이 타인을 어떻게 경험하고 있는가에 대한 그의 진술들은 타인이 현재 어떻게 혹은 무엇을 하고 있는가에 대한 그의 관찰을 반영한다.

개인이 자기표현에 관심이 있을 때, 그는 자신이 말하는 것을 기꺼이 책임지려고 한다. 개인이 타인에 대해 해석할 때, 그의 태도는 그의 진술이 상대방에게 부합하다고 믿는 것이다. 해석자는 상대방에 관한 그의 진술을 한다. 그렇게 함으로써 그는 무엇이 상대방에게 부합하고 무엇이 그에게 부합하지 않는가를 그에게 결정하도록 허용하지 않음으로써 타인의 통합을 방해한다. 누군가가 해석을 할 때, 그의 태도는 보통 자신의 진술을 수용하도록 상대방을 조작하게 하려는 의도를 가진다. 그러한 해석이 보다 더 집요할수록 그는 그러한 해석을 보다 더 명백하게 해야 한다.

강요하지 마라 게슈탈트치료자는 기본적으로 개인이 갖는 자기조절 능력을 신뢰한다. 따라서 개인이 가진 자기조절 잠재력에 대한 신뢰, 개인이 하는 통합에 대한 존경, 그리고 개인이 자신에게 책임질 수 있는 태도는 누구도 게슈탈트 집단에서 타인에게 강요하거나 압박하지 않는다는 기본 규칙에 반영된다. 게슈탈트 집단상담자는 구성원들이 작업하도록 도전시키지 않으며, 그들이 표현하지 않고, 위축되어 있고, 권태를 보일 때 그들을 비판하지 않는다. 기본 규칙을 진술하는 데에서 각 구성원은 자신의 일에 관심을 갖도록 요청될 수 있다. 만약 개인이 타인의 행동에 대한 자신의 적개심이나 분노 혹은 실망감 등을 표현하기를 소망한다면, 그는 그 순간에 자신의 자기표현으로서 이러한 표현을 하도록 요청된다. 이것은 어떤 특별한 방식으로 반응하도록 타인을 조작하려는 일차적 목적을 위해 자신을 표현하는 것에 대조된다. 모든 강요하기는 조작으로 여겨지고 개인이 있는 곳에 그가 있도록 허용하지 않음으로써 그의 통합을 방해한다. 강요하기는 개인이 필요한 어떤 것을 하는 데 실패하고 있다는 판단적 태도를 함축한다.

게슈탈트 게임을 창조적으로 변형하여 적용하라 상담자가 작업과정 그 자체에서 사용하는 기법들을 창조적으로 다양하게 변형한 게슈탈트 게임을 적용할 수 있다. 게슈탈트 게임들은 내담자가 그 순간에 작업하고 있는 것과 관련된 어떤 것을 말하거나 행동하도록 상담자가 초대하는 것으로 구성된다. 이러한 절차는 시작이 인위적이기 때문에 게임이라고 불린다. 즉, 만약 내담자가 자신의 자발성에 의한 것보다 상담자로부터 하도록 초대된 어떤 것을 기꺼이 하려 한다면, 하도록 요청된다. 내담자는 처음에 제안이 초점이 없거나 자신의 승낙이 허위적이라고 느낄 수 있다. 이것은 모험하기 절차의 부분이다. 참여자에게 게임의 의미는 그가 상담자의 제안에 따르기를 결정할 때가 현실적인 것처럼 그가 실제로 자신의 힘으로 경험하는 것에 의존한다. 게임의 목적은 개인의 주의에 초점을 두고 자신과 자신의 행동에 대한 어떤 측면에 대한 그의 자각을 향상시키는 것이다.

뜨거운 자리 집단상담에서 일대일로 작업하고 다른 구성원들이 관찰할 때, 작업에 있는 집단구성원을 뜨거운 자리에 있는 것으로 기술된다. 이렇게 뜨거운 자리로 불리는 이유는 그 사람이 명백히 주의의 중심이 되고 집단의 초점이 되기 때문이다. 뜨거운 자리 앞에는 빈 의자가 있다. 뜨거운 자리에서 작업하는 사람은 흔히 과거나 현재 자신의 삶에서 의미 있는 사람이 마치 실제로 빈 의자에 앉아 있다고 가정하고 그와 대화를 하는 역할연기를 하도록 요청된다. 보통 작업하는 구성원은 자리를 바꾸어 빈 의자에 앉도록 하여 역시 다른 사람이 되도록 요청된다. 집단상담자는 작업 중에 있는 뜨거운 자리에 앉은 구성원으로 하여금 대화를 개발하도록 하여 실제로 자리를 번갈아 가면서 상대방이 앉아 있다고 가정하고 대화를 하도록 한다. 혹은 대화가 자신의 일부 간에 이루어질 수 있다. 예를 들어 의사결정 갈등의 경우, 그가 두 의자를 차지하고 있는 찬성과 반대 간에 대화를 하도록 요청될 수 있다. 유사하게, 꿈 작업을 하는 경우에 그가 꿈에 나타난 어떤 사람이나 대상이 되도록 해서 그 입장이 되어 자신을 표현하도록 요청될 수 있다.

순회하기 순회하기는 집단구성원이 다른 구성원들과 어떤 종류의 접촉을 하게 하는 것을 말한다. 집단상담자는 작업 중에 있는 구성원으로 하여금 다른 구성원 각자에게 어떤 특별한 진술을 하도록 요청할 수 있다. 순회의 변형은 단지 집단상담자의 창조성에 의해 제한된다. 집단상담자는 순회하기를 통해 전경과 배경의 게슈탈트 원리를 사용해서 자각을 증진하는 기법을 개발할 수 있다. 다른 구성원 각자에게 같은 진술을 하게 함으로써 진술의 의미가 그 사람의 자각의 중심에 있게 초점화될 수 있다. 예를 들면, 어떤 사람은 분노와 적개심을 쉽게 표현할 수 있지만 온정과 애정을 표현하는 것은 어려울 수 있다. 이런 경우에 그로 하여금 순회하면서 자신의 분노와 감사를 집단에 있는 개개인에게 표현하도록 한다.

꿈 게슈탈트치료에서 꿈은 꿈을 꾼 사람의 지금-여기 실존의 진술이다. 꿈꾼 사람이 마치 그는 볼 수 있으나 집단은 볼 수 없는 어떤 영화를 기술하는 것처럼 자신의 꿈을 크게 얘기하도록 해서 그 꿈을 현재로 가져오도록 요청된다. 꿈의 모든 세부 내용은 자신의 부분이다. 그는 자신의 꿈에 등장하는 모든 사람, 모든 사물, 모든 장소 그리고 모든 행동이다. 이론에서 만약 꿈 꾼 사람이 어떤 꿈의 모든 측면에 대해 작업해야 한다면, 그것은 아마도 그의 실존의 종합적 진술일 것이다. 시간제한 때문에 꿈 작업에 있는 사람은 보통 꿈의 한 가지 측면 혹은 몇 가지 두드러진 측면에만 초점을 두도록 요청된다.

게슈탈트치료 꿈 작업 기법에서 개인은 자신의 꿈을 생생하게 상기하도록 요청된다. 즉, 다른 사람들 혹은 대상들에 목소리를 주거나, 자신의 독백 각본을 써 보도록 하거나, 그의 꿈에 나타난 사람들 혹은 대상들 간 혹은 이들의 조합 간의 대화를 작성해 보도록 한다. 꿈 혹은 상징주의의 어떤 해석도 사용되지 않으며, 이러한 해석은 타당한 것으로 인식되지 않는다.

꿈이 최근에 꾼 것인가, 혹은 몇 년 전에 꾼 꿈인가는 중요하지 않다. 개인이 오래된 꿈을 기억할 때, 그는 여전히 그의 꿈의 미해결 과제에 집착하고 있다. 꿈의 치료적 가치는 꿈의 모든 측면을 소유함에서 비롯되는 자각 증진에 근거한다. 성격의 산산조각이 된 부분들은 흔히 꿈에서 일어나는 것에 의해 알려지게 된다.

성장은 작은 단계들의 과정이다 적응과 성장의 계속되는 과정은 작은 단계들에 따라 새로운 자각을 획득하고 동화해 가는 것을 수반한다. 개인이 그가 동화에 관심을 두고 있는 것을 증가된 자각으로 접촉에 있을 때 작업하는 것을 멈추도록 촉진된다. 혹은 상담자는 그 시점에서 작업하기를 멈추고자 한다는 것을 진술할 수 있다.

자각하기와 통합하기를 위한 상담 기법

나의 모든 사고는 나에게 책임이 있다.
나의 모든 감정은 나에게 책임이 있다.
나의 모든 행동은 나에게 책임이 있다.

차례

제8장

자각하기와 통합하기를 위한 상담 기법

게슈탈트치료는 실험적이다. 실험적 방법을 통해 지금-여기에서 접촉을 통한 경험하기를 촉진하다. 즉, 치료자는 실험적 방법을 통해 내담자가 지금-여기에서 접촉을 통해 자각하기를 증진시켜 스스로 성장하도록 촉진한다. 게슈탈트치료자는 내담자의 자각하기와 통합하기를 촉진하기 위해 다양한 기법을 창조적으로 고안해서 적용한다. 게슈탈트치료자는 우리 모두가 유기체의 자기조절 기능을 원활하게 작동하게 할 지혜를 가지고 있다고 확신한다. 그리고 이러한 확신에 따라 게슈탈트치료자는 내담자가 유기체의 지혜를 실현할 수 있도록 창조적인 실험적 방법을 통해 그를 조력한다.

펄스는 게슈탈트 원리와 유연성과 자발성을 저버리고 상담 기법을 사용하는 것은 트릭에 불과하다고 하였다. 게슈탈트치료자인 스티븐스(Stevens, 1973)는 저서 『자각: 탐색하기, 실험하기, 경험하기(*Awareness: exploring, experimenting, experiencing*)』에서 게슈탈트치료에 근거한 백 가지 이상의 자각 확장을 위한 실험적 방법을 제안하고 있다. 당신이 훌륭한 게슈탈트치료자이기 위해서는 독특한 개성과 성숙장애를 가진 내담자를 조력하기 위해 즉각적이며 창조적으로 상담 기법을 적용하는 것이 필요하다. 여기서는 내담자가의 자각하기와 통합하기를 확장할 수 있는 일곱 가지 방식인 언어적 표현 바꾸기를 통한 자각하기, 신체활동을 통한 자각하기, 환상을 통한 자각하기, 책임지기를 통한 자각하기, 대화를 통한 통합하기, 역전을 통한 통합하기 그리고 꿈 작업을 통한 통합하기에 대해서 살펴보고자 한다.

1. 언어적 표현 바꾸기를 통한 자각하기

게슈탈트치료자는 내담자로 하여금 간접적이고 모호한 단어를 사용하는 것 대신에 내담자 자신과 자신의 성장에 책임감을 주는 단어들을 사용하게 한다. 우리가 말하는 유형은 종종 우리의 감정, 사고 및 태도를 표현하기 때문에 이런 말하는 습관에 주의함으로써 자각을 높일 수 있다.

'그것'과 '당신' 대신 '나'로 바꾸기 3인칭이나 2인칭으로 시작하는 '그것'과 '당신'같은 대명사를 1인칭인 '나'로 바꾸는 것은 개인에게 상황에 대한 책임감을 부여한다.

"내가 ~할 수 없다." 대신 "나는 ~하지 않겠다."로 바꾸기 내담자가 자신이 실제로는 "나는 ~하지 않겠다."라는 의미를 나타내고자 할 때 "내가 ~할 수 없다."라고 말한다. 만일 상담자가 일관성 있고 온화하게 "내가 ~할 수 없다." 대신 "나는 ~하지 않겠다."로 대체하도록 권유하면 내담자는 자신의 결정에 책임을 지고 자신의 힘을 수용하게 된다.

"내가 ~ 해야 한다." 대신 "나는 ~ 하기를 선택한다."로 바꾸기 내담자가 사용하는 "내가 ~해야 한다."는 강박적 표현은 그에게 긴급함, 요구, 불안을 느끼게 한다. 반면에 "나는 ~하기를 선택한다."는 그렇지 않다. "나는 ~하기를 선택한다."는 표현은 내담자에게 선택에 대한 책임감을 준다.

"나는 ~가 필요하다." 대신 "나는 ~을 바란다."로 바꾸기 원하는 것의 목록은 보통 필요의 목록보다 더 길다. 예를 들면, 상담자는 내담자가 "나는 유명해질 필요가 있다."라고 말하는 것보다 "나는 유명해지기를 바란다."로 표현하도록 한다. "나는 ~을 바란다."는 표현이 "나는 ~가 필요하다."는 표현보다 더 정확하고, 덜 긴급하고, 불안을 덜 야기한다.

2. 신체 활동을 통한 자각하기

신체 행동에 주목하는 것은 게슈탈트치료자에게 특히 도움이 된다. 파슨스(Passons, 1975)는 상담자가 치료에서 신체 행동들에 주목해야 하는 네 가지 이유를 다음과 같이 들었다. 첫째, 신체 행동은 주어진 순간에서 개인의 표현이다. 둘째, 일반적으로 사람들은 그들의 몸짓을 주시하기보다는 그들이 말하는 것을 듣는 것에 보다 관심을 갖는 경향이 있다. 셋째, 신체 행동은 보통 자발적이다. 반면 언어적 행동은 사전에 생각되는 것이다. 넷째, 통합된 방식으로 기능하는 개인은 신체 행동과 언어적 표현들이 잘 조화된다.

효과적인 상담자는 의사소통 시 언어적인 수준뿐만 아니라 말의 배후에 있는 목소리의 크기, 고저, 강약, 전달 속도와 같은 의미까지도 예리하게 듣는다. 상담자는 특히 내담자의 신체 행동이 언어적 표현과 일치하지 않을 때 그러한 불일치를 지적하여 내담자의 자각을 확장시킨다.

게슈탈트치료자들은 내담자의 자각 확장을 위해 많은 신체 활동을 하게 한다. 상담자는 내담자가 말한 것과 일치하는 신체 활동을 적극적으로 표현하게 함으로써 그를 조력한다. 게슈탈트치료들이 자주 사용하는 신체 활동 기법인 과장하기, 순회하기, 시연 등은 다음과 같다.

과장하기 이 기법은 우리가 신체언어로 보내는 미묘한 신호와 단서를 보다 잘 지각하게 한다. 움직임, 자세, 몸짓들이 과장되어서 의사소통을 보다 명확하게 해 준다. 움직임이나 몸짓을 반복적으로 과장함으로써 그 개인은 행동과 관련된 감정을 보다 강렬하게 경험하고 그것의 내적 의미를 보다 잘 자각한다. 이 기법은 양극성을 다루고자 하는 구성원에게 시연이나 빈 의자 기법을 통해 적용될 수 있다. 가끔 우리가 피하고 싶은 부분에 머물러 있기를 스스로에게 허락함으로써 자신의 보다 많은 부분을 발견할 수 있다.

순회하기 이것은 한 사람이 구성원 각각에게 돌아가면서 그/그녀가 보통 때는 언어적으로 표현하지 않았던 것을 말하는 것이다. 회피나 두려움이 느껴질 때 이 기법을 제안하는 경우가 있다. 구성원들이 자신의 두려움을 다루기 위해 이 기법을 사용할 것인가 물어보고, 만일 그들이 "예."라고 대답하면 순회하기를 적용한다. 그러면 그들은 자신의 두려움에 직면할 수 있고 낙담되어 있는 그들의 자리에서 빠져나올 수 있는 다른 행동을 시도한다.

시연 펄스는 사고의 많은 부분이 시연 중이라고 하였다. 우리는 극에서 기대된 것이라고 생각하는 역할을 시연한다. 그리고 우리가 말한 것이 옳지 않았거나 적절하지 않았으면 어쩌나하고 걱정한다. 내적인 시연은 많은 에너지를 소모하고 자발성을 억제한다. 상담자는 시연 기법을 사용해서 구성원들이 고요히 생각하고 있는 것을 큰소리로 말하도록 요청한다. 또한 시연은 구성원들이 행동하는 데 많은 제약과 검열을 할 때, 그들이 어떤 효과를 위해 조심스럽게 타진하고 있는 것처럼 보일 때 가치가 있다. 구성원들이 미래에 직면하고자 할 때도 시연은 유익하다.

게슈탈트치료 집단에서 구성원들은 자신들이 사회적 역할을 수용하는 데서 보다 많은 자각을 위해 시연을 집단에서 공유한다. 그렇게 함으로써 구성원들은 어떻게 하면 타인을 즐겁게 하고, 인정받고 수용받기 위해서는 어느 정도이어야 하며, 타인과 소외되지 않기 위해서는 얼마나 노력해야 하는지 알게 된다. 그리고 그들은 이런 역할 연습이 효과가 있는지 결정할 수 있게 된다.

3. 환상을 통한 자각하기

게슈탈트치료 집단에서 상담자는 다양한 환상 상황의 실험을 통해 내담자를 의미 있는 성장으로 이끈다. 환상은 개인적 자각을 초래한다.

환상은 구성원들이 지나치게 위축되어 있어 구체적인 용어로 문제를 다루어야 할 때 사용할 수 있다. 예를 들어, 주장적인 것을 두려워하는 구성원은 자신이 지금 주장적인 상황에 있는 것처럼 상상할 수 있다. 그래서 그들이 수동적이었을 때의 느낌과 그들이 원하는 대로 요청할 수 있었을 때의 느낌을 비교한다.

환상은 종종 무력감을 야기하기도 하는 파국적인 기대를 다룰 때 유용하다. 누군가에게 자신의 생각과 느낌을 표현하는 것을 두려워하는 구성원은 자신이 말하고 싶어 하는 모든 것을 말할 수 있는 환상 상황이 제시되면 좋아하고, 표현할 때에도 두려워하지 않는다. 구성원들은 집단 앞에서(마치 좋아하는 사람이 현재 있는 것처럼) 지금-여기에서 말한다. 그러나 한 개인이 실생활에서 이런 감정을 표현하는 것이 반드시 필수적인 것은 아니다. 사실상 그렇게 되는 것은 현명하지 않다.

환상은 부끄러움과 죄책감을 표현하고 탐색하는 데 이용할 수 있다. '나는 비밀이 하나 있어요.'라는 기법을 사용해서 리더는 구성원들로 하여금 그들이 잘 지켜온 비밀에 대해 상상해 보도록 한다. 그들은 집단에서 실제로 비밀을 폭로하는 것이 아니라 타인에게 그 비밀이 노출된 것을 스스로 상상하고 나서 그에 대한 느낌을 탐색한다.

환상은 집단에서 일어나는 구성원들의 두려움을 탐색하는 안전하고 유용한 방법이다. 예를 들어, 구성원들은 집단에서 일어나는 가장 두려운 것을 상상한다. 그래서 구성원들은 마치 자신들이 상상했던 사람이 된 것처럼 집단에서 행동하도록 요청받을 수도 있다. 만일 실험이 성공적이라면, 구성원들은 실생활에서 새로운 행동을 시도해 보려는 느낌을 갖는다.

4. 책임지기를 통한 자각하기

게슈탈트치료자는 개인이 자신에 대한 모든 일에 스스로 책임질 것을 강조한다. 즉, 우리의 사고, 감정 및 행동을 지각하고, 우리가 경험한 것을 타인에게 책임 지우지 않을 것을 강조한다. 책임지는 것은 우리의 투사를 알아차리고, 그것들을 재정체화하고, 우리가 투사한 것이 되는 것을 의미한다.

집단구성원들은 자주 타인에게 비난을 떠맡김으로써 자신의 감정에 대한 책임을 교묘히 벗어 버린다. 게슈탈트치료의 책임지기 기법은 타인에게 투사하는 대신 "나는 나의 ~에 대하여 책임을 진다."로 자신의 감정을 소유하고 알아차리도록 돕기 위해 고안된 것이다.

게슈탈트치료 집단의 목표 중의 하나는 구성원들이 스스로 책임을 지도록 하는 것이고, 상담자의 역할은 구성원들의 책임 회피를 계속적으로 직면시켜 타인에게 자신의 감정을 투사하는 대신 자신의 감정을 수용하고 인식할 수 있도록 하는 데 있다.

5. 대화를 통한 통합하기

게슈탈트치료의 목적은 인정하지 않았던 자신의 성격 측면을 수용하고 기능을 통합하는 데 있다. 때문에 상담자는 성격 기능의 분할과 양극성에 세밀한 주의를 기울인다. 독특한 게슈탈트치료 기법인 환상 대화법은 내적 분열과 궁극적인 성격을 통합하는 자각을 증진하기 위한 것이다. 예를 들면 부드러운/거친, 남성다운/여성다운, 사랑스러운/증오스러운, 공격적인/수동적인 것과 같이 양극성 사이에서 대화하거나 부모나 다른 의미 있는 사람, 상상화한 다른 사람, 무생물과 대화하는 유형이 있다.

내적 갈등과 연관된 양극성을 어떻게 이해할 것인가 하는 것은 게슈탈트치료에서 중요하다. 대화를 쓰는 실험은 구성원들의 내부에 있는 이분법적인 요소들을 자각하게 하고 서로 대립되는 것처럼 보이는 그들의 성격 차원을 받아들이도록 한다.

진커(Zinker, 1977)는 자기수용을 향한 움직임을 자기개념의 연장으로 일컬었다. 만일 우리가 우리의 일부인 불친절을 허락하지 않는다면 우리는 진정으로 친절해질 수 없다. 만일 우리가 우리의 불친절과 만날 수 없다면 진실로 친절한 자기 확장 경계가 풍부하게 드러날 것이다. 양극성의 한 면이 연장될 때 거의 자동적으로 다른 면 또한 연장한다.

대화는 전형적으로 내사와 투사의 자각을 높이는 데 사용한다. 내사는 타인(혹은 부모)의 측면을 무비판적으로 받아들이고 그것을 자신의 성숙과 조화시키지 못하는 것을 말한다. 타인의 가치를 무비판적으로 통째로 받아들이는 것은 성격 통합을 방해할 수 있다. 투사는 내가 가진 것을 부인하고 남에게 돌려서 접촉을 피하는 것이다. 게슈탈트치료자는 내담자로 하여금 이런 투사를 개방적으로 말하게 해서 접촉하게 하고, 또한 그가 씹지 않고 전체를 꿀꺽 삼켜 버려 내사된 것을 접촉을 통해 통합하도록 조력한다.

빈 의자 기법 이 기법은 펄스가 선호하는 기법들 중의 하나로 게슈탈트치료의 대표적인 트레이드마크 중의 하나다. 상담자는 내담자로 하여금 빈 의자에 자신의 삶에서 그가 미해결된 상황을 가졌던 어떤 사람을 앉아 있게 한다. 적절한 시점에 사용되면 빈 의자 기법은 감정을 활성화시키고 내담자로 하여금 지금-여기에서 미해결된 일을 이해하도록 미해결된 사람 혹은 상황을 접촉하도록 허용해 준다. 그러나 빈 의자 기법이 과장되고 임의적으로 사용되면 그것은 내담자와 상담자 간의 직접적 접촉을 방해할 수 있다. 또한 빈 의자 기법은 게슈탈트치료의 고전적 개념인 강자와 약자가 작동하도록 허용한다. 강자는 개인의 욕망, 욕구 그리고 잠재력을 나타낸다. 약자는 핑계, 변명, 그리고 개인이 자신의 삶에 지장을 초래하는 장애로 확인된다. 약자는 내사된 특성을 개인화할 수 있다(Sinay, 1998, pp. 90-92).

대화는 빈 의자나 2개의 의자를 이용하여 이행된다. 이것의 목적은 서로 다른 면을 제거하는 것에 있는 것이 아니라 양극성을 통합하는 데 있다. 만일 내담자가 이 목표에 도달하면 그는 어두운 면과 밝은 면 둘 다를 지각할 수 있게 되고, 현재의 그는 자각을 통해 이런 사건을 만들 수 있게 된다. 펄스가 양극성에서 비롯된 갈등을 해결하기 위해서 제기한 상담 기법인 '빈 의자 기법'은 내담자가 가진 내적 갈등과 대인관계 갈등을 해결하는 데 유용하게 사용되고 있다. 당신이 열등감과 관련해서 고통을 받고 있다면 다른 한쪽인 우월감을 빈 의자에 놓고 번갈아 가며 열등한 나와 우월한 나가 대화하도록 하라. 당신이 엄격한 아버지와의 관계에서 갈등을 겪고 있다면 당신의 아버지를 빈 의자에 앉혀 그와 대화를 나누어 보라. 대화는 자신의 다른 면과 상대방을 이해하는 데 필수적이다. 훌륭한 대화자는 경청을 잘하는 사람이다. 빈 의자 기법을 통해 양극성을 이루는 양쪽이 계속해서 대화하도록 하라. 대화를 통해 상대방을 경청하는 것은 자기고문이나 대인관계의 갈등을 극복하게 한다. 경청은 상대방을 이해하기 때문에 싸움을 중단시킨다. 펄스는 "우리는 이 세상에서 특이한 양극성을 가진다. 그것은 경청(listening) 대 싸움(fighting)이다. 경청하는 사람은 싸우지 않고, 싸우는 사람은 경청하지 않는다."(Perls, 1969b, p. 213)라고 지적하였다.

6. 역전을 통한 통합하기

어떤 증상과 행동은 잠재적인 충동의 역전으로 나타난다. 역전

기법은 구성원들이 거의 혹은 결코 표현하지 않았던 면들이 되는 것을 요청하는데, 그 이유는 구성원들이 그것을 보고, 수용하는 것을 원하지 않기 때문이다. 이런 기법 사용의 기초 이론은 통합하기인데, 이는 내담자가 불안을 일으키는 것들 속으로 자신을 밀어 넣을 때, 침몰해 버리고 부정된 그들의 일부에 직면할 때 가능하다. 집단은 역전 기법을 사용할 적절한 기회들을 제공한다.

빈 의자 기법과 같은 것은 구성원들에게 내부의 반대 세력을 자신의 것으로 받아들이는 기회를 준다. 그래서 숨겨져 있는 차원을 표현하는 실험은 창조적인 양극성의 통합하기로 이끌기도 한다.

7. 꿈 작업을 통한 통합하기

펄스는 게슈탈트치료에서 꿈 자료를 매우 중요하게 생각하였다. 그는 꿈이 정신분석에서처럼 해석 혹은 자유연상의 대상이 아니라는 입장을 취하였다. 그는 꿈이 실존적 존재로서 인간의 가장 자발적 표현이라고 보았다. 게슈탈트치료자들은 꿈이 지금 일어나고 있는 것처럼 재생시킨다. 그들은 꿈이 내담자의 일부가 되도록 현재에서 꿈 내용을 행동으로 표현하게 한다. 꿈을 기억하는 것이 가능할 때마다 그 꿈은 되살아나 이용될 수 있고 미해결 상황을 포함하고 있다. 게슈탈트치료자는 꿈에서 실존적 어려움, 성격이 결여하고 있는 부분을 발견한다. 모든 것은 꿈에 있다. 꿈은 성격의 표현을 발견할 훌륭한 기회를 제공한다. 어떤 꿈을 이해하는 것은 명백한 사실이 얼마만큼 피해지고 있는가에 대해 자각하는 것을 의미한다. 게슈탈트치료에서 꿈은 그것이 가진 요소 각각의 기술에서 작업이 시작된다. 펄스는 심지어 꿈의 내용을 써 볼 것을 제안하고, 쓸 때 요소들을 나열해 보도록 한다.

상담자는 내담자로 하여금 그가 이러한 요소들의 각각인 것처럼 얘기되고 있는 꿈의 다른 요소들을 표현해 보도록 요청할 수 있다. 이러한 표상이 언어적일 뿐만 아니라 환자로 하여금 매순간의 경험을 느끼고 얻을 수 있도록 정서적 · 신체적 자원을 가져오게 하는 데 매우 중요하다. 꿈을 드라마로 나타내게 하는 것 역시 가능하다. 꿈의 각 요소는 우리의 일부분이다. 내가 꿈꿀 때 나의 삶에 관한 각본을 쓴다. 즉, 자신에 관한 일들을 얘기한다. 꿈들은 가장된 메시지로서 이해될 수 있다. 메시지는 실존적이다. 그것은 내가 어떻게 존재하는가에 대한, 나의 실존의 본질에 대한 어떤 메시지다.

자신의 꿈 작업을 위한 제안(Sinay, 1998, p. 100)

1. 마치 당신이 지금 꿈을 꾸고 있는 것처럼 꿈을 1인칭과 현재 시제로 이야기하라.
2. 꿈의 어떤 부분이 당신과 같지 않는가? 어떤 부분이 당신 자신과 동일시하기에 가장 어려운가?
3. 꿈으로 돌아가서 1인칭과 현재 시제로 그것의 부분처럼 말하라.
4. 꿈이 당신에게 어떤 메시지를 주고 있는가? 당신이 당신 내에서 인식하는 꿈에 대한 어떤 것이 있는가?
5. 일단 꿈이 당신에게 그것의 메시지를 전달했다면, 그것을 빈 의자에 앉혀서 그것에게 당신의 감사함을 표현하라. 당신이 그것에

게 말하기를 원하는 다른 어떤 것이 있다면, 그렇게 하라.

게슈탈트치료에서 상담자는 꿈을 해석하고 분석하지 않는다. 대신 일상 속으로 꿈을 가지고 와서 그것이 마치 지금 일어난 것인 양 재창조하고 재생시키는 데 목적이 있다.

구성원들은 과거 시제로 그들의 꿈을 보고하지 않고, 현재 시제로 그것들을 재생하고 행동화하며, 꿈의 주요 요소를 대화로 변화시킴으로써 꿈의 일부분이 된다. 펄스는 꿈의 각 부분은 자신에 대한 투사이며 모든 상이한 부분은 자신과 정반대이거나 불일치한 면이라고 가정했다.

그래서 꿈은 실존적 메시지를 내포한다. 그것들은 우리의 갈등이나 희망, 생의 핵심적 주제를 나타낸다. 꿈의 모든 세부 사항들(기억나는 사람이나 사건, 분위기)의 목록을 작성하여 되도록 전적으로 이런 부분이 되어 보고, 자신의 감정과 반대되는 면을 서서히 자각해 보는 것이다. 결과적으로 개인은 내적 불일치를 평가해서 수용하고 그러한 갈등 세력을 방치해서 놔두기보다 끊임없이 동화와 조절로 이끄는 꿈 작업을 통해 서로 갈등하는 조각들을 통합한다.

꿈의 분석과 해석을 피하고, 대신 그러한 모든 부분이 되어 보고 경험하는 것을 강조하는 것은 내담자가 꿈의 실존적 메시지에 보다 가까이 접근하게 도와준다. 프로이트가 '꿈은 무의식에 이르는 왕도'라고 했다면, 펄스는 '꿈은 통합에 이르는 왕도'라고 했다.

제9장

게슈탈트치료 집단상담 프로그램 개발

나는 수천 번의 실패한 모든 시도를 사랑한다.
거기에는 단지 한 개의 과녁의 한복판과 수천 개의 좋은 의지가 있다.
친구여, 완전주의자가 되지 마라.
완전주의는 저주 그리고 긴장이다.
당신은 과녁의 한복판을 맞추지 못할까 봐 두려워서 떤다.
만약 당신이 있는 그대로 놔둔다면 당신은 완전하다.
친구여, 실수하는 것을 두려워하지 마라.
실수는 죄악이 아니다.
실수는 다른 어떤 것, 아마도 창조적으로 어떤 것을 하는 방법이다.
친구여, 당신의 실수에 대해 부끄럽게 생각하지 마라.
그것에 대해 자랑스러워하라.
당신은 자신의 중요한 어떤 것을 줄 용기를 가졌다.

-Fritz Perls-

차례

제9장

게슈탈트치료 집단상담 프로그램 개발

게슈탈트치료는 경험적 치료로 성장장애를 가진 사람들을 조력하기 위해 다양한 집단을 대상으로 실시되어 왔다. 이 장에서는 1996년도에 상담자들이 쉽게 적용할 수 있도록 구조화된 게슈탈트치료 집단상담 프로그램을 개발하여 그 효과를 검증한 바 있는 연구 결과를 소개하고자 한다. 먼저 이 게슈탈트치료 집단상담 프로그램의 전반적인 연구 결과에 대한 개요를 소개하면 다음과 같다.

이 연구의 목적은 게슈탈트치료 집단상담 프로그램을 개발하여 그 효과를 검증하는 것이었다. 개발된 게슈탈트치료 집단상담 프로그램은 게슈탈트치료와 동양의 禪을 바탕으로 한 이론적 내용과 기법을 강의와 역할연습 등을 통해 20시간에 걸쳐 실시할 수 있도록 다소 구조화되어 있다. 개발된 게슈탈트치료 집단상담 프로그램의 효과를 검증하기 위하여 자발적으로 참여한 대학생들(남자 21명, 여자 30명)을 게슈탈트치료 집단, 참만남 집단, 통제집단으로 나누어 집단상담을 실시하였다. 프로그램의 효과를 검증한 결과는 게슈탈트치료 집단과 참만남 집단의 참여자들이 통제집단에서 보다 자존심, 자아개념 그리고 인간성숙지수의 향상에 통계적으로 의미 있는 변화가 나타났다. 이러한 결과와 훈련 후에 집단구성원들의 프로그램 평가서의 분석은 개발된 게슈탈트치료 집단상담 프로그램이 그들의 문제 해결에 도움이 되었으며 전반적인 내용 및 구성에서 적절하게 구조화되었다는 것을 보여 주었다.

1. 게슈탈트치료 집단상담 프로그램 개발의 필요성

게슈탈트치료는 실존적 만남을 통해 자각을 확장하는 것이다. 게슈탈트치료는 대립되는 심리적 기능의 이해를 통해 전체성과 자각을 강조한다는 측면에서, 그리고 정서적 · 행동적 측면을 강조한다는 측면에서 동양의 음양이론, 禪 및 요가와 유사성을 가지고 있다. 다른 치료 기법에 비해 게슈탈트치료 기법이 매우 직접적이고 효과적이라는 것은 많이 알려져 국내에서 많은 상담자들이 단편적으로 게슈탈트치료 기법들을 사용하고 있는 실정이다. 이러한 실정에서 체계적인 게슈탈트치료 집단상담 프로그램의 개발은 상담자들이 다양한 게슈탈트치료 기법들을 용이하게 활용할 수 있도록 기여하리라 본다. 더 나아가 불안, 공포, 죄의식, 우울, 강박적 사고 및 행동 등 다양한 심리적 갈등 속에서 고통 받고 있는 내담자들에게 큰 도움이 되리라 본다. 이 연구의 목적은 이러한 기능에 기여할 수 있는 게슈탈트치료 집단상담 프로그램을 개발하여 그 효과를 검증함에 있다.

이 연구의 필요성을 몇 가지로 나누어 언급하면 다음과 같다.

첫째, 효과적인 상담 접근 방식의 하나인 게슈탈트치료의 일반화와 토착화를 위해 보다 체계화된 게슈탈트치료 집단상담 프로그램이 필요하다. 이러한 프로그램은 상담자 자신의 감수성과 자각을 높이는 데 유용하게 사용될 수 있기 때문에 역시 상담자들의 훈련에도 사용될 수 있으리라 본다.

둘째, 게슈탈트치료는 초기에 집중력 치료, 자각치료 및 실존적 치료로 그 명칭이 고려된 것처럼 다양한 심리적 문제들의 개선에 적용될 수 있는 치료 방식이다. 따라서 연령 면에서 중학생 이상이면 누구나, 그리고 정상인에서 다양한 심리적 문제들을 가진 사람들을 대상으로 사용될 수 있기 때문에 효과적인 게슈탈트치료 집단상담 프로그램의 개발이 필요하다.

셋째, 게슈탈트치료 집단상담 프로그램은 많은 신경증 및 정신병환자들에게도 사용될 수 있기 때문에 정신의학적 차원에서 많은 상담 및 임상 심리학자, 정신과 의사, 정신과 간호사, 사회사업가가 내담자를 효과적으로 돕는 데 활용될 수 있으리라 본다.

넷째, 게슈탈트치료의 창설자인 펄스(Perls, 1969a)가 지적한 것처럼 게슈탈트치료는 동양의 음양이론, 禪과의 유사성을 갖기 때문에 문화적 관점에서 동양과 서양의 상담 및 심리 치료를 통합하는 다양한 집단상담 프로그램의 개발을 촉진하는 데 기여하리라 본다.

마지막으로, 많은 연구들에서 밝혀진 것처럼 상담 및 심리 치료의 효율성 측면에서 다양한 게슈탈트치료 기법들을 활용하여 많은 내담자들의 심리적 문제들을 단기간에 도울 수 있는 체계적인 집단상담 프로그램의 개발이 필요하다고 본다.

∷ 게슈탈트치료의 연구 동향

게슈탈트치료는 1940년대 후반에 프로이트의 이론을 비판하면서 펄스에 의해 시작되었다. 초기에 창시자인 펄스와 그의 부인인 로라 펄스(Laura Perls)는 그들이 개발한 새로운 형태의 치료를 집중력 치료(concentration therapy), 자각치료(awareness therapy) 또는 실존적 치료(existential therapy)라고 부르려고도 생각하였다. 1950년대 초반에 미국 전역에 걸쳐 집중적인 워크숍이 실시되고 연구소가 창설되었다.

게슈탈트치료가 상담 및 심리 치료의 이론적 접근 방식으로서 확고한 자리를 굳힌 것은 1950년대와 1960년대 초반이라 할 수 있으며, 그 이후로 계속해서 다양하게 발전되어 왔다. 펄스는 1964년에 캘리포니아의 빅서에 에살렌 연구소(Esalen Institute)를 설립하였으며, 세계적으로 이 기관이 알려져 많은 상담 및 심리치료 전문가들이 게슈탈트치료 집단상담과 워크숍에 참석해 왔다. 1982년에는 무려 53개의 게슈탈트치료 연구소가 설치되었으며, 그 수는 계속 증가하고 있고, 미국의 거의 모든 주요 도시에는 게슈탈트치료 연구소가 대부분 하나 정도는 있을 정도로 게슈탈트치료가 다양한 문제를 지닌 내담자들에게 활용되고 있다.

펄스는 1970년에 사망하였다. 그의 사후에도 게슈탈트치료는 미국, 유럽 여러 나라의 게슈탈트치료 센터에서 훈련이 이루어지고 있으며 사회사업, 상담 및 심리 치료의 실습, 그리고 교육, 의학 등의 분야에서 광범위하게 적용되고 있다. 또한 게슈탈트치료는 미국에서 전개된 인간 잠재력 성장 운동에 크게 공헌한 것으로 평가되고 있다. 현재 『게슈탈트 저널(*Gestalt Journal*)』과 『게슈탈트 이론(*Gestalt Theory*)』이라는 두 종류의 잡지가 출간되고 있으며, 수백 가지의 세미나가 개최되고 있고, 게슈탈트치료법에 참여하는 숫자는 증가되고 있다.

국내에서는 이장호(1975)가 「게슈탈트치료의 이론적 배경에 관한 고찰」이라는 제목으로 처음으로 우리나라에 게슈탈트치료에 관하여 소개하였다. 그 후로 홍경자(1984)가 전국대학카운슬러연구협의회에서 「Gestalt Workshop을 위한 치료법」을 발표하였고, 역시 홍경자(1986)가 「Gestalt Workshop 축어록」을 발표하였다. 최근에 김정규 등(1994)이 대인공포증으로 진단된 집단을 대상으로 게슈탈트치료의 효과를 검증한 연구를 하였으며, 한기백(1995)이 게슈탈트 자각증진 집단상담에 의한 내담자의 체험수준과 자아정체감의 변화를 연구하였다. 또 김정규(1995)가 『게슈탈트 심리치료』를 저술하여 체계적으로 게슈탈트치료에 대한 이론 및 다양한 기법들을 소개하였다.

이와 같은 연구 외에 게슈탈트치료에 관한 직접적인 연구는 부진한 실정이다. 특히 게슈탈트치료 집단상담 프로그램에 관한 연구는 거의 발표되지 않았다. 단편적으로 상담심리학 교과서를 통해 게슈탈트치료가 소개되고 효과적인 다양한 게슈탈트치료 기법들이 부분적으로 다른 집단상담의 방법에 적용되고 있으나, 게슈탈트치료에 관한 주요한 책의 번역서도 거의 출판되지 않았다. 따라서 필자의 게슈탈트치료 집단상담 프로그램의 개발은 국내의 게슈탈트치료의 활성화에 촉진적 역할을 하리라 기대된다.

∷ 게슈탈트치료 집단상담

게슈탈트치료 집단상담은 인본주의적 · 실존주의적 접근 방식을 취하는 상담자들에게 적절하다. 게슈탈트치료 집단상담은 집단구성원들이 지금–여기에서 사고, 감정 그리고 행동의 통합을 이루도록 촉진시킨다. 집단상담자는 게슈탈트치료 기법들을 사용하여 집단구성원들이 모험을 시도하는 행동이 이루어질 수 있는 안전한 집단 분위기에서 미해결된 감정을 표출하도록 한다. 게슈탈트치료 기법의 목표는 환경지지에 반대되는 것으로서 자기지지(self-support)를 가지고 집단구성원들이 기능하도록 하는 것이다. 집단상담자의 일차적 과업은 집단구성원의 행동을 관찰하고, 경청하고, 피드백을 주어 집단구성원이 자기자각을 확장하도록 안내하는 일이다. 자기자각을 확장하도록 게슈탈트치료 집단상담자는 집단구성원들이 단어, 소리, 몸짓, 동작을 사용하여 자신의 감정, 원하는 것, 창의성, 아이디어 등을 표현하도록 촉진시킨다.

펄스는 1960년대 중반에 게슈탈트치료의 치료적 측면을 많은 사람들에게 보여 줄 수 있는 집단에서 일대일로 치료를 하는 방식을 유행시켰다. 이러한 워크숍 방식은 많은 사람들이 모든 게슈탈트치료 집단상담이 집단에서 일대일로 행해지고 집단구성원

간에 상호작용이나 집단 과정에 대한 강조가 전혀 없는 것으로 잘못 인식되도록 하였다. 집단에서 일대일의 상호작용이 펄스의 방식이었지만, 그것이 게슈탈트치료의 이론적 원리에 따른 기본적 방식이 아니다(Polster & Polster, 1974).

최근의 조사연구에서 응답한 게슈탈트치료자들의 83%가 자신의 집단상담 방식으로서 세 가지 집단상담 방식 유형인 일대일, 상호작용, 전체로서의 집단 중 적어도 두 가지를 사용하고, 60%는 세 가지 모두를 사용하며, 단지 4.4%만이 일대일 집단상담 방식을 사용한다고 보고하였다(Frew, 1983; Harman, 1984). 이러한 결과는 대부분의 게슈탈트치료자들이 혼합된 집단상담의 모델을 사용하고 있다는 것을 보여 준다. 진커(Zinker, 1977)는 게슈탈트치료 집단 과정의 네 가지 원리로서 ① 현재 진행되는 집단 경험에 초점, ② 집단구성원의 자각을 발달시키는 과정, ③ 집단구성원 간의 적극적 접촉의 중요성 그리고 ④ 적극적으로 개입한 상담자에 의해 제안된 상호작용적 실험의 사용 등을 제안하였다.

게슈탈트치료 집단상담의 단일한 유형은 없다. 게슈탈트치료의 집단상담자들은 다양한 출처로부터 유형, 방식, 기법을 창조하고 빌려 오도록 촉진된다. 집단상담자가 어떤 집단상담 방식을 사용하느냐와 관계없이, 게슈탈트치료 집단상담은 집단구성원들이 자발성, 자기 규정, 자기 인식, 자기수용을 다룰 수 있는 실험적 기회를 제공한다. 일반적으로 게슈탈트치료 워크숍 집단이 내담자 중심적 훈련이기보다 치료자 중심적 훈련이지만, 상담자는 집단구성원들이 자신의 행동에 책임을 져야 한다는 점을 강조한다.

진커(Zinker, 1977)는 게슈탈트치료 집단상담의 구성원들이 성취할 목표로서 ① 자신이 원하고 필요한 것에 대해 서로에게 묻는 방법의 학습, ② 대인관계의 갈등을 효율적이고 창조적으로 다루는 방법의 학습, ③ 서로를 활성화하는 방법과 지역사회의 소속감, 상호 간의 지지와 존경을 성취하기 위해 집단을 활용하는 방법의 학습, ④ 보고 느낀 것을 해석하지 않고 서로에게 피드백을 해 주는 방법의 학습 그리고 ⑤ 집단상담자에게 계속적으로 의존함이 없이 집단구성원 간에 조력하는 방법과 문제 해결에 촉진적인 전문가로서 집단상담자를 활용할 수 있는 방법의 학습 등을 제안하였다.

∷ 게슈탈트치료 집단상담 프로그램의 구성 지침 및 평가

필자는 다음과 같은 기본 원칙을 갖고 게슈탈트치료 집단상담 프로그램을 개발하였으며, 그 결과를 평가하였다.

첫째, 집단상담의 중요한 요인인 집단 과정과 집단 역동성이 게슈탈트치료 집단상담 프로그램에 효율적으로 적용될 수 있도록 연구되어야 한다. 모든 집단상담 프로그램을 성공적으로 이끌기 위해서는 집단의 속성을 이해하여 집단의 초기 단계에서 마지막 단계에 이르는 집단 과정이 유연하게 진행되고 집단의 역동성이 발휘되어 내담자들의 문제 해결에 도움이 될 수 있도록 하는 것이 중요하다. 게슈탈트치료 집단상담의 주요 기법들을 적용하는 데에서 필요한 집단 과정과 집단의 역동성이 조사되고 탐구되어야 할 것이다.

둘째, 프로그램을 구성하는 데서 게슈탈트치료의 이론적 이해가 철저히 이루어져야 한다. 이론의 철저한 이해 없이 프로그램을 내담자들에게 적용한다면 그들에게 도움을 주기보다 해를 주리라 본다. 효과적이며 다양한 게슈탈트치료 기법들을 사용하기 위해서는 기법을 사용하는 상담자들의 게슈탈트치료의 이론적 · 철학적 이해가 선행되어야 한다. 이러한 측면에서 필자는 집단상담자들이 지혜롭게 프로그램을 사용할 수 있도록 게슈탈트치료의 전반적인 이론적 이해를 위한 연구뿐만 아니라 각 기법에 대한 이론적 근거를 연구하였다.

셋째, 게슈탈트치료 집단상담 프로그램을 구성하기 위한 다양한 상담 기법들이 조사되고 연구되어 집단상담의 효율성을 높일 수 있도록 프로그램이 구성되어야 한다. 현재 널리 알려진 빈 의자 기법, 강자－약자 혹은 공격자－방어자(topdog-underdog)의 대화기법 등을 포함하여, 게슈탈트 기도문의 이해, 언어적 혹은 비언어적 연습을 통한 책임감과 자각을 증진시키는 기법, 환상적 대화기법, 역전기법, 순회하기 기법, 과장하기 기법, 뜨거운 자리 기법, 감정에 머무르기 기법, 투사연기 기법, 자유로운 동작표현 기법 등이 구체적으로 조사되어 집단에 참여하는 내담자들의 연령과 문제 유형에 따라 적절하게 사용될 수 있도록 프로그램이 구성되어야 한다.

넷째, 게슈탈트치료 집단상담 프로그램이 효과적으로 적용될 수 있는 대상, 심리적 변인뿐만 아니라, 프로그램이 효과적으로 사용될 수 있도록 게슈탈트치료의 적용에 따른 유의점과 장단점이 조사되어야 한다.

이러한 기본적 지침을 갖고 필자는 일차적으로 문헌연구를 통하여 집단상담의 과정과 역동성을 이해하고 게슈탈트치료의 이론적 · 철학적 이해를 철저히 하려고 시도하였다. 이론적 이해와 각종 게슈탈트치료 기법의 탐구를 통해 8~10회(20시간)로 구성되는 게슈탈트치료 집단상담 프로그램을 개발하였다. 개발된 게슈탈트치료 집단상담 프로그램의 효과를 검증하기 위하여 자발적으로 집단상담에 참여한 대학생들을 대상으로 그들의 자존감, 자아개념, 인간적 성숙 등의 심리적 변인들에 미치는 효과가 다른 집단상담 프로그램과 비교하여 어떻게 다른가가 통계적으로 조사되었다.

2. 게슈탈트치료 집단상담 프로그램

개발된 게슈탈트치료 집단상담 프로그램의 전반적 개요와 프로그램의 구성 내용은 다음과 같다.

⁘ 프로그램의 개요

게슈탈트치료는 언어적이 아니고 행위를 강조한다는 점에서 경험적이고, 개인의 독립적 선택과 책임을 강조한다는 점에서 실존적이며, 개인이 가진 감정의 새로운 표현을 시도하도록 촉진한다는 점에서 실험적이다. 이 연구에서는 이러한 게슈탈트치료의 강조점에 근거하여 게슈탈트치료 집단상담 프로그램의 개발에 주력하였다. 특히 게슈탈트치료 기법들이 강조하는 지금과 여기에서 접촉과 자각을 통해 내담자들이 문제 해결과 인간적 성장을 도모하도록 프로그램을 구성하였다.

프로그램의 총 소요 시간은 20시간으로 일주일에 1회(2시간)를 만나면 두 달 반(1회에 2시간 30분이면 2개월)의 기간이 요구되며, 집중적으로 실시하면 2박 3일에 걸쳐 실시할 수 있도록 프로그램을 구성하였다. 그리고 프로그램을 진행할 집단상담자가 상담을 공부하는 대학원생들이기 때문에 쉽게 실시할 수 있는 기법들로 내용을 구성하였다.

또한 집단상담 프로그램의 효율적 · 실용적 측면을 고려하여 회기마다 전체 구성원들이 실시된 기법을 경험할 수 있는 다소 구조화된 게슈탈트치료 집단상담 프로그램을 개발하였다.

구성된 프로그램의 내용과 기법은 필자가 현장에서 활동하는 동안 청소년들과 상담 자원봉사자들을 대상으로 그 효과가 있다고 확인한 것이지만, 지도자를 훈련하는 과정에서 다소 수정될 수 있다. 개발된 게슈탈트치료 집단상담 프로그램의 개요를 소개하면 다음과 같다.

제1회 집단참여 동기, 게슈탈트 기도문 선서, 강의 및 토의, 환경지지보다 자기지지의 강조, 과제물 주기

제2회 지금과 여기의 삶(게슈탈트치료의 두 지지기반), 거기와 그때 및 미래(환상기법), 지금과 여기에서 감정 · 사고 · 행동을 자각하기 연습, 과제물 주기

제3회 비언어적 의사소통 게임, 신체적 접촉을 통한 상대방의 탐색과 경험, 피드백 주기

제4회 양면적인 갈등의 탐색과 통합 I, 강자－약자 놀이, 외향성－내향성 놀이, 남성적－여성적 측면의 역할놀이

제5회 양면적인 갈등의 탐색과 통합 II, 로봇과 바보 역할놀이, 빈 의자 기법을 통한 역할놀이

제6회 미해결된 문제 해결하기, 게슈탈트 순환의 이해

제7회 접촉의 중요성과 접촉의 체험, 불편한 정서(불안, 두려움)를 과장하기

제8회 자신의 감정 · 행동 · 사고에 책임지기, 순회를 통한 책임감 게임, 집단에 참여한 경험 발표

∷ 프로그램의 내용

제1회 집단상담

집단 참여 동기, 게슈탈트 기도문 선서, 강의 및 토의, 환경지지보다 자기지지의 강조, 과제물 주기

1. 환영 및 자기소개
   ① 환영사 및 집단상담자 소개
   ② 구성원 소개 및 기대 확인
   ③ 구성들의 동기와 연관지어 프로그램에 대한 확신 심어주기
2. 프로그램에 대한 소개 및 목적
   ① 게슈탈트치료 집단상담에 대한 간략한 설명: 게슈탈트 상담이란 펄스에 의해 창시된 현상학적 · 실존적 형태의 상담 형태라고 설명하고, 게슈탈트치료 상담의 핵심에 대

해 간단히 설명한다.

② 8회의 집단 활동에 대한 간단한 구조화: 각 회의 활동에 대한 간단한 언급과 함께 집단 활동에 적극적으로 참여하면 결국 자기에 대한 개념을 확고히 할 수 있고 충분히 기능하는 내가 될 수 있다고 설명한다.

3. 별칭 짓기 및 별칭 외우기 연습 (준비물: 펜, 종이)

① 종이와 펜을 나눠 주고 별칭을 짓는 이유를 설명하고 별칭을 쓰게 함

② 집단상담자가 본보기를 보여 준 후 구성원들의 별칭 소개

③ 별칭 외우기 연습

4. 집단의 규칙 설명

① 집단구성원의 의무와 권리 자료 배포

② 집단구성원의 의무 설명

③ 집단구성원의 권리 설명

5. 펄스의 게슈탈트치료에 대한 강의

① 강의 자료 배포

② 게슈탈트치료에 대한 강의(게슈탈트치료는 경험적 · 실존적 · 실험적인 상담이라는 것을 설명하고, 게슈탈트치료의 주요 개념 및 목표를 설명한다.)

6. 게슈탈트 선서

① 게슈탈트 선서 자료 배포

② 큰 소리로 따라 읽게 함

③ 선서 내용에 대해 집단구성원들 각자가 어떻게 생각하는지에 대한 집단 토의(평소 자신의 생각과 선서 내용을 비교

해서 소신 있게 자기 입장을 표현하도록 촉진한다.)

④ 요약 및 선서에 대한 강의(구성원들의 집단 토의 내용을 요약하고, 마지막 문장에 대한 강의를 한다. 강의할 때는 만남에 초점을 두고, 자기지지에 대해 강조한다.)

7. 마무리와 과제물 주기

① 소감 나누기(오늘 프로그램에 대한 피드백이나 구성원들끼리의 피드백 나누기)

② 과제물 주기: 현재 나와 가장 가깝다고 생각되는 사람과 나의 만남이 어떻게 이루어지고 있는지를 선서의 내용과 비교해서 생각해 보기

③ 마무리하기

제2회 집단상담

여기와 지금의 삶(게슈탈트치료의 두 지지기반), 거기와 그때 및 미래(환상 기법), 지금-여기에서 감정 · 사고 · 행동을 자각하기 연습, 과제물 주기

1. 과제 확인 및 토의

① 일주일 동안 생활에 대해 묻기

② 과제 확인(자신과 친한 사람과의 관계를 선서와 비교)

③ 발표된 내용에 대한 토의

2. 지금과 여기의 중요성에 대한 강의

① 실제 행동의 가치

- 시간적(현재 대 과거/미래)
- 공간적(존재하는 것 대 존재하지 않는 것)

–실제적(행동 대 상징)

② 자각과 경험 수용의 가치

③ 전체성 혹은 책임의 가치

3. 토의 및 보충 강의

게슈탈트치료와 禪(선)에 관한 관계성(실존성에 대한 강조–지금과 여기)에 대해 강의

–"배경의 통일적 관점으로부터 전경과 배경의 과정을 지각하는 것이 禪의 방법이다."(Joslyn, 1977)라는 것을 설명한다.

4. 집단 활동

감정, 사고, 행동의 세 가지를 자각하는 훈련

① 구성원들이 한 명씩 앞으로 나와서 집단상담자의 다음과 같은 질문에 답하게 한다(지금과 여기를 중심으로 하는 실습(뜨거운 자리기법)으로 구성원의 행동 관찰이 중요하다).

–당신은 지금 무엇을 하고 있습니까?

–당신은 지금 무엇을 느끼십니까?

–당신은 지금 무엇을 생각하고 있습니까?

–당신은 지금 무엇을 회피하거나 두려워합니까?: 문제 확인 과정

–당신은 지금 무엇을 자각하고 있습니까?: isism 상태에서 자각하게 한다.

② 집단상담자의 질문이 끝난 후 앞에 나온 구성원에 대하여 나머지 구성원들은 관찰한 것을 피드백해 준다. 피드백을 할 때 '뜨거운 자리'에 앉아 있는 사람은 반응하지 않고 경청만 한다.

③ 집단구성원 전체가 한 번씩 뜨거운 자리의 경험을 하고 피드백을 받은 후 전체가 배우고 느낀 바를 토의한다. 유의 사항은 다음과 같다.

- 집단상담자는 시간을 고려해서 융통성 있게 적용하며 두세 가지 질문만 해도 좋다.
- 피드백을 하도록 강요하지 말고 없으면 '통과'라고 말한다.
- 피드백은 눈에 보이고, 느껴지고, 그냥 생각하게 되는 것을 솔직하게 해야 한다.

4. 전체 회기에 대한 피드백 나누기

두 번째 회기에 대한 전반적 평가 및 집단 활동에 대한 소감을 자연스럽게 얘기한다.

5. 과제물 주기 및 마무리

① 과제물 제시: 일주일 동안 생활하면서 자신이 회피하거나 두려워하는 상황을 느껴 보고, 생각하는 등 집단 활동에서 배운 것을 적용해 보기

② 결석과 지각을 하지 않기를 강조한 후 마무리

제3회 집단상담

비언어적 의사소통 게임, 신체적 접촉을 통한 상대방의 탐색과 경험, 피드백 주기

1. 과제 확인 및 토의
2. 강의

① 게슈탈트치료 집단 과정의 네 가지 주요 원리

-현재 진행되고 집단 경험이 최우선

-집단에서 일어나는 과정에 대한 자각

-구성원들 간의 능동적인 접촉의 중요성

-능동적으로 참여하는 지도자에 의해서 야기된 상호작용적 실험의 사용

② 자각의 중요성과 자각을 위한 실험

-자각은 '지금'의 경험이다(지금과 여기를 강조: 지금 여기서 어떻게 진행되는가?)

-자각의 세 가지 종류: 외부 세계의 자각(보고, 듣고, 지각하는 것 모두), 내부 세계의 자각(눈을 감고 있어도 마음속의 감정을 아는 것), 환상(fantasy) 활동의 자각

(주의: 2회기 때 했던 강의 내용이나 활동과 연관시켜서 설명한다.)

3. 이심전심 게임(언어 외에 자각의 민감성을 느끼기)

① 집단구성원들을 두 팀으로 나누어 횡렬로 세우고 한 팀이 먼저 손만을 이용해서 지시를 하면 다른 팀은 이에 따라서 행동한다. 한쪽 팀이 2분 정도 한 후 역할을 바꾸어 실시한다(이때 양 팀 모두 말은 하지 않도록 주의시킨다).

② 활동에 대한 느낌 나누기

4. 신체적 접촉을 통한 상대방의 탐색과 경험

① 신체적 접촉을 통한 자각 게임: 구성원들을 차례로 한 명씩 앞으로 나오게 해서 앉아 있도록 하고 나머지 구성원들이 차례로 나와서 약 30초 동안 앞에 나와 있는 사람의 팔과 얼굴만을 접촉하도록 한다. 이때도 서로 말을 하지 않

도록 한다(오관을 이용해서만 탐색 혹은 접촉을 하도록 한다).

② 전체 느낌 나누기: 앞에 나가서 자신이 탐색의 대상이 된 느낌이 어떠했는지 그리고 다른 사람을 탐색했을 때 어떤 느낌이 들었는지를 서로 이야기하도록 한다(지난 회기는 전반적인 자각을 위한 활동에 초점을 맞추었으며, 이번 회기는 외부적인 자각 및 내부적인 자각을 위한 활동이었음을 설명한다).

5. 마무리 및 과제물 주기

① 전체 요약 및 평가

② 과제물 주기: 이번 회기에서 했던 활동을 응용한다. 즉, 한 사람을 선정해서 그 사람의 팔과 얼굴을 접촉하고 상대방도 자신을 접촉하게 한 후 서로 느낌에 대해 토의하기

제4회 집단상담

양면적인 갈등의 탐색과 통합 I, 강자-약자 놀이, 외향성-내향성 놀이, 남성적-여성적 측면의 역할놀이

1. 과제 확인 및 토의

① 지난 시간에 미흡했던 점에 대한 토의 및 집단 전반에 대한 질의응답

② 과제 확인

2. 양극성의 원리에 대한 강의 및 토의

① 동전의 양면성처럼 당신도 양면적이다.

② 양면성의 원리

-양면이 있지만 내가 지각하는 면이 있다.

- 모든 사물의 균형점은 영점(zero point)이다.

시작-------- 끝

과거-------- 미래

빛---------- 어두움

- 장에 대한 변별이 필요하다(양극성으로 장을 변별화).
- 레빈(Lewin)에 따르면, 욕구는 장을 조직화한다. 그리고 개인은 자신의 장을 양극으로 변별화한다. 다시 말하면, 그의 욕구를 충족하는 것과 충족시키지 못하는 것은 더 형태적이며, 반면에 그것들의 반대는 배경으로 후퇴한다.

(주의: 동양의 음양의 원리와 게슈탈트 원리가 비슷함을 설명한다.)

3. 양극성에 대한 브레인스토밍: 양면적인 사물의 위치나 사람의 양면성에 대한 토의
   ① 포괄적인 양극성의 이해
   ② 인간의 성격적인 측면에 대한 이해
4. 양극성에 대한 활동 및 실습
   ① 자신의 이기적인 면과 이타적인 면을 생각해 보고 상황을 설정하여 이야기하기
   ② 자신의 열등한 면과 우등한 면을 생각해 보고 이야기하기
5. 마무리 및 과제물 주기
   ① 전체 활동에 대한 소감 나누기
   ② 과제물 주기: 자신의 남성적인 면과 여성적인 면에 대해서 생각해 보기

제5회 집단상담

양면적인 갈등의 탐색과 통합 II, 로봇과 바보 역할놀이, 빈 의자 기법을 통한 역할놀이

1. 지난주 미흡한 점에 대한 토의 및 과제 확인
2. 로봇, 바보놀이를 통한 양극성의 이해
   ① 로봇은 철저히 통제되어 행동하는 기계적인 인간이고, 바보는 철저히 이성적이지 못하고 본능적으로 행동하는 인간인데, 이를 비언어적으로 시행해서 연극적인 행동을 해본다.
   ② 집단상담자는 구성원들을 두 팀으로 나눠서 실시하며 교대로 역할연습을 하게 한다.
   ③ 소감 나누기: 로봇이 되었을 때와 바보가 되었을 때의 경험에 대한 각자의 소감을 발표한다.
   (주의: 환상 여행(fantacy trip)을 통해 어떤 역할을 해 봄으로써 많은 것을 배울 수 있다는 점을 집단구성원들이 체득하도록 한다.)
3. 빈 의자 기법을 통한 뜨거운 자리
   ① 강자(topdog)와 약자(underdog)에 대한 강의
   펄스는 우리의 무의식적 행동을 지배하는 2개의 자기 부분을 각각 강자와 약자라고 명명했다. 강자는 "~해야 한다."는 식의 강박적이고, 개인에게 있어서 우월한 측면을 말한다. 이러한 강자는 프로이트의 초자아 개념에 해당되는 것으로서, 내사된 가치관이나 도덕적 명령들이고, 권위적이고 지시적이다. 강자는 항상 약자에게 도덕적 명령

을 하며, 약자의 게으름을 질타하고 몰아 붙인다. 그리고 강자는 완벽주의를 추구하며, 약자에게 도달할 수 없는 이상을 요구한다. 하지만 강자가 항상 힘이 센 것은 아니다. 이에 못지않게 약자가 강하게 작용을 할 수도 있다. 약자는 핑계를 대고 변명하고 수동적인 면으로서, 억압되고 희생된 인격의 측면이다. 즉, 늘 설교를 듣고, 괴롭힘 당하는 어린애 측면의 대표라고 할 수 있다. 그는 항상 강자에게 다음에는 잘하겠다고 말하지만 행동은 꾸물거리고 태만함으로써 결국 강자와의 게임에서 승리한다. 즉, 표면적으로는 강자의 명령에 복종하는 척하지만, 계속 강자가 몰아 붙이면 변명을 하거나 상황을 회피해 버림으로써 만만치 않은 저력을 보인다. 이처럼 우리의 인격은 강자와 약자로 양분되어 싸우며 서로 통제하려 하고, 그 결과 끝없는 싸움에 말려들어 창조적인 에너지를 고갈시킨다. 이러한 상태를 펄스는 신경증적인 '자기고문 게임(self-torture game)'이라고 불렀다. 게슈탈트치료에서는 이러한 자기고문 게임을 중단시켜 강자와 약자 간에 진정한 대화의 통로를 열어 줌으로써 문제를 해결하도록 돕는다.

② 집단상담자의 본보기

③ 구성원들의 강자, 약자의 2개의 의자를 통한 대화체험: 강자, 약자와의 대화 체험 후에 소감 나누기

- 체험 후 자신의 기분 묻기
- 구성원들이 피드백해 주기

- 피드백을 받고 나서의 소감 말하기
- 피드백을 종합해서 집단상담자가 언급하고 정리

4. 마무리 및 과제물 주기

① 활동 요약 및 정리

② 과제물 주기: 자신의 다양한 강자, 약자의 측면을 생각해 보고 이를 체험해 보기

제6회 집단상담

미해결된 문제 해결하기, 게슈탈트 순환의 이해

1. 과제 확인

지난 회기에 뜨거운 자리에 앉아 보지 않은 구성원 중 한두 명을 2개의 빈 의자에 앉게 하고 강자와 약자의 대화를 하게 한다.

2. 미해결된 과제와 회피에 대한 강의

게슈탈트치료에서 가장 주요하게 다루는 문제는 '회피'와 '미해결된 과제'다. 전경-배경 원리에서도 설명되었듯이, 과거의 미해결된 과제는 게슈탈트로 형성되지 못한 상태다. 미완성된 일은 우리를 무척 괴롭히는 숨겨진 감정, 기억 그리고 사고라고 할 수 있다. 회피는 이러한 미완성된 일로부터 우리 자신을 멀리 지키는 수단이다. 우리는 회피함으로써 불편한 감정에 직면하지 않으려 한다. 하지만 우리가 우리의 고통, 불안, 애도 및 분노를 회피하는 것은 우리에게 도움이 되지 않는다. 오히려 그것을 충분히 직면하고 경험할 필요가 있다. 회피와 미해결된 과제는 매우 밀접하게 관련되어 있어

서 미해결된 과제가 남아 있으면 다른 게슈탈트를 형성하는 데 방해가 된다. 예를 들면, 시험 결과가 안 좋을 때 그것을 잊어버리지 못하고 그걸로 계속 상처를 받는다면 다른 일이 손에 잡히지 않을 것이다. 펄스는 미완성된 일을 완성된 일로 바꾸는 것이 게슈탈트의 완성이라고 했다. 그리고 해결되지 않은 사건을 해결한다는 것은 지금의 상태에서 그것들을 이해하고, 화해하는 것이다.

3. 과거의 미해결된 일 찾기

과거에 일어난 사건 중에서 자신에게 상처를 주었던 사건이나 자신이 회피하는 사람을 기억해 보고 얘기한다. 즉, 현재 두려워하고 회피하는 것을 추적해 본다.

① 나는 ~(상황)을 피합니다.

② 나는 ~을 생각하면 기분이 나빠집니다.

4. 역할 연습(빈 의자 기법)

과거의 상황을 설명하고, 그 상황으로 돌아가서 그 사람과의 관계를 역할 연습을 한다.

(주의: 집단상담자는 구성원이 자발적으로 참여하도록 유도한다.)

5. 마무리 및 과제물 주기

① 역할 연습 및 오늘 활동에 대한 소감 나누기

② 과제물 주기 (다음 과제 중 선택)

- 자기와 부모와 가장 기분 나빴던 일 또는 가장 상처 받았던 일 또는 아직도 자신을 괴롭히는 상황을 역할 연습하기
- 친구나 애인, 교수와의 사이에서 가장 기분 나빴던

일, 상처를 받았던 일, 아직도 나를 괴롭히는 상황을 역할 연습하기(대인 관계적 상황)

제7회 집단상담

접촉의 중요성과 접촉의 체험, 불편한 정서(불안, 두려움)를 과장하기

1. 과제 확인
   ① 과제 확인
   ② 빈 의자 기법을 통한 역할 연습(1~2명 정도)
   ③ 요약 및 정리
2. 게슈탈트 순환에 대한 강의 및 토의

   건강한 사람은 다음과 같은 게슈탈트 순환을 자연스럽게 반복하면서 성장한다.

   ① 휴식의 상태(배경): 변별되지 않은 상태
   ② 욕구의 출현: 감각을 통해서
   예) 배가 고프거나 목이 마르다.
   ③ 자각 또는 알아차림, 사고
   예) '아! 내가 목이 마르구나!'
   ④ 선택: 에너지의 이동
   여러 가지 욕구가 동시에 출현할 수 있는데 이 중에서 우선적인 것을 선택
   예) 목이 마를 때, 전화가 온 경우→ 물을 먼저 마심
   ⑤ 에너지 동원
   ⑥ 접촉: 움직임과 행동

예) 자신의 목마름과 접촉

⑦ 동화 또는 거부: 다시 알아차림

⑧ 만족: 목마름에 대한 만족

⑨ 철회: 에너지 철회

그리고 그다음 단계의 게슈탈트가 형성되고, 출현한다.

3. 접촉의 중요성과 접촉의 체험

① 접촉과 그것의 중요성에 대한 강의

게슈탈트 순환에서 가장 강조되는 것은 접촉이다. 접촉은 '~와의 접촉'인데, 여기에는 자기 자신과의 접촉, 대인관계 접촉, 환경과의 접촉이 있다. 이러한 접촉을 위해서 가장 중요한 것은 게슈탈트 순환과 감각이다. 우리는 시각, 청각, 촉각, 미각, 후각의 오관을 이용해서 환경과의 접촉을 시도한다. 예를 들면, 방 안에서 어떤 사람이 담배를 피울 때, 우리는 그 연기와 시각적으로 접촉한다. 그런데 밖에서 들어온 사람은 후각에 의해 접촉하게 된다. 이처럼 우리가 환경과 접촉하는 것은 거의 이러한 감각기관에 의존하는 것이다. 자기 자신과의 접촉은 '자기경계'를 어떻게 한정하느냐에 따라 접촉의 폭이 다양하게 조정될 수 있다. 그리고 우리는 '나-경계'에 포함되는 부분들과는 쉽게 접촉할 수 있지만, 그것을 넘어서는 범위의 행동이나 욕구, 감정 및 가치관에 대해서는 접촉하기가 힘들다. 타인과 접촉할 수 있는 방법 중 인간이 개발한 가장 독특한 방식이 대화다. 우리는 대화를 통해 타인과의 거리를 좁힐 수 있을 뿐만 아니라, 상대편의 깊은 내면

과도 접촉할 수 있다. 이때 진정한 대화가 되기 위해서는 '나-당신의 관계(I-Thou relationship)'가 되어야 한다. 즉, 우리는 흔히 '~에 대해서 얘기(talking about)'하는데, 그러지 말고, '~에게 직접 얘기(talking to)'해야 한다. 이는 말하는 이가 상대편에 대한 생각이나 감정, 욕구, 지각 등을 상대에게 직접 표현하는 것을 뜻하는데, 이러한 형식은 서로 간의 거리를 없애고 직접적인 접촉을 촉진한다. 그리고 미해결된 과제는 '접촉하지 못한 것'이라고 할 수 있다. 그래서 미해결 과제를 접촉함으로써 직면하는 것은 중요하다. 의미 있는 접촉이 없이 성장하는 것은 없다. 게슈탈트치료 상담 목표 중 하나는, 건강한 접촉 기능의 회복으로 내담자를 인도하기 위해서 내담자의 자각을 민감하게 하고, 자각하도록 교육시키는 것이다. 변화는 접촉 경계의 본질이다. "변화는 접촉이다."

② 대인 관계 중 불편한 정서 확인하기

"타인과의 관계 속에서 불편한 정서는 무엇인가?"(정서에 초점 두기)

(주의: 집단상담자는 구성원들이 이야기한 내용을 자세히 파악하여 8회와 연결시킨다.)

③ 접촉 경험하기

- 과장하기
- 반복하기

4. 마무리 및 과제물 주기

① 질의응답 및 소감 나누기

② 과제물 주기: 지난 회기에는 역할연습을 통해 혼자 해 보는 것이었는 데 비해 자신이 표현하고 싶은 내용을 상대방에게 직접적으로 표현해 보기(나-전달법을 통해 상대방에 직접 표현)

제8회 집단상담

자신의 감정 · 행동 · 사고에 책임지기, 순회를 통한 책임감 게임, 집단에 참여한 경험 발표

1. 지난 시간 미흡한 점에 대한 토의 및 과제 확인
2. 성장을 방해하는 요소 탐색(준비물: 종이)

   지금-여기에서, 또는 최근에 자기가 싫어하고, 회피하고, 고치고자 하는 사고 · 행동 · 감정을 써 본 후 발표하기

   ① 문장으로 써 보기

   ② 두세 단어로 요약하기

   (주의: 만약 이것을 못한다면 집단상담자와 구성원들이 돕는다.)

   ③ 발표하기
3. 순회 및 책임감 게임

   ① 집단상담자의 본보기

   ② 구성원들이 돌아가며 "나는 ~에 대해 책임을 집니다."라고 각 구성원을 똑바로 쳐다보면서 표현하도록 한다.

   ③ 책임감 게임에 대한 토의 및 정리

   (주의: 눈은 똑바로 상대방을 보고, 목소리는 크게 한다.)

〈휴식〉

4. 평가

① 사후 검사하기

② 프로그램 평가하기(20분)

5. 마무리

8회기 동안의 활동에 대해 토의한 후 종결

3. 프로그램의 평가

게슈탈트치료 집단상담 프로그램의 효과를 알아보기 위하여 대학생들을 대상으로 프로그램을 실시하여 연구한 결과를 제시하면 다음과 같다.

⸬ 연구 방법

1. 피험자

이 연구의 피험자는 대학생들로 51명(남자 21, 여자 30)이었다. 피험자들은 대학 구내에 게재한 '자기성장 집단상담 프로그램'이란 제목의 포스터를 보고 자발적으로 참여한 학생들이었다.

집단상담에 지원한 피험자는 총 62명이었으며, 이들은 각각 두 집단으로 구성된 게슈탈트치료와 참만남 집단상담 및 통제집단에 자기의 스케줄에 맞추어 참여하였다. 지원한 집단상담에 마지막까지 참석하고 사전-사후검사를 하여 최종적으로 연구의 자료분석에 이용된 피험자의 수는 게슈탈트치료 집단 16명(남자 9명, 여자 7명), 참만남 집단 19명(남자 9명, 여자 10명), 통제집단 16명(남자 3명, 여자 13명)으로 총 51명이었다.

2. 집단상담 지도자

이 연구의 집단상담 지도자는 상담을 공부하는 대학원생 8명(남자 1명, 여자 7명; 박사과정 1명, 석사과정 7명)으로 필자에게 사전에 집단상담의 프로그램에 대한 교육과 실습을 받은 후 한 집단에 2명의 지도자가 참석하여 집단상담의 프로그램을 진행하였다.

3. 연구 도구

개발된 게슈탈트 집단상담의 효과를 비교 평가하기 위하여 사용된 도구들은 다음과 같다.

• 집단상담 프로그램

– 게슈탈트치료 집단상담 프로그램

– 참만남 집단상담 프로그램(연구자에 의해 개발된 다소 구조화된 참만남 집단상담 프로그램(Carl Rogers' Encounter Group Counseling Program)으로 총 20시간(8회, 매주 2시간 30분)으로 구성)

• 프로그램 평가를 위한 검사 도구 및 집단상담 평가서

개발된 게슈탈트치료 및 참만남 집단상담 프로그램의 효과를 평가하기 위하여 연구에서 사용한 도구 및 집단상담 평가서는 다음과 같다.

– 자존심검사: 로젠버그(Rosenberg, 1965)가 만든 척도로,

10문항으로 구성되어 있으며, 리커트식 4점 척도다. 이 연구에서 신뢰도 계수는 .65였다.

- 자아개념검사: 셔우드(Sherwood, 1962)가 만든 척도로, 15문항으로 구성되어 있으며, 짝지어진 형용사를 대비시킨 리커트식 11점 척도다. 이 연구에서 신뢰도 계수는 .79였다.
- 행동의 자기분석척도: 집단상담의 효과를 평가하기 위하여 다이어와 브리엔드(Dyer & Vriend, 1975)가 개발한 척도로, 50문항으로 구성되어 있다. 25문항은 자기 패배적 행동을 측정하고, 나머지 25문항은 충분히 기능하는 행동을 측정한다. 집단 경험 후 인간성숙지수(Personal Mastery Index)를 구하는데, 지수는 충분히 기능하는 행동점수에서 자기 패배적 행동점수를 뺀 점수다. 이번 연구에서는 인간성숙지수를 사용하여 집단상담의 효과를 측정하였다. 이 척도는 필자가 번안하여 사용하였으며, 이 연구에서의 신뢰도 계수는 .69였다.
- 집단상담 평가서: 프로그램의 전체적인 평가를 하기 위해 필자가 제작한 것으로 프로그램이 참여자에게 얼마나 도움이 되었는가와 프로그램의 전체적인 구조 및 내용에 대한 만족도를 평가하게 하였으며, 더불어 사고 · 행동 · 감정 영역으로 나누어 어느 정도 도움이 되었는가를 평가하도록 하였다. 더 나아가 구체적으로 자신의 어떤 문제에 도움이 되었는가를 기술하도록 구성한 평가서다.

4. 집단상담 기간, 절차 및 내용

게슈탈트치료와 참만남 집단상담은 각각 주 1회 2시간 30분씩

8회에 걸쳐 실시되었으며, 총 20시간으로 짜여진 프로그램이다. 피험자들은 집단상담을 신청하러 왔을 때 사전검사를 받았으며, 집단상담이 끝난 후에 사후검사 및 집단상담 평가서를 작성하였다.

5. 연구 설계 및 통계 처리

연구자가 개발한 게슈탈트치료 집단상담의 효과를 검증하기 위하여 비교집단으로 참만남 집단, 통제집단의 사전-사후 검사 점수의 변화를 비교하는 t-검증을 하여 분석하였다. 각 종속변인에서 사전에 세 집단 간의 동질성을 검증하기 위하여 F-검증을 하였다.

:: 연구 결과

개발한 게슈탈트치료 집단상담 프로그램을 평가하기 위하여 사전-사후 검사의 점수를 계산하여 두 점수 간의 t-검증을 하였다. 먼저, 세 집단 간에 동질성을 알아보기 위하여 사전검사의 F-검증을 한 결과, 각 변인에서 사전에 동질성이 있음이 입증되었다. 이러한 결과와 각 변인에 따라 t-검증한 결과를 제시하면 다음과 같다.

1. 자존심에 미치는 게슈탈트치료 집단상담 프로그램의 효과

자존심에 미치는 집단상담 프로그램의 효과를 알아보기 위한 사전-사후 검사의 평균, 표준편차 및 t값은 〈표 9-1〉과 같다.

표 9-1 자존심에 대한 사전-사후 검사의 평균, 표준편차 및 t값

구분	게슈탈트 집단(n=16)			참만남 집단(n=19)			통제집단(n=16)		
	평균	표준편차	t	평균	표준편차	t	평균	표준편차	t
사전	23.13	3.36	4.44**	22.47	3.52	2.27*	23.50	3.33	0.47
사후	20.63	3.83		19.47	5.81		23.19	2.81	

* $p < .05$, ** $p < .001$
주: 평균 점수가 적을수록 자존심이 더 높음을 의미한다.

세 집단의 동질성을 알아보기 위해 사전검사 점수를 F-검증한 결과는 $F(2, 48) = .41(p > .67)$로 동질성이 확인되었다. 〈표 9-1〉에 나타난 것처럼, 자존심의 t-검증의 결과는 게슈탈트 집단에서는 $t(15) = 4.44(p < .001)$, 참만남 집단에서는 $t(18) = 2.27(p < .05)$로 모두 유의미한 차이를 보여 주었다. 그러나 통제집단에서는 $t(15) = 0.47(p > .65)$로 유의미한 차이가 없었다. 이러한 결과는 게슈탈트치료 집단상담 프로그램이 가장 유의하게 자존심을 향상시키는 데 도움이 되었다는 것을 보여 준다.

2. 자아개념에 미치는 게슈탈트치료 집단상담 프로그램의 효과

자아개념에 미치는 집단상담 프로그램의 효과를 알아보기 위한 사전-사후 검사의 평균, 표준편차 및 t값은 〈표 9-2〉와 같다.

세 집단의 동질성을 알아보기 위해 사전검사 점수를 F-검증한 결과는 $F(2, 48) = .79(p > .46)$로 동질성이 확인되었다. 〈표 9-2〉에 나타난 것처럼, 자아개념의 t-검증의 결과는 게슈탈트치료 집단에서는 $t(15) = 3.43(p < .01)$, 참만남 집단에서는 $t(18) = 3.45(p < .01)$로 모두 유의미한 차이를 보였으나, 통제집단에서는 $t(15) = 0.21(p > .83)$로 유의미한 차이가 거의 없었다. 이러한 결

표 9-2 자아개념에 대한 사전-사후검사의 평균, 표준편차 및 *t*값

구분	게슈탈트 집단(n=16)			참만남 집단(n=19)			통제집단(n=16)		
	평균	표준편차	t	평균	표준편차	t	평균	표준편차	t
사전	68.44	17.77	3.43*	67.26	17.58	3.45*	73.75	11.14	0.21
사후	58.00	20.31		54.63	20.34		72.88	17.54	

** $p < .01$
주: 평균 점수가 적을수록 자아개념이 더 긍정적임을 의미한다.

과는 게슈탈트치료 집단상담 프로그램이 자아개념의 변화에 효과가 있음을 보여 준다.

3. 인간성숙지수에 미치는 게슈탈트치료 집단상담 프로그램의 효과

인간성숙지수에 미치는 집단상담 프로그램의 효과를 알아보기 위한 사전-사후 검사의 평균, 표준편차 및 *t*값은 〈표 9-3〉와 같다.

표 9-3 인간성숙지수에 대한 사전-사후검사의 평균, 표준편차 및 *t*값

구분	게슈탈트 집단(n=16)			참만남 집단(n=19)			통제집단(n=16)		
	평균	표준편차	t	평균	표준편차	t	평균	표준편차	t
사전	-1.19	11.86	2.13*	5.47	12.82	2.11*	3.69	12.93	0.05
사후	6.06	11.89		12.42	12.15		3.56	13.92	

* $p < .05$

세 집단의 동질성을 알아보기 위해 사전검사 점수를 F-검증한 결과는 $F(2, 48)$ =1.28($p > .29$)로 동질성이 확인되었다. 〈표 9-3〉에 나타난 것처럼, 통제집단은 $t(15)$ = 0.05($p > .96$)로 전혀 유의미한 차이가 없으나, 게슈탈트치료 집단에서는 $t(15)$ = 2.13($p < .05$), 참만남 집단에서는 $t(18)$ = 2.11($p < .05$)로 모두 유의미한 차이를 보였다. 이러한 결과는 게슈탈트치료 집단상담 프로그램이 인간

성숙지수의 변화에 효과가 있음을 보여 준다.

4. 집단상담 평가서에 나타난 게슈탈트치료 집단상담 프로그램의 효과

게슈탈트치료 집단에 참여한 16명이 평가한 프로그램에 대한 평가서를 분석한 결과는 다음과 같다.

프로그램이 얼마나 도움이 되었는가를 리커트식으로 묻는 문항에 '매우 도움이 되었다'고 대답한 피험자 수는 8명(50%), '약간 도움이 되었다'고 대답한 피험자 수는 8명(50%)이었다. 이러한 결과는 게슈탈트치료 집단상담 프로그램이 대학생들의 자기성장에 도움이 되었다는 것을 보여 준다. 좀 더 구체적으로 도움이 되었던 영역을 사고 · 행동 · 감정 혹은 정서의 변화로 나누어 평가하도록 하였다. 사고의 변화에 '매우 도움이 되었다'고 대답한 피험자 수는 6명, '약간 도움이 되었다'고 대답한 피험자 수는 9명으로, 16명 중 15명이 도움이 되었다고 평가하였다. 행동의 변화에 '매우 도움이 되었다'고 대답한 피험자 수는 3명, '약간 도움이 되었다'고 대답한 피험자 수는 9명으로, 모두 12명이 도움이 되었다고 평가하였다. 감정 및 정서의 변화에 '매우 도움이 되었다'고 대답한 피험자 수는 5명, '약간 도움이 되었다'고 대답한 피험자 수는 9명으로, 모두 14명이 도움을 받았다고 평가하였다.

게슈탈트치료 집단상담 프로그램의 전체적인 구조에 대한 만족도를 묻는 문항에 대한 응답을 분석한 결과는 '매우 만족하였다'고 대답한 피험자 수는 2명, '약간 만족하였다'고 대답한 피험자 수는 11명, '그저 그렇다'고 대답한 피험자 수는 2명, '거의 만족하지 못하였다'고 대답한 피험자 수는 1명이었다. 이러한 결과는 대부분의 피험자 13명(81%)이 만족했음을 보여 준다.

전반적인 내용에 대한 만족도에 대해서는 '매우 만족하였다'고 대답한 피험자 수가 3명, '약간 만족하였다'고 대답한 피험자 수는 11명, '그저 그렇다'고 대답한 피험자 수는 1명, '거의 만족하지 못하였다'고 대답한 피험자 수는 1명이었다. 이는 대부분의 피험자인 14명(88%)이 만족한 것으로 해석할 수 있다.

집단상담 지도자에 대한 만족도에 대해서는 '매우 만족하였다'고 대답한 피험자 수가 6명, '약간 만족하였다'고 대답한 피험자 수는 6명, '그저 그렇다'고 대답한 피험자 수는 3명, '거의 만족하지 못하였다'고 대답한 피험자 수는 1명이었다. 대부분의 피험자인 12명(75%)이 집단상담 지도자에 만족한 것으로 나타났다.

가장 도움이 되고 인상 깊었던 내용이나 기법을 구체적으로 기술하라는 문항에서 빈 의자 기법과 강자 - 약자의 대화가 10명으로 가장 인기가 있었었고, 신체적 접촉(4명), 책임감 게임, 피드백, '직접적 나 - 전달법' 등이 좋았다고 반응하였다.

4. 요약 및 제언

이 연구는 다소 구조화된 게슈탈트치료 집단상담 프로그램을 개발하여 그 효과를 검증하는 것이었다. 게슈탈트치료의 창시자인 펄스는 기본적으로 게슈탈트치료자가 기법을 사용하는 것을 반대한다(Perls, 1970, p. 1)는 입장을 취하고 있다. 하지만 조력을 필요로 하는 내담자의 문제에 맞추어 효율적인 상담자는 유연하게 기본적 게슈탈트치료 원리를 이용한 기법을 활용할 수 있으리라 본다. 국외에서는 게슈탈트치료 집단상담의 효과가 많이 연구되고 활용되는 실정인데 비해, 국내에서는 김정규(1994), 한기백(1995) 등이 게슈탈트치료 집단상담의 효과를 검증한 것을 제외하고 거의 연구가 이루어지지 않는 실정이다. 이 연구에서는 실제적이며 다소 구조화된 게슈탈트치료 집단상담 프로그램을 개발하여 대학원에서 상담을 공부한 사람이면 쉽게 적용하는 것을 목적으로 하였다. 더불어 게슈탈트치료의 이론적 경향이 동양의 禪과 비슷한 점을 감안하여 이러한 측면을 부분적으로 프로그램에 삽입하였다.

개발된 게슈탈트치료 집단상담의 효과를 검증한 결과를 보면, 세 집단의 비교에서 자존심의 향상에 가장 의미 있는 변화를 가져왔음을 보여 주었다. 즉, 비교집단인 참만남 집단도 의미 있는 변화가 있었으나 게슈탈트치료 집단에 비해 다소 적은 변화가 있었으며, 통제집단에서는 전혀 변화가 없었다. 자아개념의 변화에 미치는 프로그램의 효과에 대해서는 게슈탈트치료와 참만남 집단 모두에서 유사한 의미 있는 변화를 보였으나, 통제집단에서는 변화가 없었다. 인간성숙지수에 대해서도 게슈탈트치료와 참만남 집단 모두에서 유사한 의미 있는 변화를 보였으나, 통제집단에서는 변화가 없었다. 또한 집단참여자들이 평가한 집단상담 평가서에 나타난 게슈탈트치료 집단상담 프로그램의 효과에서도 사고 · 감정 · 행동의 세 영역에 도움이 됐다는 것을 보여 주었다. 더불어 프로그램의 전체적인 구조와 내용에 대해서도 만족하다는 평가를 하였다.

이러한 결과를 요약해 볼 때, 개발된 게슈탈트치료 집단상담 프로그램이 내용과 구조적 측면에서 적절하게 구성되었다는 것을 보여 주며, 자존심 · 자아개념 · 인간성숙의 변화에 효과가 있는 것으로 나타났다.

이러한 결과를 바탕으로 개발된 게슈탈트치료 집단상담 프로그램을 유용하게 활용하기 위하여 몇 가지 제안을 하면 다음과 같다.

첫째, 개발된 게슈탈트치료 집단상담 프로그램을 실시하려는 집단상담자의 자질에 관련된 문제다. 프로그램이 아무리 좋다하더라도 집단상담자가 이론과 실습을 겸비하지 않고 프로그램을 진행하면 기대하는 결과를 얻지 못할 것이다. 집단상담자는 게슈탈트치료에 대한 철저한 이론적 이해와 집단역동의 과정에 대한 이해가 필요하며, 실습을 통해 유연성 있게 집단을 이끄는 능력이 필요하다.

둘째, 개발된 게슈탈트치료 집단상담 프로그램은 대학생들을 대상으로 하여 내용이 구성되었으므로 다른 집단에 사용할 때에는 다소의 변경이 필요하다. 즉, 참여자들의 연령이나 지적 수준을 고려하여 프로그램의 구성이나 내용이 적절하게 변경되는 것이 필요하다. 대학생이 아닌 청소년의 자기수용, 자기표현력, 책임감의 향상과 그들의 부적절한 심리적 문제를 해결하도록 돕는 데에는 보다 쉬운 언어적 내용으로 프로그램이 재구성되는 것이 필요하다.

셋째, 프로그램의 효과에서 나타난 것처럼, 인간 성장 및 잠재력개발을 원하는 많은 정상적인 사람들에게 개발된 게슈탈트치료 집단상담 프로그램은 효과적인 방법으로 적용될 수 있다. 게슈탈트치료가 자각과 자신의 책임감을 강조하기 때문에 게슈탈트 치료 기법들이 현재 다양하게 실시되고 있는 감수성 훈련, 잠재력 개발, 갈등 해소 훈련, 성취 동기 훈련 등의 집단상담 및 훈련에 활용될 수 있으리라 본다.

넷째, 이 프로그램은 불안, 죄의식, 대중공포, 우울, 강박적 사고 및 행동 등 다양한 심리적 문제를 가진 정상인들뿐만 아니라 신경증과 정신질환을 가진 사람들의 심리적 문제 해결에도 적용할 수 있으리라 본다.

다섯째, 이 프로그램은 2개월 동안 8회에 걸쳐 실시했지만, 참여자들의 필요와 집중적 효과를 얻기 위해 2박 3일이나 1박 2일(2회)로 프로그램을 실시할 수 있다.

마지막으로, 상담 영역에서 다중문화주의를 강조하는 관점에서 볼 때 한국인의 문화적 배경을 고려하여 프로그램의 내용을 구조화하는 것이 바람직하다고 본다. 게슈탈트치료와 동양의 禪의 유사점을 바탕으로 불교와 禪의 내용에 친숙한 한국인의 문화적 특성을 고려하여 프로그램을 참여자들에게 적용할 때 좀 더 쉽게 게슈탈트치료에 대한 이해를 집단 참여자들에게 줄 수 있으리라 본다.

제 10 장

게슈탈트치료와 禪에 근거한 집단상담 프로그램

1. 尋牛(심우): 소를 찾는다.
2. 見跡(견적): 소의 발자취를 본다.
3. 見牛(견우): 소를 본다.
4. 得牛(득우): 소를 붙잡는다.
5. 牧牛(목우): 소를 먹인다.
6. 騎牛歸家(기우귀가): 소를 타고 집으로 돌아온다.
7. 忘牛存人(망우존인): 소는 없고 사람만 있다.
8. 人牛俱忘(인우구망): 사람도 소도 없다.
9. 返本還源(반본환원): 본래로 돌아간다.
10. 入廛垂手(입전수수): 거리로 나와 중생을 교화하다.

차례

제10장

게슈탈트치료와 禪에 근거한 집단상담 프로그램

게슈탈트치료는 실존적 만남을 통해 자각을 확장하는 것이다. 게슈탈트치료는 대립되는 심리적 기능의 이해를 통해 전체성과 자각을 강조한다는 측면에서 그리고 정서적 · 행동적 측면을 강조한다는 측면에서 동양의 음양이론과 禪 및 요가와 유사성을 가지고 있다. 다른 치료 기법에 비해 게슈탈트치료 기법이 매우 직접적이고 효과적이라는 것이 많이 알려져 국내에서 많은 집단상담자들이 단편적으로 게슈탈트치료 기법들을 사용하고 있는 실정이다. 이러한 실정에서 동양정신의 정수라 할 수 있는 禪을 이용한 체계적인 게슈탈트치료 집단상담 프로그램의 개발은 집단상담자들이 용이하게 다양한 게슈탈트치료 기법을 활용할 수 있도록 기여하리라고 본다.

1. 禪과 게슈탈트치료

게슈탈트치료는 실존적 만남을 통해 자각을 확장하는 것이다. 게슈탈트치료는 대립되는 심리적 기능의 이해를 통해 전체성과 자각을 강조한다는 측면에서 동양의 음양이론, 禪 및 요가와 유사성을 가지고 있다. 게슈탈트치료의 창시자인 펄스가 지적한 것처럼, 게슈탈트치료는 동양의 음양이론, 禪과의 유사성을 갖기 때문에 문화적 관점에서 禪道(선도)에 익숙한 국내의 내담자에게 서구 사람에게는 어렵게 느껴진 게슈탈트치료를 적용하는 데 유용하리라 본다.

펄스가 주장한 많은 내용이 서양 문화에서는 이해하기 힘들고 혁신적인 것으로 여겨지기도 한다. 그러한 내용을 살펴볼 때 禪과 유사한 내용이 그의 철학과 방법에 기저를 이루고 있기 때문이라고 감히 말할 수 있다. 서구의 이원론적인 입장에서 볼 때 일원론적인 입장을 취하는 禪과 게슈탈트치료(전체주의)을 이해하기 위해서는 사고의 전환이 필요하다.

많은 禪師(선사)와의 禪問答(선문답)을 통해 수도승이 '갑자기 깨달음(頓悟, 돈오)'을 얻는 것과 같이, 상담자는 相談(상담)을 통해 내담자에게 그가 미처 발견하지 못한 자신의 잠재력과 새로운 삶의 지혜를 터득하도록 조력해야 할 것이다. 이러한 관점에서 여기에서는 禪과 게슈탈트치료와의 관계를 살펴보고자 한다.

∷ 게슈탈트치료

인간은 경험하는 유기체로서 사고, 감정 및 행동을 통해 내적 · 외적으로 야기되는 사건과 접촉을 하며 살아간다. 자신이 접촉하여 경험하는 현상을 있는 그대로 매순간 자각하여 수용하며 살아가는 것이 유기체의 지혜를 신뢰하는 것이다. 게슈탈트치료를 시작하여 발달시킨 펄스는 우리가 실존적 주체로서 책임을 회피하는 환경지지를 버리고 자기지지를 바탕으로 자신을 신뢰하고 책임지며 살아갈 것을 강조하였다.

펄스는 초기에는 프로이트의 정신분석에 매료되어 훈련을 받았으나, 프로이트학파가 쌓아 온 자기보호 방벽에 그가 발견한 이론을 접목하는 데 한계를 느꼈다. 펄스는 과거를 중심으로 지나치게 해석(interpretation)을 강조하는 정신분석을 비판하여 경험을 통한 자각을 통해 통합(integration)을 강조하는 게슈탈트치료를 발전시켰다. 프로이트와의 가상적 자기대화에서, 펄스는 심리적 갈등이나 문제 해결을 위해 통합을 강조한 반면 프로이트는 해석을 통한 이해를 주장하였다.

게슈탈트치료는 경험적이고, 실존적이며, 실험적인 접근이다. 언어를 통해 정신적 조작을 하는 것보다 행동을 강조한다는 점에서 경험적이다. 개인의 독립적 선택과 책임을 강조한다는 점에서 실존적이다. 그리고 개인이 매순간에 느끼는 감정을 표현하도록 촉진한다는 점에서 실험적이다. 펄스는 인간을 현상학적이며 실존적 존재로서 자신에게 가장 긴급하게 필요한 게슈탈트를 끊임없이 완성해 가며 살아가는 유기체로 보았다. 인간이 매순간에 경험하는 유기체로서 환경적 장에서 살아간다는 점에서 현상학적이다. 따라서 게슈탈트치료 집단상담은 집단구성원이 지각하는 현실에 초점을 둔다. 유기체의 긴급한 욕구인 게슈탈트 형성은 일차적인 생물학적 현상이다. 그리고 인간은 각기 독특한 유기체로서 필요한 욕구를 선택하여 게슈탈트를 형성하면서 자신의 삶에 대한 책임을 진다는 점에서 실존적이다. 따라서 게슈탈트치료 집단상담은 현재에 초점을 두며 각 집단구성원이 자신의 운명에 책임이 있다는 것을 강조한다.

게슈탈트치료는 우리가 주어진 상황에서 자신에게 일어난 일을 충분히 자각하면 그 상황에서 필요한 게슈탈트를 형성하므로 적절하게 주어진 문제를 처리할 수 있다고 가정한다. 우리가 오관을 통해 주어진 상황에서 매순간 경험하는 것을 충분히 자각하여 처리할 수 있을 때 유기체로서 바람직한 적응이 이루어진다고 본다.

우리가 환경과의 접촉(contact)을 통해 가장 시급하게 필요한 게슈탈트를 완성하지 못하면 문제다. 원만하고 건강한 삶을 유지하기 위해 가장 시급한 게슈탈트의 완성을 위해 우리의 에너지가 봉쇄되지 않고 사용되는 것이 요구된다. 그러므로 접촉을 방해하고 에너지의 흐름을 방해하는 것이 우리가 갖은 잠재력을 충분히 발휘하지 못하도록 하고 게슈탈트의 완성을 방해하기 때문에 문제이다. 즉, 학교나 직장에서 자신이 해야 할 일을 수행하는 데 집에서 있었던 좋지 않았던 일이 계속해서 당신을 괴롭힌다면 문제가 된다. 건강한 삶을 위해 시급한 게슈탈트의 완성을 통한 '게슈탈트 순환(cycles of gestalts)'이 계속되는 것이 필요하다.

게슈탈트치료 집단상담자는 유기체가 자기 조절 기능을 수행할 수 있다는 유기체의 지혜를 믿는다. 타인과 관계를 맺으며 삶을 살아가면서 너무 계산적이거나 강박적으로 빠지지 않고 있는 그대로 자신을 수용하면서 살아갈 것을 강조한다. 같은 차원의 양극 적인 상반된 힘의 마찰에 따른 자기고문 게임을 멈추고 서로를 인정하고 수용하여 통합을 이룰 것을 강조한다.

게슈탈트치료 집단상담자는 집단구성원들이 환경적 지지를 버리거나 탈피하고 자신의 삶을 책임지는 자기지지에 의해서 살아가도록 조력한다. 당신이 하는 당신의 모든 실제적 행위에 대해 당신에게 책임이 있다는 것을 강조한다. 당신이 인지적으로 고려하는 모든 생각에 대해 당신에게 책임이 있다는 것을 강조한다. 그리고 당신이 느끼는 당신의 모든 감정에 대해 당신에게 책임이 있다는 것을 강조한다. 비록 어떤 사람이나 사건이 당신에게 부분적으로 영향을 미칠지언정 누구도 그리고 어떤 외적 환경도 당신의 사고 · 감정 · 행위에 대해 책임이 없다. 당신이 삶의 주체자로서 당신의 삶에 대한 모든 책임을 당신이 져야 한다는 것을 강조한다.

게슈탈트치료를 하는 집단상담자는 집단구성원이 에너지의 집중을 통해 하고자 하는 일을 성취할 수 있도록 조력한다. 심리적 문제를 가진 집단구성원에게 에너지의 집중을 방해하는 주요한 내용이 이전에 완성하지 못한 '미해결된 일'이다. 이러한 미해결된 일이 과거에 일어났지만 당신에게 중요한 사건이었다면 아직도 당신의 삶에 영향력을 행사하고 있다고 볼 수 있다. 집단상담자는 집단구성원이 과거에 가졌던 미해결된 일을 현재로 가져와 그것을 충분히 이해하고 해결하게 함으로써 그가 과거의 어떤 일에 집착하지 않고 자신의 현재의 일에 집중할 수 있게 한다.

또한 게슈탈트치료 집단상담자는 집단구성원이 가진 다양한 양극성(polarities)에 대한 자각의 확장을 촉진한다. 양극성의 어느 한쪽을 지나치게 의식하거나 강조하는 집단구성원을 돕는 데에서 집단상담자는 그가 자각하지 못한 다른 한쪽을 알아차리도록 한다. 그리고 집단구성원이 가진 강자–약자의 자기고문 게임이나 반복적인 갈등을 멈추게 하고 서로가 화해와 이해를 통해 통합을 이루도록 한다. 펄스가 양극성에서 비롯된 갈등을 해결하기 위해서 제기한 상담 기법인 '빈 의자 기법'은 집단구성원이 가진 내적 갈등과 대인관계 갈등을 해결하는 데 유용하게 사용되고 있다. 빈 의자 기법을 통한 대화는 자신의 다른 면과 상대방을 이해하는 데 필수적이다. 훌륭한 대화자는 경청을 잘하는 사람이다. 빈 의자 기법을 통해 양극성을 이루는 양쪽이 계속해서 대화하도록 하라. 대화를 통해 상대방을 경청하는 것은 자기고문이나 대인관계의 갈등을 극복하게 해 준다. 경청은 상대방을 이해하기 때문에 싸움을 중단시킨다. 펄스는 "우리는 이 세상에서 특이한 양극성을 가진다. 그것은 '경청' 대 '싸움'이다. 경청하는 사람은 싸우지 않고, 싸우는 사람은 경청하지 않는다."(Perls, 1969b)라고 지적하였다.

⁘ 禪이 게슈탈트치료에 미친 영향

게슈탈트치료의 창시자인 펄스는 와이츠(Paul Weisz)를 통해

禪에 대해서 알게 되었다. 와이츠는 의사로서 禪을 수도하였으며, 펄스와 그의 부인 로라(Laura Perls)에게 禪을 가르쳤다. 와이츠는 펄스에게 인정받는 재능 있는 게슈탈트치료자가 됐으며, 禪과 게슈탈트치료를 통합하려고 시도하였다. 펄스는 禪의 아이디어를 자신의 게슈탈트치료의 철학과 방법에 통합하는 것을 추구했다. 펄스는 禪의 지혜와 비도덕적 태도에 매력을 느꼈으며, 禪이 추구하는 것을 그가 이미 주장했던 강박적(shouldistic) 행동에 대한 반대를 강화시켰다.

특히 禪이 강조하는 현재 지향성은 펄스가 게슈탈트치료에서 강조하는 현재의 자각과 유사성을 가진다. 나란조(Naranjo, 1970)는 禪이 게슈탈트치료에서 현재를 중시하는 데 기여했다고 지적하였다.

禪에서 사용되는 역설의 개념은 우리가 우리 자신을 변화시키려고 노력하는 것을 멈출 때 변화가 일어난다는 펄스의 역설적 개념과 부합한다. 펄스는 禪에 매력을 느꼈을 뿐만 아니라 자신의 '자각 연습'이 서양인에게 일종의 禪과 유사한 자기 변형을 제공한다고 믿었다. 펄스의 禪에 대한 매력은 그가 일본 도쿄를 방문하여 禪을 공부하게 이끌었다. 또한 펄스는 1950년대와 1960년대에 禪에 대해 탁월한 경지에 도달한 와츠(Alan Watts)에 의해 영향을 받았다.

⁘ 禪과 게슈탈트치료의 관계성

禪과 게슈탈트치료는 모두 급진적 경험주의(radical empiricism)와 급진적 실존주의(radical existentialism)로 간주될 수 있다(Joslyn, 1977). 게슈탈트치료의 주요한 기법에서 사용되는 '빈 의자'는 선도에 있는 명상자(meditator)에게 직면한 텅 빈 벽이나 마루와 같다. 게슈탈트치료와 선의 모든 기법은 단순히 '지금-여기'의 과정으로서 자신과 세계에 대한 자각을 유도하기 위한 것이다. 법정스님은 "삶은 영원한 현재가 아니겠습니까. 우리는 어떤 환경이나 상황에 놓여 있건 간에 언제나 지금 이 자리에서 그리고 이렇게 살아가고 있습니다."(법정스님, 1997, pp.55-56) 라고 지적한다.

조슬린(Joslyn, 1977)은 배경의 통일적 관점으로부터 전경과 배경의 과정을 지각하는 것이 禪의 방법이라고 지적한다. 펄스(Perls, 1969b)는 일본의 禪師(선사)가 그에게 물었던 "바람의 색깔이 무엇인가?"라는 話頭(화두)에 대한 답변으로 禪師(선사)에게 다가가서 그의 얼굴에 대고 입으로 바람을 불었다. 펄스는 이러한 그의 답변이 "바람의 색깔은 당신이 느끼는 것이다."라는 점을 지적하며 그의 답변이 게슈탈트적이라고 설명하였다. 즉, 이러한 펄스의 화두에 대한 답변은 "조작된 신념을 버리고 감각으로 돌아오라(Lose your mind, come to your senses.)."는 지금-여기의 과정에서 자기자각을 강조한 것이라 본다.

게슈탈트치료 집단상담자는 집단구성원이 자기조절 과정으로 접촉에 있도록, 그러한 자기조절 과정으로서 자신과 세계를 실현하도록, 그러한 과정을 방해하는 것을 멈추도록, 강박적인 생각으로 명백히 존재하는 상태를 자각하는 것을 방해하는 것을 멈추도록 한다. 게슈탈트치료 집단상담자는 禪師(선사)처럼 가르칠 것이 없다는 것보다 다른 사람을 가르칠 아무것도 가지지 않는다. 모든 게슈탈트치료와 禪의 기법은 단순히 지금-여기(here-and-now)의 과정으로서 단순히 자기 자신의 실현을 야기하기 위한 것이다.

"만약 당신이 거리에서 부처를 보면, 그를 죽여라(If you see the Buddha on the street, kill him.)."라는 관점은 대승불교적인 입장을 이야기한 것이다. 즉, 禪과 게슈탈트치료에서 강조한 자신 내부에 있는 잠재력을 개발하는 것이 중요하다는 것으로 환경적 지지보다는 자기지지의 중요성을 강조한 내용이다. 자기를 이해하고 찾는 노력이 문제 해결의 주요한 방법이다.

펄스가 게슈탈트치료 기도문에서 지적한 "나는 나이고, 너는 너다(I am I, and You are you.)." 혹은 "장미는 장미이고, 장미는 장미다."라는 표현은 한편으로 그가 많은 사람들에게 구루(Guru, 禪師(선사))로 불렸던 점을 고려하면 禪道(선도)의 입장에서 이해하는 것이 바람직하게 여겨진다.

동양철학은 분석적이기보다 직관적이며 관조적이다. 우주의 원리를 이해하는 데 전체적인 질서와 조화를 강조한다. 동양의 음양이론이 보여 주는 것처럼 상반되는 반대 원리를 통해 역동적으로 작용하여 조화와 통합을 이루는 전체성을 중요시한다. 선사들이 삶을 지혜롭게 이끌기 위해 강조하는 선문답의 내용도 전체로서 나를 이해하고 찾는 과정이라고 할 수 있다. 그들은 역설을 통해 궁극적으로 전체적인 조화를 이룰 것을 주장한다.

심리학파 중에서 게슈탈트심리학보다 전체성의 입장을 두드러지게 강조한 학파는 찾아보기 힘들다. 게슈탈트심리학의 기본적 공리인 "전체는 부분의 합 이상이다."는 게슈탈트치료의 근간을 이루고 있다. 숲을 보고 나무를 보느냐, 나무를 보고 숲을 보느냐의 사물을 보는 단순한 관점 이상으로 게슈탈트치료는 개체적인 요소보다 요소들이 서로 작용하는 역동성을 중요시한다. 그런 점에서 결과로서 나타나는 전체를 이루는 장(field) 속에서의 과정을 이해하는 데 주력한다.

게슈탈트치료와 禪은 모두 合自然(합자연)적인 동양사상을 근간으로 하고 있다는 것을 엿볼 수 있다. 왜냐하면 게슈탈트치료와 禪은 모두 통합과 전체성을 강조하기 때문이다. 게슈탈트치료에서는 전경과 배경의 원리를 통해 전체를 통한 이해와 통합을 이룰 것을 주장한다. 배경은 필요에 따라 항상 전경이 될 수 있다. 전경 역시 배경으로 물러난다. 그러나 더욱 중요한 것은 전경과 배경은 역동적으로 작용하여 전체를 결정한다는 점이다. 禪에서는 나 자신이 부처라는 관점에서 '원래의 자신의 모습 眞我(진아)'를 찾을 것을 주장한다. 성철스님(1993)이 지적한 것처럼, "내가 자연이고 자연이 나다."라는 표현은 동양사상에 나타난 합자연의 원리를 반영하고 있다.

⁝⁝ 禪의 중도와 게슈탈트치료의 통합

中道(중도)는 禪에서 강조하는 가장 중요한 개념이다. 게슈탈트치료에서 강조하는 가장 중요한 개념은 통합(integration)이다. 禪과 게슈탈트치료의 핵심적 개념인 중도와 통합에 대한 이해는 양극적인 대립으로 자기고문 게임(self-torture game)을 하며 갈등하는 내담자의 문제를 돕는 데 기여하리라 본다.

禪과 게슈탈트치료는 변화의 역설로 무위와 자연을 강조한다. 현재에 진행되는 되는 삶에 충실할 것을 강조한다. 현재는 과거와 미래의 중앙에 있다. 시간이라는 차원에서 볼 때 현재는 중도라고 할 수 있다.

우리 모두는 변화의 생각에 골몰한다. 신중한 변화의 생각은 결코, 결코, 결코 기능하지 않는다는 것이다. 당신이 "나는 변하기를 원한다."라고 말하고 프로그램을 만들자마자, 당신이 변하지 못하도록 방해하는 반대 힘이 생성된다. 변화는 스스로 일어나고 있다. 만약 당신이 당신의 본성으로 돌아가면, 당신이 있는 그대로를 수용하면, 변화 그 자체는 자동적으로 일어난다. 인생각본의 구조는 업보(karma)나 운명으로 보통 말해지지만 그 대부분은 어떻게 자학적이었는가, 얼마나 무익한 자기개조 게임을 해 왔는가, 또 업적을 쌓는 데 얼마나 안달해 왔으며 흥미를 가졌는가 하는 것과 관계가 있다. 게슈탈트치료의 목적은 이 엉망진창이 된 인생각본의 줄거리를 본 상태로 재조직화하는 것이다(Perls, 1973).

이러한 게슈탈트치료의 변화의 역설과 유사하게 깨달음을 얻기 위해 노력하는 수행자에게 법정스님(1997)은 다음과 같이 말하고 있다. "현재를 최대한으로 사는 것이 수행자의 삶임을 잊지 말라. 행여나 깨달음을 얻기 위해서 수행을 한다고 생각하지는 말라. 도대체 깨달음이란 무엇인가? 누가 깨닫는다고 했는가? 깨닫겠다고 하는 그 사람이 문제다. 깨달으려고 해서 깨달음에 이른 사람은 아무도 없다. 깨달음은, 굳이 말하자면 보름달처럼 떠오르는 것이고 꽃향기처럼 풍겨 오는 것. 그러니 깨닫기 위해서 정진

한다는 말은 옳지 않다."(법정스님, 1997, p. 85)

禪과 게슈탈트치료는 合自然(합자연)적인 입장에서 유기체의 지혜를 믿고 강조한다. 禪이 보다 직관적이고 관념론적 입장에서 깨달음을 강조한 반면, 게슈탈트치료는 보다 분석적이고 실용적인 입장에서 자각의 중요성을 지적하고 있다고 볼 수 있다. 이러한 차이는 인간의 탐구와 이해를 추구하는 두 입장의 근간이 되는 동양정신과 서양정신의 영향을 고려하는 것이 필요하다. 하지만 앞에서 지적한 것처럼, 禪이 게슈탈트치료에 준 영향을 바탕으로 볼 때 발달된 정신적 토양은 다를지라도 두 접근이 추구하는 여러 가지 핵심적인 공통점을 찾아볼 수 있다.

첫째, 禪과 게슈탈트치료는 자연성과 자발성을 강조한다. 동양철학이 합자연성을 강조한 것처럼 禪은 인간이 자연의 일부이며 더 나아가 자연 자체임을 강조한다. 또한 게슈탈트치료는 강박주의를 반대하여 실존 그 자체로서 있는 것이 가장 자발성을 보이는 것이며 자연적인 것으로 여긴다.

둘째, 禪과 게슈탈트치료는 전체성과 통합을 강조한다. 禪은 중도를 강조함으로써 음이 양이 되고, 양이 음이 되는, 그리고 그것이 균형을 통해 하나가 되는 전체성을 강조한다. 역시 게슈탈트치료는 양극성을 가정하고 서로 이해하고 화해하여 양극이 통합되는 것을 문제 해결로 보고 있다.

셋째, 禪과 게슈탈트치료는 깨달음과 자각을 강조한다. 禪은 깨달음을 강조한 반면, 게슈탈트치료는 자각을 강조한다. 깨달음과 자각은 개념의 어감에서 다소 다르지만 그 본질은 같다고 여겨진다. 펄스가 깨달음에 이르기 위해 수십 년이 걸린다면 禪이 비효과적이라고 비판하였지만, 禪師(선사)는 禪道(선도)를 통해 오관이 개방된 상태에서 수 없는 자각을 이루며 보다 큰 깨달음에 이른다고 볼 수 있다. 게슈탈트치료는 실존으로서 오관이 개방되어 자각하며 살아가는 상태를 바람직한 적응으로 보며 유기체의 지혜를 신뢰하는 것으로 생각한다.

넷째, 禪과 게슈탈트치료는 현재를 바탕으로 한 개방성과 충실성을 강조한다. 우리가 생각하는 시간의 개념으로 볼 때 현재는 과거와 미래의 중간에 있다. 그러나 두 접근은 우리가 현재에 충실하며 살아갈 것을 강조한다. 그리고 필요하면 과거와 미래를 현재로 가져와서 다룰 것을 주장한다. 삶을 영원한 현재로 보고 현재에 개방적이고 충실할 것을 강조한다.

다섯째, 禪과 게슈탈트치료는 에너지의 집중력을 강조한다. 禪은 좌선과 명상을 통해 깨달음에 이르기 위해 모든 에너지를 한 곳에 집중할 수 있는 것을 강조한다. 역시 게슈탈트치료는 펄스가 초기에 그의 접근 방식을 집중력 치료라고 불렀던 것처럼 미해결 과제는 에너지의 집중을 방해한다고 본다.

여섯째, 禪과 게슈탈트치료는 변화의 역설을 강조한다. 모든 상담 및 심리 치료가 문제 해결을 위해 역설적이라고 할 수 있지만, 禪과 게슈탈트치료는 보다 직접적으로 역설을 통해 깨달음과 자각에 이르게 한다고 볼 수 있다. 두 접근은 있는 그대로에 충실하게 사는 것을 강조하며, 억지로 변화하려고 노력하는 것을 반대한다.

이처럼 禪과 게슈탈트치료는 많은 공통적인 관점을 갖고 있다는 것을 알 수 있다. 禪에서는 禪師(선사)가 十牛圖(십우도)의 과정—尋牛(심우), 見跡(견적), 見牛(견우), 得牛(득우), 牧牛(목우) 騎牛歸家(기우귀가), 忘牛存人(망우존인), 人牛俱忘(인우구망), 返本還源(반본환원), 入廛垂手(입전수수)—을 거쳐 있는 그대로의 세계를 깨달아 중생을 교화한다는 깨달음의 과정을 잘 보여 준다. 역시 십우도는 수행을 통해 원래 우리 자신에게 내재해 있는 불심을 발견해 성불할 수 있다는 直指人心 見性成佛(직지인심 견성성불)을 잘 나타내 주고 있다. 이러한 禪修道(선수도)의 과정은 나와 소가 통합되는 과정을 잘 보여 준다. 게슈탈트치료에서 강조하는 게슈탈트 순환의 과정—휴식의 상태, 욕구의 출현, 자각 또는 알아차림, 선택, 에너지 동원, 접촉, 동화 또는 거부, 만족, 철회—은 현재에 충실한 삶의 과정을 잘 나타내 주고 있다. 게슈탈트치료에서는 가장 시급한 게슈탈트를 완성하는 것이 유기체의 지혜임을 강조한다. 시간이 걸려 게슈탈트 순환이 완성되는 인생의 중요한 문제가 있는 반면, 상황에 따라 게슈탈트 순환이 짧은 시간에 완성되는 것도 있다. 이러한 점에서 禪을 통해 깨달음에 이르는 과정은 개인차가 있다하더라도 시간이 걸리는 게슈탈트 완성의 과정이라고 할 수 있다.

2. 게슈탈트치료와 禪에 근거한 집단상담 프로그램

여기서는 먼저 게슈탈트치료와 禪에 근거한 집단상담 프로그램의 전반적 개요를 먼저 살펴보고, 집단상담자들이 실제 프로그램을 사용할 수 있도록 세부적인 프로그램의 내용을 제시하고자 한다.

∷ 프로그램의 개요

게슈탈트치료는 언어가 아니고 행위를 강조한다는 점에서 경험적이고, 개인의 독립적 선택과 책임을 강조한다는 점에서 실존적이며, 개인이 가진 감정의 새로운 표현을 시도하도록 촉진한다는 점에서 실험적이다. 이 연구에서는 이러한 게슈탈트치료의 강조점에 근거하여 禪을 이용한 게슈탈트치료 집단상담 프로그램의 개발에 주력하였다. 특히 게슈탈트치료 기법들이 강조하는 지금과 여기에서 접촉과 자각을 통해 집단구성원들이 문제 해결과 인간 성장을 도모하도록 프로그램을 구성하였다.

프로그램의 총 소요 시간은 20시간으로 일주일에 1회(2시간)를 만나면 두 달 반(1회에 2시간 30분이면 2개월)의 기간이 요구되며, 집중적으로 실시하면 2박 3일에 걸쳐 실시할 수 있도록 프로그램을 구성하였다. 그리고 프로그램을 진행할 집단상담자가 상담을 공부하는 대학원생들이기 때문에 쉽게 실시할 수 있는 기법들로 내용을 구성하였다.

또한 집단 프로그램의 효율적 · 실용적 측면을 고려하여 회기마다 전체 구성원들이 실시된 기법을 경험할 수 있는 구조화된 禪을 이용한 게슈탈트치료 집단상담 프로그램을 개발하였다.

구성된 프로그램의 내용과 기법은 연구자가 상담 현장에서 그동안 청소년, 상담 자원봉사자, 대학생을 대상으로 하여 그 효과가 있는 것으로 확인한 게슈탈트치료 집단상담 프로그램을 禪의 십우도에 접목시킨 것이다. 禪의 십우도 중에서 여덟 번째까지의 그림은 게슈탈트 순환과 유사한 과정으로 문제 해결과 통합에 의한 프로그램의 기본적 과정을 이룬다. 간략하게 개발된 禪을 이용한 게슈탈트치료 집단상담 프로그램의 개요를 소개하면 다음과 같다.

제1회 집단 참여 동기, 십우도의 尋牛(심우)를 통해 동기 유발, 과제물 주기

제2회 문제 탐색, 십우도의 見跡(견적)을 통해 문제탐색, 과제물 주기

제3회 문제 확인, 십우도의 見牛(견우)를 통한 문제 확인, 과제물 주기

제4회 문제 해결을 위한 저항 및 갈등의 처리, 십우도의 得牛(득우)를 통한 저항과 갈등의 처리, 과제물 주기

제5회 문제 이해 및 저항과 갈등의 해소, 십우도의 牧牛(목우)를 통한 문제 이해 및 갈등 해결, 과제물 주기

제6회 문제 해결을 위한 나와 문제 통합의 1단계, 십우도의 騎牛歸家(기우귀가)를 통한 나와 문제 통합의 1단계, 과제물 주기

제7회 문제 해결을 위한 나와 문제 통합의 2단계, 십우도의 忘牛存人(망우존인)을 통한 나와 문제통합의 2단계, 과제물 주기

제8회 문제 해결을 위한 나와 문제 통합의 3단계, 십우도의 人

牛俱忘(인우구망)을 통한 나와 문제 통합의 3단계, 집단 상담 경험 평가 및 종결

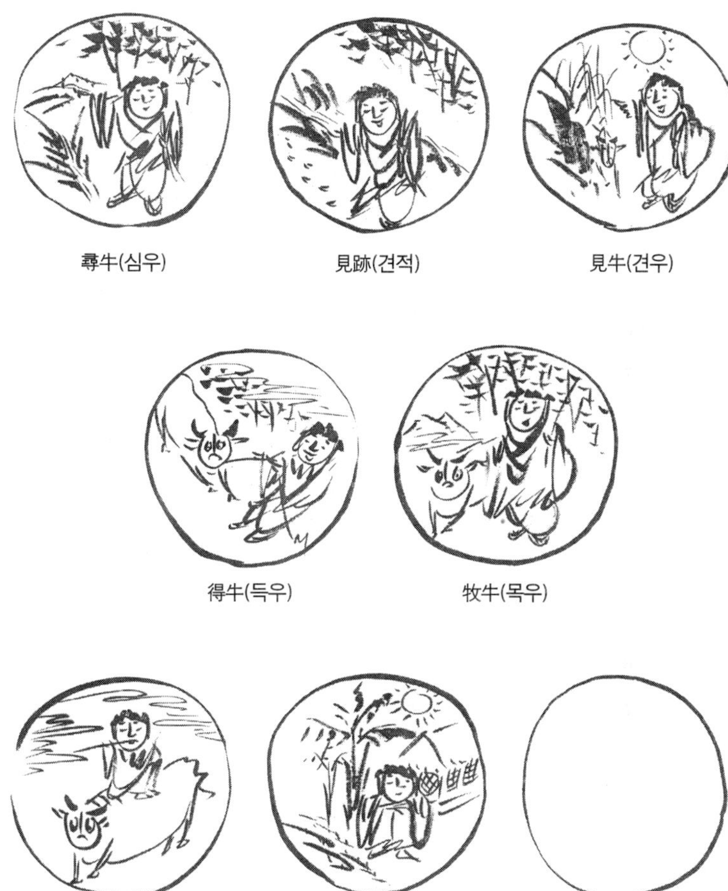

尋牛(심우) 見跡(견적) 見牛(견우)

得牛(득우) 牧牛(목우)

騎牛歸家(기우귀가) 忘牛存人(망우존인) 人牛俱忘(인우구망)

:: 프로그램의 내용

제1회 집단상담

집단참여 동기, 십우도의 尋牛(심우)를 통해 동기유발, 과제물 주기

1. 환영 및 자기소개
   ① 환영사 및 집단상담자 소개
   ② 집단구성원 소개 및 집단상담에 대한 기대 확인
   ③ 집단구성원들의 기대 및 동기와 연관지어 프로그램의 효과에 대한 확신감 부여
2. 프로그램에 대한 소개 및 목적
   ① 선을 이용한 게슈탈트치료에 대한 간략한 설명: 禪의 십우도와 게슈탈트치료란 펄스에 의해 창시된 현상학적 · 실존적 형태의 상담 형태라고 설명하고, 게슈탈트치료의 핵심에 대해 간단히 설명한다.
   ② 8회의 집단 활동에 대한 간단한 구조화: 각 회의 활동에 대한 간단한 언급과 함께 집단 활동에 적극적으로 참여하면 결국 자기에 대한 개념을 확고히 할 수 있고 충분히 기능할 수 있는 내가 될 수 있다고 설명한다.
3. 별칭 짓기 및 별칭 외우기 연습 (준비물: 펜, 종이)
   ① 종이와 펜을 나눠 주고 별칭을 짓는 이유를 설명하고 별칭을 쓰게 함
   ② 집단상담자가 본보기를 보여 준 후, 구성원들의 별칭 소개
   ③ 별칭 외우기 연습

4. 집단의 규칙 설명 (준비물: 자료 1)

① 유인물 배포

② 집단구성원의 의무 설명

③ 집단구성원의 권리 설명

5. 禪의 십우도와 '게슈탈트 순환'에 대한 강의 및 토의

禪의 십우도를 보여 주고 건강한 사람은 다음과 같은 게슈탈트 순환을 자연스럽게 반복하면서 성장한다는 것을 설명한다.

① 휴식의 상태(배경): 변별되지 않은 상태

② 욕구의 출현: 감각을 통해서

예) 배가 고프거나 목이 마르다.

③ 자각 또는 알아차림, 사고

예) '아! 내가 목이 마르구나!'

④ 선택: 에너지의 이동

여러 가지 욕구가 동시에 출현할 수 있는데 이 중에서 우선적인 것을 선택

예) 목이 마를 때, 전화가 온 경우→ 물을 먼저 마심

⑤ 에너지 동원

⑥ 접촉: 움직임과 행동

예) 자신의 목마름과 접촉

⑦ 동화 또는 거부: 다시 알아차림

⑧ 만족: 목마름에 대한 만족

⑨ 철회: 에너지 철회

그리고 그다음 단계의 게슈탈트가 형성되고, 출현한다.

6. 집단구성원이 해결하고 싶은 가장 중요한 문제를 찾아서 한 가지씩 생각하여 발표하도록 한다.

7. 게슈탈트치료 선서와 더불어 문제 탐색과 문제 해결을 위한 자기 선서를 구성하도록 유도 (준비물: 자료 2)

   ① 유인물 배포

   ② 큰 소리로 따라 읽게 함

   ③ 선서 내용에 대해 집단구성원들 각자가 어떻게 생각하는지에 대한 집단토의

   (주의: 평소 자신의 생각과 선서 내용을 비교해서 소신 있게 자기 입장을 표현하도록 촉진한다.)

   ④ 요약 및 선서에 대한 논의: 집단구성원들의 집단 토의 내용을 요약하고 논의한다. 집단상담자가 개입할 때는 만남에 초점을 두고, 자기지지에 대한 강조한다.

8. 소감 나누기 및 과제물 주기

   ① 소감 나누기: 오늘 활동에 대한 피드백이나 구성원들끼리의 피드백 나누기

   ② 과제물 주기: 게슈탈트 선서처럼 자기 성장과 문제 해결을 위한 자신의 의지를 반영한 자신의 선서 작성

〈1회 집단상담 자료〉

자료 1: 집단구성원의 의무와 권리

• 집단구성원의 의무

  - 나는 결석을 하지 않는다.

  - 나는 시간을 엄수한다.

- 나는 집단에서 이루어진 이야기들에 대해 비밀을 지킨다.
- 나는 상대방에게 인신공격을 하지 않는다.
- 집단에서 내준 과제를 충실히 한다.
- 나는 집단에 적극적으로 참여한다.

• 집단구성원의 권리

- 나는 표현하고 싶지 않을 때 표현하지 않을 권리가 있다.
- 나는 집단원의 허락을 받아 내 문제에 대해서 개인적으로 탐색해 볼 권리가 있다.
- 나는 자기 성장을 위한 행동을 할 권리가 있다.

자료 2: 게슈탈트 선서

나는 나의 일을 하고 당신은 당신의 일을 합니다.
나는 당신의 기대에 부응해서 살기 위해 이 세상에 존재하지 않으며, 당신도 나의 기대에 부응해서 살기 위해 이 세상에 존재하지 않습니다.
나는 나이고, 당신은 당신입니다.
만약 우리가 서로를 발견한다면 그것은 아름다운 일이고,
그렇지 못한다면 서로에게 아무런 도움이 되지 않을 것입니다.

제2회 집단상담

문제 탐색, 십우도의 見跡(견적)을 통해 문제 탐색, 과제물 주기

1. 과제 확인 및 토의

① 일주일 동안 생활에 대해 묻기

② 과제 확인: 작성해 온 선서를 한 명씩 발표

③ 발표된 내용에 대한 토의

2. 게슈탈트치료에 대한 강의 (준비물: 자료 1)

① 유인물 배포

② 게슈탈트치료에 대한 강의: 게슈탈트치료는 경험적 · 실존적 · 실험적인 상담이라는 것을 설명하고, 게슈탈트치료의 주요 개념 및 목표를 설명한다.

3. 현재에서 느끼는 자신의 감정을 표현하기 (지금-여기의 중요성에 대한 자료 활용. 준비물: 자료 2)

4. 禪과 게슈탈트치료에 관한 관계성의 이해

① "배경의 통일적 관점으로부터 전경과 배경의 과정을 지각하는 것이 禪의 방법이다."(Joslyn, 1977)라는 것을 설명한다.

② 선의 話頭(화두)의 예로, 바람의 색깔이 무엇인가를 제시하고, 펄스의 대답은 "바람의 색깔은 당신이 느끼는 것이다."를 설명한다.

③ "정신적 신념을 버리고 감각으로 오라."를 강조한다.

④ "만약 당신이 거리에서 부처를 보면 그를 죽여라."-자신 내부에 있는 잠재력을 실현시키는 것이 중요하다. 환경지지보다는 자기지지의 중요성을 강조한다. 자기를 이해하고 찾는 노력이 문제 해결의 열쇠다.

⑤ 나는 나, 너는 너/장미는 장미이고, 장미는 장미다(Perls).

⑥ 산은 산이고, 물은 물이로다(성철스님).

⑦ 계산주의(aboutism)와 강박주의(shouldism) 그리고 상태주의 혹은 실존주의(isism) + 자각(awareness)에 대한 이

해를 통해 게슈탈트치료 집단상담에서 강조하는 건강한 삶을 설명한다.

5. 감정, 사고, 행동의 세 가지 자각을 통한 문제 탐색 훈련: 지금과 여기를 중심으로 집단구성원 각자가 다음과 같은 질문을 통해 자신의 문제를 탐색하도록 한다.
   ① 당신은 지금 무엇을 하고 있습니까?
   ② 당신은 지금 무엇을 느끼십니까?
   ③ 당신은 지금 무엇을 생각하고 있습니까?
   ④ 당신은 지금 무엇을 회피하거나 두려워합니까?
   ⑤ 당신은 지금 무엇을 자각하고 있습니까?
6. 집단구성원 각자가 정말 자신의 문제라고 여기는 것을 발표하고 논의
   (주의: 집단상담자는 집단구성원이 지켜야 할 비밀 원칙을 다시 언급하면서 집단구성원들이 자신의 문제를 찾고 노출할 수 있도록 신뢰 분위기를 조성한다.)
7. 마무리 및 과제물 주기
   ① 마무리: 집단 경험을 자연스럽게 표현하고 소감 말하기
   ② 과제물 주기: 집단구성원이 집단상담을 통해 꼭 다루고 싶은 자신의 문제를 최소 한 가지씩 찾아서 가져오기

〈2회 집단상담 자료〉

자료 1: 게슈탈트치료에 대한 강의 내용

• 게슈탈트치료는 경험적 · 실존적 · 실험적 상담이다.
  – 언어적인 것보다는 행동(행위)을 강조한다는 점에서 경험

적이다. 또한 개인의 독립적 선택과 책임을 강조한다는 점에서 실존적이다. 그리고 개인이 가진 감정의 새로운 표현을 시도하도록 촉진한다는 점에서 실험적이다. 게슈탈트치료에서는 과거도 미래도 아닌 바로 지금 '지금-여기'를 가장 중요시한다. 그리고 성숙한 인간이 되기 위해 개인은 자신을 자각하고 수용하고 자신의 정체성을 이해해야 하며, 책임감을 가져야 한다. 만약 우리가 자신의 감정을 표현하지 않거나 미해결된 일들을 축적하게 되면 곤란에 빠지게 된다.

• 게슈탈트치료에서의 주요 초점은 크게 다음과 같은 다섯 가지로 나뉜다.

- 성숙은 환경지지보다 자기지지일 때 성취된다. 즉, 개인이 자신의 행동과 경험에 책임지는 것을 수용할 때 성취된다.
- 이전에 자신의 부정된 부분들을 직면하고 수용함으로써 전체로서의 자신을 자각하고 회피 행동을 감소시킨다(자각 강조).
- 변화는 사람들이 자신에 대한 책임감을 가정할 때, 미해결 과제를 종결할 때 일어난다.
- 치료의 초점은 개인의 현재의 사고와 감정에 있다.
- 개인이 사회에 적응하는 것보다는 그의 직관적 감각을 신뢰하도록 촉진한다(접촉 강조).

그러므로 게슈탈트치료 집단상담의 목표는 '알아차림' 혹은 '자각'을 하고 환경지지보다는 '자기지지'를 할 수 있도록 하는 것이다. 이는 각 개인이 환경과의 만남에서 자신의 사고와 감정, 욕구, 상상, 신체 감각 그리고 환경에 대한 지각을 넓히고 접촉하는 한편 이러한 것들을 타인에게 상처를 주지 않으면서 자연스럽게 표현하여 자신의 욕구를 충족하는 방법을 배우는 데 있다.

• 게슈탈트치료에서의 주요 개념

– 게슈탈트

게슈탈트라는 말은 '전체' '형태' '모습' 등의 뜻을 지닌 독일어로, 여기에서는 '개체에 의해 지각된 자신의 행동 동기'를 뜻한다. 즉, 개체가 자신의 유기체 욕구나 감정을 하나의 의미 있는 행동동기로 조직화하여 지각한 것을 뜻한다. 개체는 단순히 객관적으로 존재하는 게슈탈트를 지각하는 것이 아니라 어떤 상황 속에서 자신의 욕구나 감정 그리고 환경 조건과 맥락 등을 고려하여 가장 매력 있는 혹은 절실한 행동을 게슈탈트로 형성하는 것이다. 건강한 삶이란, 바로 분명하고 강한 게슈탈트를 형성할 수 있는 능력과 같다고 할 수 있다.

– 전경과 배경

어느 한순간에 관심의 초점이 되는 부분을 전경(figure)이라 하고, 관심 밖에 놓여 있는 부분을 배경(ground)이라 한다. 건강한 개체는 매 순간 자신에게 중요한 게슈탈트를 선명하고 강하게 형성하여 전경으로 떠올릴 수 있는 반면, 그렇지 못한 개체는 전경을 배경으로부터 명확히 구분하지 못한다.

– 미해결 과제

개체가 게슈탈트를 형성하지 못했거나 혹은 게슈탈트를 형성하긴 했으나 이의 해소를 방해받았을 경우, 그것은 배경으로 사라지지 못한다. 그렇다고 전경으로 떠오르지 못하므로 그것은 중간층에 남아 있게 된다. 이러한 완결되지 않은 혹은 해소되지 않은 게슈탈트를 '미해결 과제' 혹은 '미해결 게슈탈트'라고 한다. 미해결 과제가 쌓이는 이유는 개체가 자연스러운 유기체의 활동을 인위적으로 차단하기 때문이다. 따라서 게슈탈트치료는 미해결 과제를 완결 짓는 일을 매우 중요한 목표로 생각한다. 미해결 과제를 해결할 수 있는 방법은 '지금과 여기'에서 알아차리는 것이다.

자료 2: 지금-여기에 대한 이해

- 현재에서 살아라.→ 과거나 미래보다는 현재의 일에 관심을 두어라.
- 여기에서 살아라.→ 존재하지 않는 것보다는 현재 존재하는 문제를 다루어라.
- 상상하는 것을 멈추라.→ 실제적이고 현실적인 것을 경험하라.
- 불필요한 생각을 멈춰라.→ 차라리 접촉하고 보라.
- 조작하고 설명하고 판단하고 정당화하는 것보다는 표현하라.
- 만족을 느끼는 것처럼 불만족과 고통을 느껴라.→ 당신의 자각을 제한하지 말라.
- 당신 자신을 있는 그대로 수용하고 강박적으로 되지 말라.→ 지나친 상상에 빠지지 말라.

• 당신의 행동, 감정, 사고에 대해서 완전한 책임을 져라.
• 당신의 있는 그대로를 수용하라.

제3회 집단상담

문제 확인, 십우도의 見牛(견우)를 통한 문제 확인, 과제물 주기

1. 과제 확인 및 토의

   집단구성원이 가져온 문제를 발표한 후 논의하고, 문제 영역별로 유사한 문제들을 범주화한다.

2. 문제 확인과 문제에 대한 책임감 갖기 훈련(순회 및 책임감 게임)

   ① 집단상담자의 본보기

   ② 구성원들이 번갈아 가면서 "나는 ~에 대해 나에게 책임이 있습니다."라고 각 구성원을 똑바로 쳐다보면서 표현하도록 한다.

   ③ 책임감 게임에 대한 경험 발표 및 논의

3. 마무리 및 과제물 주기

   ① 마무리: 집단 경험을 자연스럽게 표현하고 소감 말하기

   ② 과제물 주기: 집단구성원 각자가 갖는 크고 작은 문제를 타인이나 환경 탓으로 돌리지 말고 "나는 ~한 문제를 가집니다. 그리고 이러한 나의 ~한 문제에 대해 나에게 책임이 있습니다."라는 문장을 다섯 가지 이상 적어 오기

제4회 집단상담

문제 해결을 위한 저항 및 갈등의 처리, 십우도의 得牛(득우)를

통한 저항과 갈등의 처리, 과제물 주기

1. 과제물 확인 및 토의
   ① 지난 시간에 미흡했던 점에 대한 토의 및 집단 전반에 대한 질의응답
   ② 과제물 확인: 집단구성원 각자가 해 온 과제물을 큰 소리로 발표하게 함
2. 확인된 문제에 대한 자기 책임감에 따른 저항 및 갈등의 처리 훈련
3. 양극성에 대한 이해 및 자신의 문제와 관련한 양극성의 탐색: 양면적인 사물의 위치나 사람의 양면성에 대한 토의
   ① 포괄적인 양극성의 이해
   ② 자신의 문제와 관련한 양극성의 탐색
4. 양극성에 대한 활동 및 실습
   ① 자신의 이기적인 면과 이타적인 면을 생각해 보고 상황을 설정하여 이야기하기
   ② 자신의 열등한 면과 우등한 면을 생각해 보고 이야기하기
5. 마무리 및 과제물 주기
   ① 마무리: 집단 경험을 자연스럽게 표현하고 소감 말하기
   ② 과제물 주기: 자신의 문제와 관련되어 겪는 갈등과 양극성의 원리를 바탕으로 나와 타인 간의 갈등, 자신의 내면적인 갈등이 무엇인가를 구체적으로 탐색하여 적어 오기

제5회 집단상담

문제 이해 및 저항과 갈등의 해소, 십우도의 牧牛(목우)를 통한

문제 이해 및 갈등 해결, 과제물 주기

1. 지난주 미흡한 점에 대한 토의 및 과제물 확인
   ① 지난 시간에 미흡했던 점에 대한 토의 및 집단 전반에 대한 질의응답하기
   ② 과제물 확인: 집단구성원 각자가 해 온 과제물을 바탕으로 자신이 겪는 심리적인 갈등에 대한 경험을 표현하고 논의하기
   ③ 집단상담자는 집단구성원들의 갈등의 내용을 나와 타인 간의 갈등과 자신의 내면적인 갈등을 구분하기

2. 바보와 로봇 놀이를 통한 양극성의 이해
   ① 집단구성원들을 두 팀으로 나눠서 교대로 역할연기하기
   ② 소감 나누기: 로봇이 되었을 때와 바보가 되었을 때의 경험에 대한 각자의 소감 발표하기

(주의: 로봇은 철저히 통제되어 행동하는 기계적인 인간이고, 바보는 철저히 이성적이지 못하고 본능적으로 행동하는 인간인데, 이를 비언어적으로 시행해서 연극적인 행동을 해 보는 것이다.)

3. 빈 의자 기법을 통한 뜨거운 자리
   ① 강자와 약자에 대한 강의
   ② 집단상담자의 본보기
   ③ 집단구성원들의 강자, 약자의 2개의 의자를 통한 대화체험을 한 후에 소감 나누기
      - 체험 후 자신의 기분 묻기
      - 구성원들의 피드백 주기
      - 피드백을 받고 나서의 소감 말하기

- 집단상담자가 피드백을 종합해서 언급하고 정리하기

4. 마무리 및 과제물 주기

① 오늘의 활동 요약 및 정리하기

② 과제물 주기: 자신의 다양한 강자, 약자의 측면을 생각해 보고, 이를 체험해 보기

제6회 집단상담

문제 해결을 위한 나와 문제 통합의 1단계, 십우도의 騎牛歸家(기우귀가)를 통한 나와 문제 통합의 1단계, 과제물 주기

1. 과제 확인

① 과제 확인

② 지난 회기에 뜨거운 자리에 앉아 보지 않은 집단구성원 중 한두 명을 두 개의 빈 의자에 앉게 하고 강자와 약자의 대화를 하게 한다.

2. 미해결 과제와 회피에 대한 강의

3. 과거의 미해결 과제 찾기

과거 사건 중에서 자신에게 상처를 주었던 사건이나 자신이 회피하는 사람을 기억해 보고 얘기한다. 즉, 현재 두려워하고 회피하는 것을 추적해 본다.

① 나는 ~(상황)을 피합니다.

② 나는 ~을 생각하면 기분이 안 좋아집니다.

4. 역할 연기(빈 의자 기법)

과거의 상황을 설명하고, 그 상황으로 돌아가서 그 사람과의

관계를 역할 연기한다.

(주의: 집단상담자는 구성원이 자발적으로 참여하도록 유도한다.)

5. 마무리 및 과제물 주기

① 역할 연기 및 오늘 활동에 대한 소감 나누기

② 과제물 주기(다음 과제 중 선택)

- 자기와 부모와 가장 기분 나빴던 일 또는 가장 상처받았던 일 또는 아직도 자신을 괴롭히는 상황을 역할연기하기
- 친구나 애인, 교수와의 사이에서 가장 기분 나빴던 일, 상처를 받았던 일, 아직도 나를 괴롭히는 상황을 역할 연기해 보기(대인 관계적 상황)

제7회 집단상담

문제 해결을 위한 나와 문제 통합의 2단계, 십우도의 忘牛存人(망우존인)을 통한 나와 문제 통합의 2단계, 과제물 주기, 접촉의 중요성과 접촉의 체험, 불편한 정서(불안, 두려움)를 과장하기

1. 과제 확인

① 과제 확인

② 빈 의자 기법을 통한 역할 연기(1~2명 정도)

③ 요약 및 정리

2. 접촉의 중요성과 접촉의 체험

① 접촉과 그것의 중요성에 대한 강의하기

② 대인관계 중 불편한 정서 확인하기

"타인과의 관계 속에서 불편한 정서는 무엇인가?"(정서에

초점 두기)

(주의: 집단상담자는 구성원들이 이야기한 내용을 자세히 파악하여 8회와 연결시킨다.)

③ 접촉 경험하기

– 과장하기

– 반복하기

3. 마무리 및 과제물 주기

① 질의응답 및 소감 나누기

② 과제물 주기: 지난 회기에는 역할 연기를 통해 혼자 해 보는 것이었는 데 비해 자신이 표현하고 싶은 내용을 상대방에게 직접적으로 표현해 보기(나 – 전달법을 통해 상대방에 직접 표현)

제8회 집단상담

문제 해결을 위한 나와 문제 통합의 3단계, 십우도의 人牛俱忘(인우구망)을 통한 나와 문제 통합의 3단계, 집단상담 경험평가 및 종결

1. 지난 시간 미흡한 내용 토의 및 과제 확인

2. 성장을 방해하는 요소 탐색(준비물: 종이)

지금 여기에서, 또는 최근에 자기가 싫어하고, 회피하고, 고치고자 하는 사고 · 행동 · 감정을 써 본 후 발표하기

① 문장으로 써 보기

② 두세 단어로 요약하기

(주의: 만약 이것을 못한다면 집단상담자와 구성원들이 돕는다.)

③ 발표하기

눈은 똑바로 상대방을 보고, 큰 목소리로 발표한다.

3. 평가 시간

① 사후 검사

② 프로그램 평가하기(20분)

4. 마무리

8회기 동안의 활동에 대해 토의한 후 종결하기

3. 십우도와 집단구성원들의 경험

여기서는 집단구성원들이 집단상담 마지막 회기에 표현한 소감과 집단상담 후 자신의 변화를 십우도의 여덟 번째까지의 내용과 관련하여 작성하여 우편으로 회수한 내용을 제시하고자 한다. 집단상담 프로그램에 참가한 8명의 집단구성원들(집단에서 사용한 별칭으로 제시)이 진솔하게 기술한 자료다.

기가막혀 집단상담 과정 중에 대학원에 합격하여 많은 자신감을 갖게 됐다. 정말 자신감이 내 안에 있다는 것을 발견해서 기쁘다. 십우도를 통한 나의 변화를 이렇게 기술하고 싶다. 나는 빛의 충만함에 있기를 바란다. 그대는 어둠을 제거하려고 근심하며 돌아다닐 필요가 없습니다. 그저 불을 켜기만 하십시오. 우리는 이미 받은 은혜에 감사들이기보다는 은혜를 청하는 데 습관이 되어 버려 충분한 감사를 드리지 못합니다.

尋牛: 변해 가는 마음, 남은 자 그리고 떠나는 자 누구인지……

Who am I here?

見跡: 함께 한 시간들……, 아련함, 허전함, 아픔, 힘듦, 헤쳐 나가야 할 프로젝트, 지표선상의 나의 위치.

見牛, 得牛, 牧牛: 거의 포기 상태에서 찾아오는 평화, 전혀 기대치 못한 곳에서 찾아오는 만남, 기쁨, 함께함에 한 걸음 또 한 걸음의 내딛음.

騎牛歸家, 忘牛存人: 현실 안의 원상복귀, 있는 모습 그대로보다 힘듦에서 벗어나 그 아픔까지도 포함한 한 사람.

人牛俱忘: 뗏목을 타고 와 이제 그 뗏목을 버리고 보니 아, 새로운 세상! 감사하는 마음 참 기쁨.

박사 집단 경험을 통해 나를 직시하게 되었다. 나를 소심하고 무계획적이라고 생각해 왔는데 은행 행보를 쓰는 나의 업무 수행과 관련하여 볼 때 그렇지 않다는 것을 깨달았다. 나 자신의 진로와 관련하여 깨달음을 얻었다. 십우도와 관련한 변화와 나의 해석은 다음과 같다.

尋牛: 마음속으로 승진을 기원했다.

見跡: 승진하는 방법을 전해 들었다.

見牛: 승진자격자가 되었다.

得牛: 드디어 승진을 했다.

牧牛: 승진해서 6개월을 근무했다.

騎牛歸家: 비교적 적응을 잘 해내고 있다는 생각으로 살았다.

忘牛存人: 그러나 주변 환경의 악화로 인하여 대우는 별로 달라진 것이 없다.

人牛俱忘: 문득 생각이 났다. 나의 무거운 30대 중반의 나이가……. 하지만 포기는 빠를수록 좋은 것 같다. 이런 경우에는 말이다. 나이와 직급을 다 잊고 사람 ×××(참가자 이름)으로 새롭게 태어났다.

땅콩 통합적인 삶을 영위하는 것이 무엇인지 조금이나마 알게 된 것 같다. 항상 양극적인 문제로, 예를 들면 정리 대 어지름, 열등감 대 우월감 등으로 갈등을 겪었었는데 다소 그러한 문제가 해결된 것 같다.

바람 대학의 교수로서 자존감이 낮고 열등감이 많았는데, 집단 경험을 통해 어느 정도 나에 대한 통찰을 한 것 같다. 십우도와 관련하여 집단 경험을 통한 나의 상태와 소감을 표현하면 다음과 같다. 나는 왜 하고 싶은 것이 많을까? (하나의 단어: 바람). 나는 늘 남편, 자식, 친구, 대인, 학생들과의 관계뿐만 아니라 이 사회, 나라, 전 세계가 나의 생각처럼 해 주었으면 하고 바란다. 그러나 현실은 언제나 다른 방향으로 가고 있어 그 물길을 혼자서 잡을 수 없기 때문에 항상 불만스럽고, 무엇에든 예쁘고 고운 눈길을 주지 못하는 것 같다. 나처럼이라는 것이 절대적이 될 수 없음에도 불구하고, 또한 그것을 깨닫고 있으면서 그것을 놓지 못하는 이유를 찾고 싶다. 때론 네가 뭔데! 네가 뭘 안다고?! '나 같은 것이' 하면서 자조적이 되었다가 일순간 나의 판단이 그 이상도 그 이하도 없다는 듯 다른 이의 생각을 비웃고, 때론 나보다 상대적으로 약자일 경우 소리소리 지르면서 내가 옳다고 우겨 댄다. 그런 나를 객관적인 시각에서 가끔 바라본다. 웃기는 모양새다. 가끔은 그래 너희들끼리 잘 놀아 봐라 하면서 방관자가 되었다가 한심한 생각에 끼어든다. 그리고 곧 후회한다. 내가 다른 이들에게 또 그들이 나를 보았을 때, 만났을 때 여름의 찌는 더위에 시원한 나무그늘 밑을 지나가는 상쾌한 바람이고 싶다.

길손 내 자신이 너무 완벽하게 나 자신을 통제하려 한다는 것을 깨달았다. 죽음에 대한 두려움이 역시 강한 삶의 애착이라는 사실도 알게 됐다. 또한 나 자신 식욕을 통제하려는 것과 욕구 충족 간의 관계에 대해서도 어렴풋이 이해하게 됐다. 집단 경험을 통해 통제 대 자연성, 강함 대 약함, 불편 대 유쾌 등의 양극성에 대한 이해를 바탕으로 나 자신이 마음이 약하다는 것에 대한 집착이 한쪽으로 치우쳐 있음을 알게 되었다. 이제 포기하고 억압된 감정을 좀 더 자연스럽게 표출할 수 있게 된 것 같다.

소나무 집단 경험을 통해 나 자신에 대한 이해를 확장하였다. 십우도를 보고 자신의 이야기를 엮는다는 것이 어렵게 느껴진다. 다만 20대에 죽음까지도 불사하겠다는 생각을 가지고 처절하게 고민한 결과, 왜 사는가의 문제를 해결했다. 그러고 났더니(인생의 큰 고민이 단번에 끝나 버리니) 소와 사람 둘 다를 잊은 상태가 되었고 지금은 자잘한 문제들을 스스로 해결할 수 있는 능력이 있다고 생각한다. 아울러 나 자신만이 아니라 다른 사람의 문제 해결에도 적극적으로 도와주고 싶고, 또 그래서 상담을 공부하기

원한다. 이번 집단 상담 때 타인의 눈에 비친 나의 모습을 다시 한 번 깨닫게 되었고 그것을 어떻게 개선할 것인가에 대해 생각해 보아야겠다.

옹달샘 타인을 조력하기 위해 먼저 나 자신이 성숙된 인간이 되어야 한다는 것을 절실하게 깨달았다. 양극성의 이해를 통한 통합과 회피와 도피보다는 접촉을 통해 미해결 문제를 해결하려는 노력을 게을리하지 않겠다. 내용적으로 다소 어렵기는 했지만 십우도의 과정과 게슈탈트 순환에 의한 이해는 나의 성숙에 도움이 되었다.

멋쟁이 중도와 통합의 의미를 어느 정도 알게 되어 기쁘다. 집단을 지도한 선생님께 감사드립니다. 群盲撫象, 삶은 영원한 현재다, 내가 관계하는 사람은 나다, 풀포기가 나다, 살아 있는 것은 문제를 소유하는 거다, 문제를 피하지 마라 등 삶의 깊이와 맛을 다르게 할 소중한 경험을 갖게 된 것에 대해 집단구성원들과 선생님께 감사드립니다.

참고문헌

김상일(1997). 러셀역설과 과학혁명구조. 서울: 솔출판사.

김용정 역(1992). 선과 정신분석. 서울: 원음사.

김정규(1995). 게슈탈트 심리치료. 서울: 학지사.

김정규, 정연옥, 오강섭(1994). 대인공포증 집단의 게슈탈트 심리치료. 학생생활연구, 제17권. 성신여자대학교 학생생활연구소.

노안영 역(1996). 펄스의 게슈탈트적 자기치료. 서울: 학지사.

노안영(1996). 게슈탈트 집단상담 프로그램의 개발과 효과검증. 대학상담연구, 제7권, 제1호, 79-106.

노안영(1998). 禪과 게슈탈트 치료. 동서정신과학, 제1권, 제1호, 76-90.

노안영(2003). 중도와 통합에 근거한 역설적 상담에 의해 미해결문제의 해결. 동서정신과학, 제6권, 제2호, 119-140.

노안영(2011a). 삶의 지혜를 위한 상담심리. 서울: 학지사.

노안영(2011b). 상담자의 지혜. 서울: 학지사.

노안영(2011c). 집단상담: 이론과 실제. 서울: 학지사.

법정스님(1997). 새들이 떠나간 숲은 적막하다. 서울: 샘터.

법정스님(1998). 산에는 꽃이 피네. 서울: 동쪽나라.

서광 편역(1993). 불교심리학 입문. 서울: 불광출판사.

석지현(1997). 선(禪). 서울: 운주사.

성륜불서간행회 편(1995). 청화선사 법어집 I: 정통선의 향훈. 전남: 성륜각.
성철스님(1993). 산은 산 물은 물. 서울: 도서출판 밀알.
이장호(1975). 게슈탈트치료의 이론적 배경에 관한 고찰. 학생연구, 제12권, 제1호. 서울대학교 학생생활연구소.
이희익(1972). 선종사부록. 서울: 보연각.
이희익(1985). 깨달음에 이르는 열 가지 시리즈, 十牛圖. 서울: 경서원.
일지(1996). 선 이야기. 서울: 운주사.
장순용 편(1991). 선이란 무엇인가: 십우도 사상. 서울: 도서출판 세계사.
정방자(1998). 정신역동적 상담. 서울: 학지사.
한기백(1995). 게슈탈트 자각증진 집단상담에 의한 내담자 체험수준과 자아 정체감의 변화. 학생생활연구, 제15집. 부산교육대학교 학생생활연구소.
홍경자(1984). Gestalt Workshop을 위한 치료기법. 전국대학카운슬러 연구협의회 자료집, pp. 32-48.
홍경자(1986). Gestalt Workshop 축어록. 학생생활연구 제18집. 전남대학교 학생생활연구소.
황성기(1978). 불교학개론. 경기: 법문사.

Beisser, A. (1970). The paradoxical theory of change. In J. Fagan and I. L. Sheperd (Eds.), *Gestalt therapy now* (pp. 77-80). New York: Harper Colophon.
Buber, M. (1987). *I and thou*. New York: Macmillan Publishing Company.
Cartwright, D. (Ed.). (1951). *Field theory in social science: Selected theoretical papers by Kurt Lewin*. New York: Harper & Brothers.

Clarkson, P., & Mackewn, J. (1993). *Fritz Perls*. Newbury Park, CA: SAGE Publications.

Corey, G. (1985). *Theory and practice of group counseling* (2nd ed.). CA: Brooks/Cole Publishing.

Corey, G., Corey, M. S., Callanan, P. J., & Russell, J. M. (1982). *Group technique*. CA: Brooks/Cole Publishing.

Corsini, R. J., & Wedding, D. (Eds.). (2011). *Current psychotherapy*. (9th ed.). Canada: Brooks/Cole, Cengage Learning.

Day, B., & Matthes, W. A. (1992). Comparison Jungian, person-centered, and Gestalt approaches to personal growth groups. *The Journal for Specialists in Group Work, Vol. 17*, Num. 2.

Donigian, J., & Malnati, R. (1987). *Critical incidents in group therapy*. Cali.: Brooks/Cole Publishing.

Dreikurs, R. (1971). *Social equality: The challenge of today*. Chicago, IL: Adler School of Professional Psychology.

Ellis, A. (2001). *Overcoming destructive beliefs, feelings, and behaviors*. Amherst, NY: Prometheus Books.

Fagan, J., & Shepherd, I. L. (Eds.). (1970). *Gestalt therapy now: theory, techniques, applications*. New York: Harper & Row.

Feder B., & Ronall, R. (Eds.). (1980). *Beyond the Hot Seat: gestalt approaches to group*. New York: Brunner/Mazel.

Frew, J. E. (1983). Encouraging what is not figural in the Gestalt group. *Journal for Specialists in Group Work, 8*(4), 175-181.

Fromm, E., Suzuki, D. T., & de Martino, R. (1970). *Zen Buddhism and psychoanalysis*. New York: Harper Colophon Books.

Gaines, J. (1979). *Fritz Perls: here and now*. Millbrae, CA: Celestial

Arts.

Gaomes. K., & Perls, F. S. (1979). *Here and now.* Cali.: Celestial Arts.

Goldstein, A. P., Krasner, L., & Garfield, S. L. (Eds.). (1989). *Gestalt therapy* (2nd ed.). New York: Pergamon Press.

Greenwald, J. A. (1978). The ground rules in gestalt therapy. In F. D. Stephenson (Ed.), *Gestalt therapy primer* (pp. 100-112). New York: Jason Aronson.

Harman, R. (1984). Recent developments in Gestalt group therapy. *International Journal of Group Psychotherapy, 34*(3), 473-483.

Hatcher, C., & Himelstein, P. (Eds.). (1990). *The handbook of gestalt therapy.* Northvale, NJ: Jason Aronson.

James, M., & Jongeward, D. (1978). *Born to win: transational analysis with gestalt experiments.* New York: New Americal Library.

Joslyn, M. (1975). Figure/ground: gestalt/zen. In J. O. Stevens (Ed.), *Gestalt is.* New York: Bantam Books.

Kinnie, E. K., & Kelley, J. (1976). *The magic theater: the psychology of adjustment.* New York: Harper & Row.

Kolk, C. J. V. (1985). *Introduction to group counseling and psychotherapy.* Columbus: Charles E. Merrill Publishing.

Kutash, I. L., & Wolf, A. (Eds.). (1990). *Group psychotherapist's handbook: contemporary theory and technique.* New York: Columbia University Press.

Luft, J. (1969). *Of human interaction.* Cali.: National Press Books.

Luft, J. (1970). *Group processes: an introduction to group dynamics* (2nd ed.). Cali.: Mayfied Publishing.

Mackewn, J. (1997). *Developing gestalt counseling.* London: SAGE

Publications.

Moreno, J. L. (1977). *Psychodrama: Volume one* (4th ed.). Beacon, NY: Beacon House.

Naranjo, C. (1970). Present-centeredness: technique, prescription, and ideal. In J. Fagan & I. L. Sheperd (Eds.), *Gestalt therapy now* (pp. 47-69). New York: Harper Colophon.

Okun, B. F. (1992). *Effective helping: interviewing and counseling techniques* (4th ed.). Cali.: Brooks/Cole.

Passons, W. R. (1975). *Gestalt approaches in counseling*. New York: Holt, Rinehart and Winston.

Pederson, P. B. (1991). Multiculturalism as a generic approach to counseling. *Journal of Counseling & Development, Vol. 70,* 6-19.

Perls, F. S. (1948). Theory and technique of personality integration. *American Journal of Psychotherapy*, 2, 565-586.

Perls, F. S. (1969a). *Ego, hunger and aggression*. New York: Vintage Books.

Perls, F. S. (1969b). *Gestalt therapy verbatim*. Real People Press.

Perls, F. S. (1969c). *In and out the garbage pail*. New York: Bantam Books.

Perls, F. S. (1970). Four lectures. In J. Fagan & I. L. Shepherd (Eds.), *Gestalt therapy now: theory/techniques/applications*. New York: Harper Colophon Books.

Perls, F. S. (1973). *The gestalt approach and eye witness to therapy*. Palo Alto, CA: Science and Behavior Books.

Perls, F. S. (1978). Finding self through gestalt therapy. *Gestalt Jour-*

nal, 1(1), 54-73.

Perls, F. S., & Baumgardner, P. (1975). *Legacy from Fritz.* Palo Alto, CA: Science and Behavior Books.

Perls, F. S., Hefferline, R. F., & Goodman, P. (1951). *Gestalt therapy.* New York: Bantam Books.

Polster, E. (1987). *Every person's life is worth a novel.* New York: W. W. Norton & Company.

Polster, E., & Polster, M. (1974). *Gestalt therapy integrated.* Toronto: Vintage Book Edition.

Rosenblatt, D. (1975). *The gestalt therapy primer.* New York: Harper & Row.

Schiffman, M. (1971). *Gestalt self therapy.* Cali.: Wingbow Press.

Sharf, R. S. (2012). *Theories of psychotherapy and counseling: concepts and cases* (5th ed.). Canada: Brooks/Cole, Cengage Learning.

Shepherd, A. (1970). Limitations and cautions in the gestalt approach. In J. Fagan & I. L. Sheperd (Eds.), *Gestalt therapy now* (pp. 234-238). New York: Harper Colophon.

Simkin, J. S. (1974). *Mini-lectures in gestalt therapy.* Cali.: Wordpress.

Sinay, S. (1998). *Gestalt for beginners.* New York: Writers and Readers Publishing.

Smith, E. W. L. (Ed.). (1992). *Gestalt voices.* Norwood, NJ: Alex Publishing Corporation.

Smuts, G. C. (1926). *Holism and evolution.* New York: Macmillan.

Stevens, B. (1985). *Don't push the river.* Berkeley, CA: Celestial Arts.

Stevens, J. O. (1973). *Awareness: exploring, experimenting, experi-*

encing. New York: Bantam Books.

Stevens, J. O. (Ed.). (1975). *Gestalt is*. New York: Bantam Books.

Stephenson, F. D. (Ed.). (1978). *Gestalt therapy primer*. New York: Jason Aronson.

Watts, A. W. (1957). *The way of Zen*. New York: Vintage Books.

Watzlawick, P., Weakland, J., & Fisch, R. (1974). *Change: Principles of problem formation and problem resolution*. New York: W.W. Norton & Company.

Welwood, J. (Ed.). (1979). *The meeting of the ways: Explorations in east/west psychology*. New York: Schocken Books.

Wheeler, G. (1991). *Gestalt reconsidered: a new approach to contact and resistance*. New York: Gardner Press.

Yontef, G. M. (1993). *Awareness dialogue & process: Essays on gestalt therapy*. Highland, NY: The Gestalt Journal Press.

Zinker, J. (1977). *Creative process in gestalt therapy*. New York: Vintage Books.

찾아보기

[인 명]

[내 용]

저자 소개

노안영

〈학력〉

전남대학교 사범대학 교육학과 졸업(1978)

서울대학교 대학원 심리학(상담전공) 석사(1983)

미국 켄터키대학교(University of Kentucky) 상담심리학 철학박사(1993)

〈경력〉

서울대학교, 서강대학교, 전남대학교 학생생활연구소 카운슬러

미국 LA 주립 정신병원(Coastal Pacific-Asian Mental Health Center) 인턴십

미국 LA 한국청소년센터(Korean Youth Center) 카운슬러

흥사단 광주지부 청소년연구원 원장

전남대학교 카운슬링센터 소장

광주 · 전남상담학회 회장

전남대학교 입학관리본부장

〈현재〉

전남대학교 사회과학대학 심리학과 교수

한국상담심리학회 상담심리전문가, 한국상담학회 수련감독 전문상담사

적극적 부모역할 훈련 트레이너, 한국상담심리학회 이사

한국상담심리학회, 한국상담학회 편집위원

한국아들러연구회 회장

〈저서 및 역서〉

저서 청소년 상담 수퍼비전(청소년대화광장, 1996)
상담자와 함께 하는 삶의 여행: 상담이론의 개관(중앙적성출판사, 1998)
성상담의 원리와 실제: 성상담 가이드(한국성문화연구소, 1999)
청소년 성상담(한국청소년상담원, 1999)
101가지 주제로 알아보는 상담심리(학지사, 2002)
인간이해를 위한 성격심리학(학지사, 2003)
상담심리학의 이론과 실제(학지사, 2005)
상담실습자를 위한 상담의 원리와 기술(학지사, 2006)
Becoming A Wise Counselor(Hakjisa, 2011)
개인심리학 상담 원리와 적용(학지사, 2011)
집단상담: 이론과 실제(학지사, 2011)
상담자의 지혜(학지사, 2011)
삶의 지혜를 위한 상담심리(학지사, 2011)

역서 펄스의 게슈탈트적 자기치료(학지사, 1996)
상담의 기본요소(중앙적성출판사, 1997)
학교상담(학지사, 2000)
애들러 상담이론(학지사, 2001)
아들러 상담이론과 실제(2005)

게슈탈트치료의 이해와 적용

접촉과 자각을 통한 경험적 치료

2013년 1월 15일 1판 1쇄 발행
2024년 1월 25일 1판 4쇄 발행

지은이 • 노 안 영
펴낸이 • 김 진 환
펴낸곳 • (주) 학지사
04031 서울특별시 마포구 양화로 15길 20 마인드월드빌딩 5층
대표전화 • 02) 330-5114 팩스 • 02) 324-2345
등록번호 • 제313-2006-000265호
홈페이지 • http://www.hakjisa.co.kr
인스타그램 • https://www.instagram.com/hakjisabook

ISBN 978-89-6330-941-5 93180

정가 **14,000**원